REINHARD PRAHL
THORSTEN WALCH

ES LEBE FIREFLY

20 JAHRE KULT

DIE KURZE, FANTASTISCHE
REISE MIT DER SERENITY

in Farbe und Bunt

Originalausgabe | © 2022
in Farbe und Bunt Verlag
Am Bokholt 9 | 24251 Osdorf

www.ifub-verlag.de
www.ifubshop.com

Herausgeber: Björn Sülter
Lektorat & Korrektorat: Telma Vahey
Cover-Gestaltung: EM Cedes
Satz & Innenseitengestaltung: EM Cedes
Coverillustration: Stefanie Kurt

Print-Ausgabe gedruckt von:
Booksfactory (Polen)

ISBN (Print): 978-3-95936-361-7
ISBN (Ebook): 978-3-95936-362-4
ISBN (Hörbuch): 978-3-95936-367-9

HINWEISE

»Firefly« ist ein eingetragenes Warenzeichen von FOX.

»Es lebe Firefly« ist in keiner Weise mit FOX assoziiert.
»Es lebe Firefly« gibt gesammelte Meinungen der Autoren, von »Firefly«-Fans und »Firefly«-Experten wieder.

INHALTSVERZEICHNIS

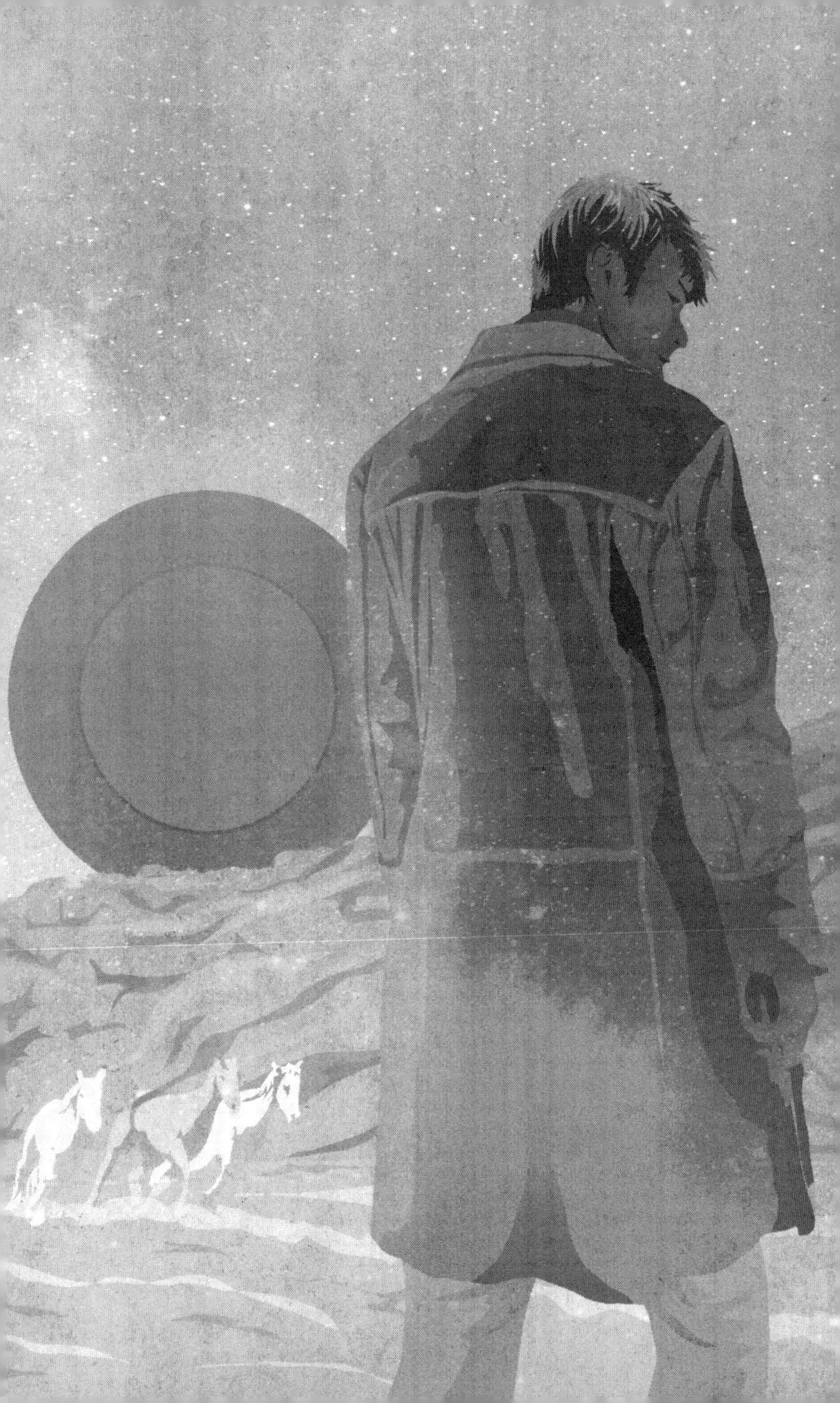

VORWORT

von Reinhard Prahl

Zwanzig Jahre ist es her (in Deutschland zum Erscheinungsdatum dieses Buchs immerhin dreizehn), dass die Serenity zum ersten Mal ins All aufbrach und wir Mal, Zoë, Hoban alias »Wash«, Jayne, Kaylee, Inara, Simon, River und Shepherd Book kennen- und lieben lernten. Bis heute ist die Faszination ungebrochen, und das hat einen guten Grund. *Firefly - Der Aufbruch der Serenity* (so der deutsche Titel) ist mehr als nur eine weitere simple Space-Opera. Wie für Serien von Joss Whedon üblich, verbindet die Show Genres miteinander und lässt in dem so geschaffenen Kosmos vielschichtige Figuren agieren. Jeder der Protagonisten hat seine eigene Geschichte und Motivation, die für uns als Zuschauer stets nachvollziehbar bleibt. Unsere Helden handeln vielleicht nicht immer so, wie wir es erwarten würden, aber stets ehrlich und ehrenvoll. Diese Kombination aus grandios geschriebenen Figuren, tollen Drehbüchern und einem fantastischen Produktionsdesign ist es, die mich bis heute fesselt. Jede Folge dieser einzigartigen Serie ist nach wie vor ein Genuss. Das Einzige, was ich schmerzlich an ihr bedaure, ist die Tatsache, dass Fox damals nicht weitsichtig genug war, dem alten Frachter der Firefly-Klasse TV-Flügel zu verleihen, die sie über Jahre hinweg getragen hätten.

Den deutschen Start am 12. September 2009 auf Super RTL habe ich seinerzeit schlicht übersehen. Ich lernte die Crew des alten Frachtraumschiffes, die sich mit Mut und Charme durch das Verse manövriert, erst kennen, als ich mir auf Anraten eines guten Freundes die DVD-Box zulegte. Schon der Pilotfilm *Serenity* zog mich in den Bann, und ich betrieb etwas, das heute landläufig als Binge-Watching bekannt ist. Innerhalb von zwei Tagen hatte ich die vierzehn existierenden Folgen gesehen und war traurig, als mit *Objects in Space* das Ende gekommen schien. Doch das Glück war mir hold. Schnell fand ich heraus, dass es einen abschließenden Kinofilm gab, der den Plot um die »Hands of Blue« und die »Reaver« zu einem befriedigenden Ende brachte.

Dennoch: Meine Zeit auf Ariel, Beaumonde, Higgins' Moon und all den anderen exotischen Welten ohne Aliens war für immer vorbei. Oder doch nicht? Denn bald sah ich die Serie ein weiteres Mal an und dann noch einmal. Die Frage, wie oft ich die Folgen bis heute gesehen habe, ist schwierig zu beantworten. Mir geht es da wahrscheinlich nicht anders als Ihnen. Schließlich halten Sie dieses Buch in den Händen, weil Sie, wie ich, ein Riesenfan sind. Lassen Sie uns daher nun in eine Welt eintauchen, wie es sie im Fernsehen seither nie mehr gegeben hat und vielleicht in dieser Form auch nie wieder geben wird. Wie heißt es doch so schön in der *Ballad of Serenity*? »There's No Place I Can Be, Since I Found Serenity.« Dem ist nichts hinzuzufügen, denn als Fans sind wir stets auf der Suche, bis sich dereinst vielleicht der derzeitige Rechteinhaber doch noch erbarmt und uns eine Fortsetzung schenkt.

VORWORT

von Thorsten Walch

»Nicht noch mehr Weltraumhelden!«

So etwa dachte ich, als ich im Frühjahr 2003 die ersten Folgen einer neuen Sci-Fi-Serie mit dem gleichzeitig nichtssagenden wie neugierig machenden Titel *Firefly* zu sehen bekam. Schließlich waren wir bestens mit Genre-Unterhaltung versorgt: Das allererste Raumschiff Enterprise NX-01 befand sich noch auf seinem wackligen Kurs über amerikanische und deutsche Fernsehbildschirme, Colonel O'Neill und das *Stargate-Kommando SG-1* hingegen auf dem Höhepunkt ihres Erfolges. Mein heimlicher Favorit *Farscape* war ebenfalls noch im Rennen, und die *Star Wars*-Saga wurde im Kino fortgesetzt: Weltraumopern-Nachschub gab es en masse.

Firefly war von diesem Whedon – ihn kannte man damals durch *Buffy: Im Bann der Dämonen,* eine Serie, die sich mir völlig entzog, da ich einfach nicht zum anvisierten Zielpublikum gehörte (heute erst recht nicht mehr). Ich stellte mir zunächst eine Teenie-Space-Schmonzette vor, in der Jugendliche der Zukunft mit haargenau den gleichen Problemen wie heute kämpften.

Doch – wie immer im Leben – spätestens zwei Folgen später hatten sie mich, Captain Reynolds und die Crew des stets von vielerlei Verfallserscheinungen bedrohten Raumschiffes Serenity. Es war eine völlig andere Zukunftsvision, die präsentiert wurde: eine raue, trotz futuristischer Anklänge realistische Welt, in der genau wie in der Wirklichkeit die kleinen Leute die Verlierer eines von den Großen geführten Krieges waren; eine Welt, in der die Menschheit keine Unterstützung edler Aliens erhielt, sondern mit den degenerierten unmenschlichen Reavers konfrontiert wurde und die Hoffnung auf bessere Zeiten noch weiter entfernt schien als in der Gegenwart.

Und: Das Ganze war Country! Davon zeugte schon Sonny Rhodes' erdiges Titellied, und es gab deutliche Parallelen zur amerikanischen Pionierzeit und dem Western-Genre, in dem Männer noch Männer und – besonders bei *Firefly* – Frauen noch Frauen waren (oder im 26. Jahrhundert wieder werden sollten). Entsprechend waren die einzelnen Geschichten erzählt, und es fehlte auch nie das notwendige Quäntchen Ironie.

Kurz gesagt: *Firefly* musste wegen all seiner Andersartigkeiten einfach Kult werden, obwohl die Serie letztlich keine Chance erhielt. Solche Weltraumhelden gab es zuvor definitiv noch nie.

Anscheinend dachten viele so oder ähnlich, sonst wäre *Firefly* fast zwanzig Jahre später nicht weiterhin ein solcher Fan-Favorit. Wenn das kein Grund für ein Buch der *Es lebe…*-Reihe ist!

TEIL 1 / PROLOG

Der Space-Western in den Kinderschuhen

Vom Comic auf die Leinwand

Fast von dem Moment an, als findige Autoren die Space-Opera als Abwandlung der überaus beliebten Horse-Opera erdachten, gab es auch Bemühungen, das Western-Genre mit dem der Science-Fiction zu kombinieren. Zu Zeiten des Stummfilms und bis in die 50er Jahre des 20. Jahrhunderts hinein, als es noch kein Fernsehen gab oder es gerade erst Einzug in die Wohnzimmer hielt, übernahm das Kino die Funktion, Geschichten in Serienform zu erzählen. Die sogenannten Serials liefen als Vorläufer der TV-Serie in meist sechs bis fünfzehn Teilen zu je 10 bis 20 Minuten als Vorfilme zum Hauptprogramm. Die Fantastik als solches nahm in jenen günstig produzierten Werken dabei von Anfang an eine prominente Stellung ein, wenn auch zunächst in Mystery-Serials wie etwa in *Fantômas* von 1910. Als erster Science-Fiction-Ableger überhaupt darf möglicherweise eine Produktion namens *Homunculus* der Deutschen Bioscop von 1916 mit sechs Folgen gelten. Freilich dreht sich die Stummfilm-Geschichte weder um Space-Opera- noch um Space-Western-Themen, doch der Anfang war gemacht.

Kurze Zeit später entdeckten die Filmemacher die serielle Erzählweise auch im Western für sich. Im selben Jahr, in dem *Homunculus* herauskam, brachte die Signal Film Corporation *Lass of the Lumberlands* heraus, womit Schritt zwei hin zum Space-Western getan war. Das Western-Genre sollte sich in den nächsten 40 Jahren zu einem der beliebtesten der Filmgeschichte mausern, und die Anzahl an Serials – bis diese Art der Unterhaltung dem neuen Medium Fernsehen wich – ging ohne Frage in die Dutzende. 1919 kombinierte der US-amerikanische Regisseur Paul Hurst schließlich zum wahrscheinlich ersten Mal einen Western mit Horrorelementen und schuf mit *Lightning Bryce* damit eines der ersten filmischen fantastischen Subgenres.

Bis 1930 blieb das Serial jedoch stumm; es war ausgerechnet ein Science-Fiction-Werk, mit dem die Bilder des Episodenfilms sprechen lernten. Die zehn Kapitel von *Voice in the Sky* galten lange als verschollen, wurden aber vor nicht allzu langer Zeit wiederentdeckt. Nun waren im Grunde alle wichtigen Zutaten vorhanden, die ein Space- oder zumindest Science-Fiction-Western braucht.

Der erste Science-Fiction-Western

Das Jahr 1935 läutete für das Genre endlich ein neues Zeitalter ein. Mascot Pictures castete den beliebten Western-Helden und -sänger Gene Autry für *The Phantom Empire,* in dem es um einen Cowboy geht, der eine Radioranch besitzt. Als seine Freunde Betsy und Frankie von Bösewichten aus dem unterirdischen Reich Murania – den Thunder Riders – entführt werden, ergreift Gene die Chance und eilt zur Rettung. In den zwölf Kapiteln mit ihren 245 Minuten geht es hoch her. Es gibt Schießereien, Roboter, Strahlenwaffen und allerlei andere futuristische Gadgets, die schon sehr stark an das erinnern, was später im Space-Western zu sehen sein sollte. Lediglich der Weltraum und Raumschiffe fehlten noch.

Diese tauchten allerdings bereits ein Jahr später in *Flash Gordon* auf, der Verfilmung einer beliebten Comic-Serie, die seit 1934 erschien. Die Western-Elemente sind in diesem Serial etwas zurückgefahren, wenn auch recht typische Versatzstücke immer wieder mehr oder weniger stark durchblitzen und Flash sehr an einen ehren- und heldenhaften Cowboy erinnert. Der Hauptdarsteller Buster Crabbe wurde durch seinen Auftritt so beliebt, dass bis 1940 zwei Sequels, nämlich *Flash Gordon's Trip to Mars* (15 Kapitel) und *Flash Gordon Conquers the Universe* (zwölf Teile) folgten. Zusammen mit dem 1939 erschienenen *Buck Rogers* (ebenfalls mit Crabbe in der Hauptrolle) gehört die Reihe zu den einflussreichsten ihrer Art und zu den Wegbereitern der Space-Opera sowie des Space-Western.

Ab ins Fernsehen

Durch die Erfindung und schnelle Verbreitung des Fernsehens näherte sich die Zeit des Serials in den 40er-Jahren allmählich ihrem Ende, und die klassische TV-Serie hielt Einzug in die (zunächst) US-amerikanischen Wohnzimmer. Die Space-Opera und der Western nahmen dabei von Anfang an herausragende Stellungen ein, und schon 1949 ging die erste Folge der allerersten SciFi-Serie der Welt auf Sendung. *Captain Video and the Video Rangers* ist im Jahr 2254 angesiedelt und dreht sich um den Helden Captain Video, der mutig seine Video Rangers anführt, die mit ihrem supermodernen Flugzeug X-9 (später X-10) erst auf der Erde und einige Jahre später mit der Galaxy und Galaxy II auch im Weltraum für Recht und Gesetz sorgen. Die einzelnen Folgen wurden in den ersten Jahren live aufgeführt, weshalb nur sehr wenige der anfangs rund 30-minütigen Episoden erhalten blieben. 1952 stellte DuMont dann zwei Tricktechniker ein, die bessere Tricksequenzen und relativ hochwertige Modelle ermöglichten. Bis 1955 strahlte der Sender unvorstellbare 1200 Folgen aus, bis die Gegenwart die Zukunft der Rangers eingeholt hatte. Doch die zahlreichen Space-Western-Elemente, die die Serie enthielt (nicht umsonst wird *Captain Video and the Video Rangers* gerne als Mischung aus Buffalo Bill und Golem bezeichnet) sind legendär. Der genannte Vergleich ist tatsächlich gar nicht so weit hergeholt, da man in jede Folge etwa sieben Minuten Material alter Cowboy-Filme integrierte, um der Technik und den Schauspielern Zeit für neue Einstellungen zu geben. Somit ist in der Show die vielleicht erste offizielle Verquickung von Space-Opera- und Westernelementen zu erblicken.

Die Nachahmer

Die voranschreitende Technologie in Sachen Aufzeichnung ermöglichte es zunehmend, dass die zuvor teils überaus schlicht gehaltenen Drehbücher komplexer wurden und nunmehr des Öfteren auch von gestandenen SF-Autoren verfasst wurden. 1950 trat CBS auf den Plan, die in direkter Konkurrenz zu *Captain Video and the Video Rangers* die Show *Tom Corbett, Space Cadet* ausstrahlten. Die Abenteuer der von Frankie Thomas Jr. gespielten Titelfigur wiesen allerdings mehr Military-SciFi-Elemente auf. Typische Schlägereien, Schießereien und Saloon-Besuche blieben oft zugunsten gefährlicher Situationen auf Corbetts Trainingsschiff Polaris oder auf der Akademie des angehenden Solar-Guard-Piloten außen vor.

Ein weiterer Grundstein war allerdings gelegt, und so ließ der nächste Anwärter auf die Krone der Space-Opera und des jungen Science-Fiction-Westerns nicht lange auf sich warten. Ebenfalls 1950 griff DuMont-Konkurrent ABC die Idee des Captain Video geschickt auf und entwickelte sie weiter. *Space Patrol* mit Ed Kemmer und Lyn Osborn in den Hauptrollen darf womöglich als erste waschechte Space-Opera-Serie gelten, da der Commander der United Planets Space Patrol, Buzz Corry (Ed Kemmer) im 31. Jahrhundert für einen Planetenbund als Weltraumpolizist tätig war. Selbstverständlich kämpften unsere Helden im Verlauf der insgesamt 210 Folgen und fünf Jahre Laufzeit gegen allerlei Bösewichte. Gerne schossen sie dabei auch mit ihrer stylischen Strahlenknarre um sich, die sie stets bei sich trugen. Die Bandbreite der fiesen Jungs umfasste die gesamte Palette, die man ebenfalls aus dem klassischen Western kennt, vom Schmuggler über den Waffenhändler bis hin zu Gangstern, die harmlose Raumreisende überfielen.

Natürlich darf der in Deutschland ebenfalls nicht ganz unbekannte Klassiker *Rocky Jones, Space Ranger* in diesem Kapitel nicht fehlen. Dies war die erste Serie ihrer Art, die nicht live gespielt und ausgestrahlt, sondern auf 35-Millimeter-Film aufgezeichnet und anschließend an die Syndication verkauft wurde, was die Einbindung aufwändiger Spezialeffekte ermöglichte. Ungewöhnlich war auch, dass eine Geschichte oft drei Teile umfasste, womit die Autoren rund 75 Minuten Zeit hatten, ihre Storys zu erzählen. Richard

Crane machte als Titelheld eine wahrlich heldenhafte Figur. Allerdings traten auch hier die Western-Elemente gegenüber der 1954 in US-amerikanisch-deutsch-französischer Kooperation entstandenen Neuinterpretation von *Flash Gordon* (mit Steve Holland in der Hauptrolle) in den Hintergrund.

Wagentrek zu den Sternen

Nach *Flash Gordon* wurde es auf dem TV-Bildschirm ruhiger um die Space-Opera mit Westerneinschlag, bis ein junger Mann namens Gene Roddenberry NBC den Vorschlag unterbreitete, den Pioniergeist der im Fernsehen so beliebten Westernserien in den Weltraum zu verlagern. Wie wir heute wissen, argumentierte der Great Bird of the Galaxy in gewisser Weise plakativ, um sein Baby *Star Trek* an den Mann zu bringen. In Wirklichkeit schwebte ihm nämlich viel mehr vor als ein simpler Western im Science-Fiction-Gewand.
Nicht, dass Roddenberry gelogen hätte: Tatsächlich enthält *Star Trek* en masse Referenzen an die Pferdeopern, und in mancher Folge landen Kirk, Spock und Bones auf einem Planeten, der dem »Wilden Westen« zum Verwechseln ähnelt. Anderseits dienten die Settings oft genug nur als Aufhänger für tiefgehende Geschichten mit sozialkritischen Anklängen, die zum Nachdenken anregten und die Missstände in den USA bisweilen schonungslos zutage förderten.

Space-Western im modernen Kino vor *Firefly*

Wie bereits zuvor geschildert, war frühe Kino- und spätere Fernseh-Science-Fiction mit teils mehr, teils weniger offenen Westernelementen bereits ein ausgesprochener Publikumsrenner, als *Star Trek* die Herzen seiner Fans eroberte. Als besagte Serials dem damals neuen Medium Pantoffelkino wichen, bedeutete dies also keineswegs das Ende der oftmals recht fruchtbaren Verknüpfung eines relativ neuen mit einem althergebrachten Genre. Der Space-Western wurde zwar im Vergleich zur goldenen Zeit der Kinoserials seltener, starb jedoch niemals völlig aus. Aus diesem Grund wollen wir im zweiten Teil dieses Kapitels einen kleinen Blick auf populäre Space-Western aus neuerer Zeit werfen, wobei hier natürlich ebenso wenig der Anspruch auf Vollständigkeit erhoben werden soll wie zuvor im Fall der Serials und Serien.

Weltraum-Western aus Großbritannien

Als einer der ersten moderneren Space-Western gilt der Streifen *Moon Zero Two,* 1969 vom britischen Filmregisseur und Produzenten Roy Ward Baker *(Quatermass and the Pit,* 1967) herausgebracht. Hierzulande erschien der Streifen unter dem reißerischen

Titel *Banditen auf dem Mond;* er spielt im damals ungeheuer fernen und futuristischen Jahr 2021. Hauptfiguren sind die schneidigen raumfahrenden Weltraumcowboys Kemp (James Olson, später zu sehen in *The Andromeda Strain)* und Karminsky (der israelische Schauspieler Ori Levy, *Every Bastard a King).* Auf dem kolonisierten Mond lernen die beiden die junge Clementine kennen (Catherine Schell, einige Jahre später bekannt als gestaltwandelnde Alien-Schönheit Maya in der zweiten Staffel von *Space: 1999),* die nach ihrem verschollenen Bruder sucht. Hinter dessen Verschwinden steckt der böse Großunternehmer Hubbard (Warren Mitchell, bekannt aus dem trashigen Klassiker *The Trollenberg Terror),* gegen den selbst Polizeichefin Murphy (Adrienne Corri, *A Study in Terror)* machtlos ist. Kemp, Karminsky und Clementine können nach einigen Vorkommnissen Hubbards anderweitige größenwahnsinnige Pläne allerdings aufdecken und ihm und seinen Schergen in bester Western-Manier den Garaus machen.

Zwar wurde dieser erste moderne Space-Western, übrigens realisiert von der berühmten Filmschmiede Hammer (unter anderem für die *Dracula*-Filme mit Christopher Lee bekannt) kein großartiger Kino-Erfolg, sondern entwickelte sich eher zu einem Geheimtipp in Insider-Kreisen; doch waren beispielsweise die Trickeffekte von Les Bowie, der knapp zehn Jahre später *Superman* in dessen erstem großen Kinoabenteuer das Fliegen beibringen sollte, recht bemerkenswert. Anhand der Inhaltsangabe des Films kann man bereits die Westernelemente, um die es an dieser Stelle vorrangig gehen soll, heraushören. Leider ist der heute zwar hoffnungslos veraltete, aber dennoch weiterhin sehenswerte Streifen nicht auf DVD oder im Streaming verfügbar. Hier wäre ein Re-Release überfällig und sicherlich nicht nur für *Firefly*-Fans wünschenswert.

Die Westernstadt auf Altair One

Erheblich kurioser, aber trotz ihrer mittlerweile 42 Jahre auf dem Buckel noch immer vergnüglich anzuschauen ist die 1980 entstandene Science-Fiction-Parodie *Galaxina,* inszeniert von dem auf Low-Budget-Produktionen spezialisierten William Sachs *(Van Nuys Blvd.).* Neben einer Vielzahl witziger Anspielungen auf sämtliche damals populäre Film- und Fernseh-Sci-Fi nimmt *Galaxina* auch die auf das Genre zugeschnittenen Westerneinlagen gründlich aufs Korn. Traurige Berühmtheit erlangte der eher nur für ausgesprochene Nerds und Geeks gedachte Streifen durch den frühen Tod seiner Haupt- und Titeldarstellerin Dorothy Stratten: Das Model, 1980 zum *Playboy*-Playmate des Jahres gewählt, wurde kurz nach Veröffentlichung des Films von ihrem krankhaft eifersüchtigen Ehemann Paul im Alter von nur 20 Jahren mit einer großkalibrigen Schusswaffe ermordet (darüber drehte der Regisseur Bob

Fosse ein paar Jahre später das Bio-Pic *Star 80* mit Mariel Hemingway in der Rolle Strattens). Durch diesen tragischen Umstand erhielt der Film eine Beachtung, die ihm ansonsten wohl nicht zuteilgeworden wäre.

Im Jahr 3008 patrouilliert der Polizei-Raumkreuzer Infinity in den unendlichen Weiten auf der Suche nach eventuellen galaktischen Verbrechern, kommandiert vom überdrehten Captain Butt (Avery Schreiber, *The Burns and Schreiber Comedy Hour).* Mit an Bord ist auch der aufrechte junge Sergeant Thor (Stephen Macht, *The Choirboys)* sowie die äußerlich täuschend menschenähnliche, aber zunächst stumme wunderschöne Androidin Galaxina (Dorothy Stratten), in die Thor heimlich verliebt ist. Eines Tages erhält die Infinity den Auftrag, zum weit entfernten Planeten Altair One zu fliegen (was für die Crew nur im Cryo-Schlaf möglich ist), um dort nach dem mächtigen Juwel »Blauer Stern« zu suchen, mit dessen Hilfe man Kontrolle über den ganzen Kosmos erlangen kann. Nach einer unsanften Landung auf Altair One macht sich Galaxina zunächst allein in eine schmuddelige Westernstadt auf, wo sie auf eine Vielzahl bizarrer Gestalten trifft, darunter eine Alien-Rockerbande, die dem mystischen ›Harley Davids Sohn, wrooom-wroooom!‹ huldigt, sowie einen Alien-Barbesitzer namens Mr. Spot. Natürlich gerät die Schöne dabei in Schwierigkeiten; Thor und der senile Captain machen sich auf den Weg, um sie zu befreien.

Ohne groß um den heißen Brei herumzureden: *Galaxina* ist reichlich dämlich. Allerdings handelt es sich dabei um jene Art grenzwertig-dämlichen Humors, über den man einfach lachen MUSS, ob man will oder nicht. Hinzu kommt, dass Regisseur Sachs, der auch das Drehbuch geschrieben hat, durchaus seine Hausaufgaben in Sachen parodistische Momente gemacht hat. So kommt von *Star Trek* über *Star Wars* bis hin zu *Alien* kein zur Entstehungszeit des Films erfolgreiches Sci-Fi-Franchise ungeschoren davon, und die schnodderdeutsche Synchronisation des Films, in der der Captain erst einmal den neuen *Perry Rhodan* lesen muss, tut das ihre dazu, um *Galaxina* zum Kultklassiker zu machen. Weil ein großer Teil der Handlung in der zweiten Hälfte des Films wie gesagt in der futuristischen Westernstadt spielt, kann man das Ganze mit Fug und Recht auch als einen Space-Western bezeichnen. Im Gegensatz zum davor vorgestellten Film ist *Galaxina* sowohl auf DVD und Blu-ray erschienen als auch bei verschiedenen Streaming-Anbietern abrufbar.

Zwölf Uhr mittags im Weltraum

Ganz anderer Stoff ist der erneut britisch produzierte *Outland* (für die deutsche Version mit dem Zusatz *Planet der Verdammten* versehen), den Regisseur und Drehbuchautor Peter Hyams – der ein paar Jahre danach mit *2010: The Year We Make Contact* Kubricks *2001* fortsetzte – 1981 in den Wettbewerb der zahlreichen *Star Wars*-Nachzügler schickte.

Ex-007 Sean Connery (da noch ohne »Sir«) wird als zwar zynischer, aber aufrechter Marshal William T. O'Niel in einer nicht näher bezeichneten Zukunft auf eine Minenstation auf dem Jupitermond Io versetzt, die unter der Leitung des schmierigen Sheppard (Peter Boyle, *Young Frankenstein)* steht. Schon bald darauf fliegen O'Niels Frau Carol (Kika Markham, *Les Deux Anglaises et le Continent)* und sein kleiner Sohn wieder zurück zur Erde, da sie es in den beengten Verhältnissen der heruntergekommenen Minenstation nicht aushalten. O'Niel wird bald darauf mit rätselhaften Vorkommnissen konfrontiert: Immer wieder ereignen sich Vorfälle, bei denen Menschen verletzt werden oder zu Tode kommen – z. B. die Wahnvorstellung von Spinnen im Raumanzug, den der Betreffende daraufhin zerreißt und im Vakuum des Weltraums stirbt oder die Entführung und lebensgefährliche Verletzung einer der Stationsprostituierten, wobei der Kidnapper von O'Niels Deputy Montone (James Sikking, *Capricorn One)* erschossen werden muss, um das Mädchen zu retten.

Seitens der Führungsetage zeigt man sich hieran deutlich desinteressiert. Dazu erfolgt lediglich die lakonische Bemerkung, dergleichen passiere eben hier und da einmal. Mit Hilfe der desillusionierten Bordärztin Dr. Lazarus (Frances Sternhagen, *Fedora)* kommt O'Niel schließlich hinter die Ursache der Vorfälle: Mit Billigung der Chefetage werden die Minenarbeiter mit einer synthetischen Droge versorgt, die ihre Leistungsfähigkeit in Verbindung mit dem von ihr erzeugten Rauschzustand um ein Vielfaches steigert, deren Einnahme über einen längeren Zeitraum hinweg jedoch Wahnsinn verursacht. Montone wusste hiervon und schwieg dazu, kann jedoch von O'Niel auf seine Seite gebracht werden. Nachdem der Versuch, O'Niel ebenfalls zu bestechen, missglückt ist, fährt Sheppard schwerere Geschütze auf. Montone findet auf schreckliche Weise den Tod, und zwei Auftragskiller, die mit dem nächsten Transport auf Io eintreffen werden, sollen O'Niel beseitigen. Gemeinsam mit Dr. Lazarus, die nach und nach wieder zu ihrem einstigen Berufsethos zurückfindet, bereitet sich O'Niel auf die Ankunft der Killer vor.

Science-Fiction-Fans mit einem Faible für Western wissen natürlich längst, woher ihnen dieses bedrohliche Szenario bekannt vorkommt: Als Vorbild diente Fred Zinnemanns 1952 entstandener Westernklassiker *High Noon,* in dem Gary Cooper als Marshal Kane in der Westernstadt Hadleyville gegen eine Bande von Killern antreten muss – ein Zufall dürfte diese Ähnlichkeit der Handlung ganz sicher nicht sein.

Bis heute gilt der zeittypisch düstere und beklemmende, unglaublich gut gealterte (die technischen Einrichtungen der Minenstation auf Io wirken noch heute glaubwürdig) und auch tricktechnisch brillante *Outland* als absoluter Klassiker des Space-Western-Subgenres. Es ist in mehrfacher Hinsicht schade, dass der bei seinem Kinostart 1981 gefloppte Streifen (dem relativ hohen Produktionsbudget von 18 Millionen US-Dollar standen letztlich lediglich 20 Millionen am Box Office gegenüber) heutzutage fast nur noch den Fans der Genre-Klassiker bekannt ist und kaum mehr die Beachtung erfährt, die er verdient hätte.

Star Wars* trifft *Mad Max

Nicht nur ein weiterer Klassiker des Space-Westerns, sondern eine der sicherlich ungewöhnlichsten Mixturen innerhalb des Filmgenres der Science-Fiction dürfte der 1983 entstandene *Spacehunter: Adventures in the Forbidden Zone* des Regisseurs Lamont Johnson *(The Last American Hero)* sein. Der damalige überragende Erfolg von Weltraummärchen á la *Star Wars* auf der einen sowie von endzeitlicher Action im Stil von *Mad Max* auf der anderen Seite – beides von Beginn an von zahlreichen Western-Elementen durchdrungen – führte zur Kombination der beiden Subgenres, was eine außergewöhnliche und bis heute unterhaltsame Mischung ergab. Der Weltraum-Cowboy Wolff (Peter Strauss, *Rich Man, Poor Man)* fängt einen Aufruf zur Suche nach drei betuchten Frauen ab, die auf einem unwirtlichen Planeten notlanden mussten und für deren sichere Rückkehr eine hohe Belohnung ausgelobt ist. Terra XI, wo die drei Damen gestrandet sind, ist eine gescheiterte irdische Kolonie, auf der mittlerweile endzeitliche Verhältnisse unter den überlebenden Kolonisten und ihren wenigen Nachfahren herrschen. Hilfe erhält der Spacehunter nach dem Tod seiner Bordandroidin von der Herumtreiberin Niki (Molly Ringwald, später im Kultfilm *The Breakfast Club)* sowie seinem ehemaligen Armee-Kameraden und jetzigen Konkurrenten Washington (Ernie Hudson, später einer der vier *Ghostbusters).* Dummerweise jedoch sind die drei Frauen dem Cyborg-Gangsterboss Overdog (Michael Ironside, *V)* und seinen Schergen in die Hände gefallen. Seine Beute wieder hergeben zu müssen, damit Wolff die ausgeschriebene Belohnung einstreichen kann, empfindet dieser als keine besonders erfreuliche Aussicht, weshalb er den Spacehunter und seine Gefährten durch seine mit vielerlei Gefahren gespickte Kampfarena schickt.

Der höchst ungewöhnliche Streifen avancierte trotz bzw. gerade wegen seines Trash-Faktors auf der einen, seiner jedoch auch höchst innovativen und ungemein einfallsreichen Machart auf der anderen Seite zum bis heute von seinen Fans geliebten Kultfilm und ist bei alledem ein ausgesprochenes Paradebeispiel für einen zünftigen Space-Western. Zudem kann man als *Firefly*-Fan gleich an mehreren Stellen von *Spacehunter* durchaus den Eindruck gewinnen, dass der Streifen Joss Whedon (bekanntermaßen zeitlebens selbst Film-Fan) zumindest teilweise als Inspiration für seine Serie gedient haben könnte.

B- und C-Space-Western

Auch in der Science-Fiction-Entsprechung der seinerzeit recht populären B-, wenn nicht gar C-Western aus der zweiten Reihe der Unterhaltungsbranche wird man im Bereich der Space Western schon nach kurzer Suche fündig.

Proxima Centauri 3: Revolte im All lautet der deutsche Titel eines 1985 entstandenen Films, der in seiner Originalversion gleich drei verschiedene Titel trug: *A Dollar a Day, Space Rage: Breakout on Prison Planet* sowie *Trackers.* Das vom auch als Stuntman in Filmen wie *Rush Hour 2* tätigen Conrad E. Palmisano inszenierte Filmchen präsentiert Science-Fiction-Action der zwar deutlich preisgünstigeren, aber auch härteren Gangart, was ihm bis zum Jahr 2013 gar eine Indizierung einbrachte (mittlerweile ist er wieder auf DVD erhältlich).

Der Space-Western erzählt die Geschichte des Weltraumbanditen Grange (Michael Paré, *Starhunter),* der sein Dasein aufgrund diverser Gewaltverbrechen auf einem Gefängnisplaneten fristet, wo er von den berüchtigten Trackers unter dem Kommando des Colonels (der einstige Westernstar Richard Farnsworth) bewacht wird. Dennoch bereitet der Gangster seinen Ausbruch vor, bei dem der komplette Planet vernichtet werden soll.

Der stellenweise ziemlich brutale Streifen aus einer Zeit, in der knallharte Science-Fiction-Streifen wie *Terminator* Erfolge feierten, kann seine zahlreichen Western-Elemente nicht verleugnen und versucht dies auch gar nicht. Ein fieser Bösewicht, ein alternder, doch aufrechter Gesetzeshüter und ein im wahrsten Sinne des Wortes brisanter Schauplatz – fertig ist der toughe Weltraumwestern aus der Kategorie B.

Eine deutliche Spur schräger präsentieren sich *Oblivion* und *Oblivion 2: Backlash* aus den Jahren 1994 und 1995, hierzulande unter den Titeln *Alien Desperados* und *Badlands* zu Beginn ihrer Veröffentlichung in der falschen Erscheinungsreihenfolge herausgebracht. Unter der Regie von Sam Irvin *(Elviras Haunted Hills)* agieren einige ausgesprochene Science-Fiction-Ikonen: »Mr. Sulu« George Takei als trunksüchtiger irrer Doc Valentine, Julie Newmar (die allererste Catwoman in der 1966er *Batman*-Serie) als Bardame Miss Kitty (die »Rauchenden Colts« aus *Gunsmoke* lassen grüßen), Andrew Divoff *(Wishmaster*-Horrorfilmreihe) als böser Red Eye und Meg Foster *(Masters of the Universe)* als Cyborg-Deputy

Stella Barr. Hinzu gesellt sich der aus dem einmaligen Serienwiederbelebungsversuch *Knight Rider 2010* bekannte Richard Joseph Paul in der Rolle des Zack Stone in zwei Streifen, die selbst für die SchleFaZ-Filmreihe zu schlecht, allerdings insbesondere für ausgesprochene Trashfilm-Fans jedoch ein Fest sein dürften.

Die Handlung der beiden Streifen ist in einem Satz erzählt: Die Bewohner der futuristischen Westernstadt Oblivion auf einem fernen Planeten werden von einem – natürlich rotäugigen! – Reptil-Alien namens Red Eye (Divoff) und dessen Bande terrorisiert, und der junge Zack Stone, Sohn des ermordeten Marshals, sowie ein paar Helfer wie Doc Valentine, Stella Barr oder Miss Kitty bekämpfen das Gesindel.

Die beiden Billigheimer, an deren Drehbüchern wahrhaftig der auch für seine *Star Trek*-Romane bekannte Peter David beteiligt war, entstanden als amerikanisch-rumänische Co-Produktionen für die Low-Budget-Filmschmiede Full Moon Entertainment und wurden in der Nähe von Bukarest inszeniert. Wer qualitativ hochwertige Science-Fiction erwartet, sollte lieber die Finger von diesen beiden Space-Western aus der Portokasse lassen. Mit einem gewissen Humor Gesegnete dürften aber durchaus ihr helles Vergnügen etwa an einem crazy dauergrinsenden George Takei haben, der so wie in der Wirklichkeit auf diversen Conventions permanent den berühmten Vulkan-Gruß mit der Rechten vollführt. Ernst gemeint ist bei alledem natürlich absolut gar nichts, aber nichtsdestotrotz handelt es sich bei beiden um Vertreter des Space-Westerns, wenngleich das Budget einer einzelnen *Firefly*-Folge höchstwahrscheinlich das gleich beider Filme weit überschritten haben dürfte. Ansonsten wird so gut wie jedes gängige Western-Klischee gehörig verdreht und in die ohnehin schon reichlich abgefahrene Handlung eingebaut.

Es zeigt sich also, dass der Space-Western bereits lange vor *Firefly* eine gewisse Popularität genoss und dabei auch das eine oder andere Glanzstück hervorbrachte, das sich durchaus für einen Prä-*Firefly*-Filmabend eignen könnte.

Joss Whedon: Der Mann hinter *Firefly*

Um es gleich vorwegzunehmen: Ja, den Autoren dieses Buches sind die Vorwürfe bekannt, die erstmals im Jahr 2020 gegen Joss Whedon erhoben wurden. Wir werden am Ende dieses Kapitels in aller Kürze darauf zurückkommen, jedoch nicht den Stab über Joss Whedon brechen, da auch wir über die ihm zur Last gelegten Vorfälle nicht mehr wissen als das, was öffentlich darüber berichtet wurde.

Von alledem unbenommen kann man den am 23. Juni 1964 in New York City geborenen Joseph Hill »Joss« Whedon mit Fug und Recht als einen der bekanntesten TV- und später auch Filmemacher vorwiegend des fantastischen Bereiches bezeichnen. Hierbei trat er seit Beginn seiner Karriere bei der Serie *Roseanne* Ende der 80er-Jahre nicht nur als Drehbuch- und Comicautor, sondern auch als Regisseur und Produzent in Erscheinung. Gewissermaßen wurde ihm das Talent für diese Tätigkeit bereits in die Wiege gelegt: Sowohl sein Vater Tom Whedon (der an TV-Serien wie *Captain Kangaroo,* 1955, oder *All's Fair,* 1977, mitarbeitete) als auch sein Großvater John Whedon *(Leave It To Beaver,* 1957-1963, sowie *The Donna Reed Show,* 1958-1966) verdienten ihr Geld als Drehbuchautoren für das Fernsehen. Da schien es gar keine Frage zu sein, dass auch Joss beruflich in diese Richtung gehen würde.

Nach seiner Schulzeit an der New Yorker Riverdale School und seinem Abschlussjahr auf dem für seine immensen akademischen Anforderungen bekannten Eliteinternat Winchester College in der gleichnamigen englischen Stadt kehrte der junge Joss wieder in die Vereinigten Staaten zurück und absolvierte bis 1987 an der Wesleyan-Privatuniversität in Middletown im US-Bundestaat Connecticut ein Studium mit dem Fachbereich Film im Hauptfach.

What the Heck Are Spec Scripts?

Als »Spec Scripts« bezeichnet man in den USA Drehbuchentwürfe, die von (zumeist angehenden) Autoren frei, das heißt ohne Bestellung und auf eigene Verantwortung, geschrieben und dann in der Hoffnung auf Annahme an Produzenten und/oder Produktionsgesellschaften verschickt werden. Genau hierin bestand Joss Whedons allererste Tätigkeit auf seinem Weg ins Business. Zwar konnte er keines seiner Werke bereits zu dieser Zeit unterbringen, doch immerhin verschafften seine Spec Scripts ihm 1988 eine Anstellung im Autorenstab der damals erfolgreichen Sitcom *Roseanne,* zu der er im Jahr darauf vier Episoden beisteuerte. 1990 und 1991 folgten drei Episoden von *Parenthood,* doch schon vor und zu dieser Zeit spukte ihm eine Geschichte über eine High-School-Schülerin im Kopf herum, die aufgrund einer Jahrhunderte alten Tradition den verantwortungsvollen Posten einer Vampir- und Dämonenjägerin übernehmen muss, und er verfasste ein entsprechendes Drehbuch. Dieses konnte er an die Filmfirma Sandollar Productions verkaufen, die 1986 von der berühmten Country-Sängerin Dolly Parton *(Jolene)* mitbegründet worden war. Bis zur tatsächlichen Umsetzung vergingen jedoch mehrere Jahre.

Buffy, die Erste

1992 war es schließlich so weit, und am 31. Juli dieses Jahres kam *Buffy The Vampire Slayer* in die amerikanischen Kinos. Hierzulande reichte es lediglich für eine Veröffentlichung auf Video unter dem deutschen Titel *Buffy: Der Vampir-Killer,* obwohl der witzige Streifen mit 16,6 Millionen US-Dollar Einspielergebnis etwas mehr als das Doppelte seines 7-Millionen-Dollar-Budgets wieder einspielte und somit zumindest kein völliger Flop war. Außerdem konnte der von der Regisseurin Fran Rubel Kuzui (die später eine der Produzentinnen von Whedons Serie *Angel* wurde) inszenierte Streifen mit einer ordentlichen Besetzung aufwarten. Neben der jungen Kristy Swanson *(Flowers In The Attic,* 1987) als Buffy und Candy Clark *(American Graffiti,* 1973) als deren Mutter sah man Donald Sutherland *(Don't Look Now,* 1973) als ihren Wächter (sprich: Ausbilder) Merrick sowie Rutger Hauer *(Blade Runner,* 1982) als bösen Lothos. Obwohl der Film wie bereits erwähnt nur eine halbe finanzielle Bauchlandung war, schien es (vorerst), als sei Whedons Idee gescheitert. Dass der Film die in ihn gesetzten finanziellen Erwartungen nicht vollständig erfüllte, lag indes weniger am Konzept als vielmehr an Fran Kuzui und ihrem Ehmann Kaz, die das Projekt auch finanzierten. Kuzui hatte die Grundidee von Buffy nämlich nicht richtig verstanden, wie Joss Whedon in späteren Interviews auch immer wieder betonte. Zwar hatte er die Saga um die Teenie-Vampirjägerin, die spitzzahnige Blutsauger zu pfählen pflegte, mit einer gewissen Portion Wortwitz und Situationskomik ausgestattet. Die Regisseurin baute das Drehbuch jedoch zu einer albernen Coming-of-Age-Horrorkomödie um, die bei Kritikern und weiten Teilen des Publikums durchfiel.

Neue Projekte

Whedon behielt die Grundidee seiner Geschichte im Hinterkopf, widmete sich zunächst aber anderen Projekten.

Nach dem Relativ-Flop seines *Buffy*-Films jedenfalls schrieb er weitere Spec Scripts, von denen er zwei mit den Titeln *Suspension* (zu Deutsch etwa »Aussetzung«) und *Afterlife* (»Leben nach dem Tod«) zwar verkaufen konnte, eine Umsetzung erfolgte jedoch nicht. Allerdings hatte sich Joss Whedon mittlerweile einen ansehnlichen Namen gemacht, weshalb er seit dieser Zeit häufig als ein sogenannter »Script Doctor« eingesetzt wurde, dessen Aufgabe es ist, Drehbücher anderer Autoren aufzuarbeiten und zu verbessern. In dieser Funktion wirkte er 1993 am Drehbuch zum Actionfilm *Speed* mit Keanu Reeves *(Matrix Resurrections,* 2021) und Sandra Bullock *(The Lost City,* 2022) mit, außerdem 1994 am Script zu Disneys *Toy Story.* 1995 folgte Kevin Costners *(Let Him Go,* 2020) endzeitlicher und, wie die Autoren dieses Buches finden, ungerechtfertigterweise zum Superflop gewordener Film *Waterworld.* Während Whedon bei *Toy Story* immerhin als einer der Drehbuchautoren erwähnt wurde und sogar eine Oscar-Nominierung erhielt, blieb er bei *Waterworld* ungenannt. Immerhin erhielt er hierdurch ein weiteres Engagement für die Bearbeitung des Drehbuches zum Katastrophenfilm *Twister* von 1996.

Buffy, die Zweite

1996 erlebte Joss Whedon dann seinen endgültigen großen Durchbruch. Ein Jahr zuvor hatte der Skriptschreiber Gail Berman kennengelernt, die für den damals noch jungen Sender The WB (heute: The CW) arbeitete. Einige Treffen und Diskussionen später kamen die beiden überein, ein 30-minütiges Demovideo zu Whedons Herzensprojekt *Buffy* zu produzieren, das aber zunächst in der Chefetage keinen großen Anklang fand. Als Berman sich bereit erklärte, für eine eventuelle Serie als Produzentin mit Mitspracherecht in kreativen Fragen zu fungieren, sagte 20th Century Fox dann aber zu, einen Pilotfilm und weitere zehn Episoden zu produzieren. Das Debüt sollte in seiner ursprünglichen Form jedoch niemals das Licht der TV-Welt erblicken. Allerdings erhielt es ein Facelifting und wurde in gekürzter Form – mit Alyson Hannigan statt der zuvor für die Rolle der Willow gecasteten Riff Regan – letztlich doch ausgestrahlt.

Um die Arbeit und die Kosten besser koordinieren zu können, gründete Joss Whedon seine eigene Produktionsfirma Mutant Enemy und legte nach dem Piloten die zehn georderten Episoden nach. Der Rest ist TV-Geschichte und würde in seiner Gänze ein eigenes Buch, wenn nicht gar mehrere füllen: *Buffy The Vampire Slayer,* in den USA erstmals seit März 1997 bei The WB zu sehen (und hierzulande unter dem deutschen Titel *Buffy: Im Bann der Dämonen* gut anderthalb Jahre später im Herbst 1998 bei ProSieben), wurde einer der größten TV-Erfolge der 1990er- und frühen 2000er-Jahre und brachte es bis 2003 auf erfolgreiche 144 Episoden in sieben Staffeln. Whedon hatte einige Elemente aus dem Kinofilm geändert: Unter anderem hieß Buffys Mentor nun nicht mehr Merrick Jamison-Smythe, sondern Rupert Giles; auch wurde er nicht von Donald Sutherland, sondern vom britischen Schauspieler Anthony Stewart Head *(A Prayer For The Dying,* 1987) dargestellt. Ferner gab es neben der nun von der jungen Sarah Michelle Gellar (durch die tragende Nebenrolle der Kendall Hart in der Soap Opera *All My Children* zwischen 1993 und 1995 bekannt geworden) verkörperten Titelheldin jede Menge neuer Charaktere, wie zum Beispiel Buffys Freunde Willow Rosenberg (Alyson Hannigan, *My Stepmother Is An Alien,* 1988) und Xander Harris (Nicholas Brendon, *Children Of The Corn III: Urban Harvest,* 1995). Später gesellten sich die teils mehr, teils weniger freundlichen Vampire Angel (David Boreanaz, *Best Of The Best 2,* 1993) und Spike (James Marsters, *Winding Road,* 1998) hinzu. Das Konzept der Serie sah vor, Staffel für Staffel eine neue Geschichte zu erzählen, die sich allerdings in einem Gesamtkontext bewegte und am Ende zu einem fulminanten Finale führte. *Buffy* revolutionierte durch ihren Stil und die seinerzeit ungewöhnliche Machart nicht nur das Fernsehen ihrer Zeit, sondern führte das Vampir-Subgenre im (Soft-) Horrorbereich zu einer neuen Blüte, dem später Shows wie *True Blood, Vampire Diaries* und deren Spin-Offs *The Originals* und *Legacy* folgten. *Buffy the Vampire Slayer* wurde 2018 letztlich zu Recht eine besondere Ehre zuteil. Man nahm die Serie 2018 in die Science Fiction And Fantasy Hall Of Fame auf, und bis heute genießt das Franchise ungebrochenen Kultstatus bei seinen Fans. Seit mehreren Jahren kursieren immer wieder lautere oder leisere Gerüchte über eine geplante Neuauflage. Ob daraus jemals etwas wird und ob ein Reboot (bzw. Remake) die »gute alte Zeit« zurückholen könnte, ist allerdings fraglich.

Vom Alien-Intermezzo zurück ins Buffy-versum
Während Whedon bereits eifrig an *Buffy* arbeitete, erhielt er den Auftrag für das Drehbuch zum damals vierten Film des erfolgreichen Space-Horror-Franchises *Alien,* das 1979 seinen Anfang mit Ridley Scotts Kultklassiker genommen hatte. *Alien: Resurrection,* inszeniert von Jean-Pierre Jeunet *(La Cité des enfants perdus,* 1995), kam 1997 in die Kinos und gilt als einer der ungewöhnlichsten Filme des Franchises.

Davon abgesehen blieb Joss Whedon für die nächste Zeit allerdings noch vorwiegend in seinem eigenen neuen Kult-Franchise tätig. Bedingt durch den Erfolg von *Buffy* kam im Herbst 1999 in den USA erneut bei The WB (bei uns im Januar 2001 bei ProSieben) dessen Spin-Off *Angel* heraus. Der titelgebende, von David Boreanaz gespielte unsterbliche und den Menschen grundsätzlich freundlich gesonnene Vampir mit dem vollständigen Namen Angelus war seit seinem ersten Auftreten in der zweiten Staffel von *Buffy The Vampire Slayer* zu einer der beliebtesten Figuren der Serie avanciert, was zu der Idee geführt hatte, ihm eine eigene Serie zu bescheren. Diese entwickelte der ansonsten mit der Hauptserie beschäftigte Joss Whedon zusammen mit David Greenwalt. In der

Serie geht Angel nach seinem Abschied von Buffy nach Los Angeles, um dort zusammen mit der ebenfalls bereits aus *Buffy* bekannten Cordelia Chase (Charisma Carpenter), dem Halbdämon Doyle (Glenn Quinn, *Roseanne,* 1990 bis 1997), der jedoch am Ende der ersten Staffel getötet wird, sowie Buffys letztem Wächter Wesley Wyndam-Pryce (Alexis Denisoff, *First Knight,* 1995) die vorwiegend in übersinnlichen Angelegenheiten ermittelnde Detektivagentur Angel Investigations zu gründen. Als Hauptgegner erkoren die Autoren die mit dem Teufel im Bund stehende Anwaltskanzlei Wolfram & Hart, was immer wieder für spannungsgeladene und erinnerungswürdige Momente sorgte.

Die Serie *Angel,* in der immer wieder einmal verschiedene Figuren aus der *Buffy*-Hauptserie in Gastrollen zu sehen waren, war gleichfalls höchst erfolgreich, allerdings mit 110 Episoden in fünf Staffeln von 1999 bis 2004 nicht ganz so langlebig wie diese.

Joss Whedon setzte in Zusammenarbeit mit seinen Co-Schöpfern sowohl *Buffy* als auch *Angel* nach den jeweiligen Serienenden in groß angelegten, teilweise auch in deutscher Übersetzung erschienenen Comic-Serien fort.

Damit wollen wir es an dieser Stelle in Sachen »*Buffy*-versum« bewenden lassen.

Der Aufbruch der Serenity …

Noch während seiner Arbeit an *Angel* (und, daran anschließend, *Firefly)* schrieb Joss Whedon zwischenzeitlich zusammen mit seinen beiden Autorenkollegen Ben Edlund *(The Tick,* 1994 bis 1996) und John August (der später die erfolgreiche Kinderbuchreihe *Arlo Finch* ins Leben rief) das Drehbuch für den im Jahr 2000 veröffentlichten aufwändigen Science-Fiction-Zeichentrickfilm *Titan A.E.* unter der Regie von Don Bluth *(An American Tail,* 1986). Trotz einiger Beliebtheit bei Genre-Fans wurde dieser ein gigantischer Flop und spielte nur wenig mehr als die Hälfte seines 75-Millionen-Dollar-Budgets wieder ein.

Nach dem Ende von *Angel* folgte schließlich mit *Firefly* das Kernstück dieses Buches.

… und danach

Nach dem endgültigen Aus von *Firefly* widmete sich Joss Whedon einer Reihe von neuen Projekten, die nichts mit seinen bisherigen Serienkonzepten zu tun hatten.

Zunächst begab er sich auf völlig neues, damals ungemein zeitgemäßes Terrain und konzipierte im Jahr 2008 zusammen mit seinen Brüdern Zack (der ebenfalls TV-Drehbuchautor ist und unter anderem 2006 Scripts für die raue Westernserie *Deadwood* abgeliefert hatte) und Jed, der bis dahin vorwiegend als Musiker und

Komponist für Videospiel-Musik tätig geworden war, die insgesamt 43-minütige tragikomische Musical-Mini-Webserie *Dr. Horrible's Sing-Along Blog*. Neben Neil Patrick Harris (bekannt als Barnabus »Barney« Stinson aus der Erfolgs-Sitcom *How I Met Your Mother*, 2005 bis 2014) in der Titelrolle war hierin auch Nathan Fillion aus *Firefly* in der Rolle des schrägen Superhelden Captain Hammer zu sehen. Die Serie entstand während des großen Streiks der *Writer's Guild Of America* von 2007 bis 2008 und sollte durch die ungewöhnliche Veröffentlichungsweise die Schwierigkeiten umgehen, die der Streik verursachte. Trotz der Kürze seiner Laufzeit erlangte auch *Dr. Horrible's Sing-Along-Blog* einen gewissen Kultstatus.

2009 entwickelte Joss Whedon ein weiteres Konzept für eine Science-Fiction-Serie, allerdings erneut mit eher schmalem Erfolg: *Dollhouse* mit Eliza Dushku (die sowohl in *Buffy* als auch in *Angel* in der Rolle der Faith zu sehen gewesen war) war eine Mystery-Serie, in der Menschen von einer geheimnisvollen Organisation zur Erfüllung unterschiedlichster Missionen mit neuen Persönlichkeiten, Erinnerungen und auch besonderen Fähigkeiten versehen werden konnten und ihr Dasein außerhalb davon als naive lebende Puppen (im titelgebenden unterirdischen Puppenhaus) ihr Dasein fristeten. Die auf dem US-Sender Fox ausgestrahlte Serie brachte es auf lediglich 26 Episoden in zwei Staffeln und schaffte den Sprung auf die deutschen Bildschirme nicht.

Deutlich erfolgreicher dagegen gestaltete sich 2012 ein weiteres Projekt auf der großen Leinwand, bei dem Joss Whedon allerdings nicht selbst Regie führte (diese ging an den sonst eher als Drehbuchautor von Folgen zu Serien wie *Alias* oder *Lost* bekannten Drew Goddard), sondern für das er das Drehbuch geschrieben und den Produzentenposten übernommen hatte. *The Cabin In The Woods* mit – unter anderem – Kristen Conolly *(Springfield Story*, 2008) und Chris Hemsworth (bekannt als der mächtige Marvel-Superheld *Thor* sowie als Captain Kirks Vater George in *Star Trek* von 2009) in den Hauptrollen war eine wüste Mischung aus Horror-, Mystery- und Fantasy-Elementen über eine Gruppe junger Leute, die während eines als Wochenendausflug geplanten Trips in der titelgebenden einsamen Waldhütte das Abenteuer ihres Lebens (oder auch nicht…) erlebten. Dabei wurden sie mit Zombies, Einhörnern und anderen mehr oder weniger freundlichen Fabelwesen konfrontiert, und das Ende der Geschichte ließ den überwiegenden Teil der Zuschauer mit leuchtend roten imaginären Fragezeichen über den Köpfen zurück. Der Film spielte nur wenig mehr als das Doppelte seines Budgets in Höhe von 30 Millionen Dollar ein und konnte somit nicht als echter Erfolg gelten. Aus diesem Grund kam es bedauerlicherweise niemals zu der von seinen Fans ersehnten Fortsetzung, obwohl die wirre, aber faszinierende Handlung durchaus dafür prädestiniert gewesen wäre.

Fast schon in den Bereich des Independent-Films fiel Joss Whedons nächstes Regieprojekt ebenfalls aus 2012, die Shakespeare-Adaption *Much Ado About Nothing,* bereits 1993 von Kenneth Branagh *(Death On The Nile,* 2022) verfilmt. Whedons in Schwarzweiß binnen lediglich 12 Tagen in seinem eigenen Haus gedrehte Version verlegte die turbulente Handlung des Stücks in die Jetztzeit (wobei Whedon jedoch die Originaldialoge des Stücks beibehielt). Die Hauptrollen gingen an Schauspielerinnen und Schauspieler, mit denen Whedon bereits in seinen Serienprojekten zusammengearbeitet hatte: Amy Acker und Alexis Denisof aus *Angel,* Reed Diamond und Fran Kranz aus *Dollhouse* und nicht zuletzt Nathan Fillion und Sean Maher aus *Firefly.* Auf die Idee für die ungewöhnliche Shakespeare-Verfilmung war Whedon durch Lesungen der Stücke des Dichters vor den mit ihm befreundeten Schauspielern gekommen. Der innovative Streifen wurde zwar erwartungsgemäß kein Blockbuster, feierte jedoch Achtungserfolge.

Willkommen im MCU!

2008 startete mit *Iron Man* der erste Film eines heute rund 30 Kinoproduktionen und mehrere Streaming-Fernsehserien umfassenden Multi-Groß-Franchises, das regelmäßig alle bisherigen Kassenrekorde schlägt. Die Rede ist vom MCU, dem Marvel Cinematic Universe, das die zahllosen erfolgreichen Comichelden aus den bei Jung und Alt heißgeliebten Heften auf die große und kleine Leinwand bringt – belassen wir es dabei. Könnte man über *Buffy* und *Angel* schon mehrere Bücher schreiben, wäre es in diesem Fall sehr wahrscheinlich eine ganze Bibliothek. Joss Whedon jedenfalls war es, der 2012 mit *Marvel's The Avengers* den seinerzeit sechsten Film der Reihe und gleichzeitig den bis dahin erfolgreichsten in die Kinos brachte: Dem superlativen Budget von (tief Luft holen!) 220 Millionen US-Dollar stand ein Gesamteinspielergebnis von (noch tiefer Luft holen!) unfasslichen 1,519 Milliarden (!!!) Dollar gegenüber – dergleichen schaffte vorher ansonsten bestenfalls *Star Wars.* Da es sich hier jedoch um kein Buch über das *Marvel Cinematic Universe,* sondern um eines über Whedons *Firefly* handelt, wollen wir an dieser Stelle nur festhalten, dass die trickeffektgeladene Verfilmung des epischen Kampfes der hierzulande einstmals als »Die ruhmreichen Rächer« bekannt gewordenen Comic-Helden Iron Man (Robert Downey Jr.), Captain America (Chris Evans), Black Widow (Scarlett Johansson), Hulk (Mark Ruffalo), Thor (Chris Hemsworth) und Hawkeye (Jeremy Renner) unter dem Kommando des toughen Nick Fury (Samuel L. Jackson) gegen die mächtige

außerirdische Streitmacht der Chitauri Joss Whedon endgültig zum absoluten Superstar-Regisseur machte.
Auch für sein nächstes TV-Projekt blieb Whedon in seiner neuen Heimat, dem MCU. *Marvel's Agents Of S.H.I.E.L.D.,* 2013 bis 2020 136 Folgen lang in sieben Staffeln in den USA bei ABC, hierzulande seit 2014 bei RTL Crime zu sehen, erzählte die Abenteuer der titelgebenden, bereits aus dem *Avengers*-Kinofilm bekannten Spezialeinheit. Unter der Leitung von Phil Coulson (Clark Gregg, *The New Adventures Of Old Christine,* 2006 bis 2010) agierten unter anderem die Agents Melinda May (Ming-Na Wen, später in *The Book Of Boba Fett,* 2021-2022), Grant Ward (Brett Dalton, *Killing Lincoln,* 2012), Daisy »Skye« Johnson (Chloe Bennet, *Nashville,* 2012 bis 2013), Leo Fitz (Iain De Caestecker, *The Fades,* 2011) und Barbara »Bobbi« Morse (Adrienne Palicki, seit 2017 in *The Orville).* In zwei Folgen der ersten Staffeln schaute übrigens auch Chef Nick Fury (natürlich gespielt von Samuel L. Jackson) vorbei, was die Serie noch näher ans Franchise rückte.

Nach dem Drehbuch für die 2014 veröffentlichte, nur wenig beachtete Fantasy-Romanze *In Your Eyes* kehrte Whedon 2015 mit *Avengers: Age Of Ultron* erneut ins MCU zurück. Mit einem 365-Millionen-Dollar-Budget war er mit einem Einspielergebnis von 1.403 Milliarden Dollar zwar nicht ganz so erfolgreich wie sein Vorgänger, spielte aber immerhin das Vierfache seiner Kosten wieder ein. Diesmal bekamen es die Helden aus dem ersten Film (neben anderen Comic-bekannten Bösewichtern) mit der titelgebenden künstlichen Intelligenz Ultron zu tun, die ihnen mit dem empfindungsfähigen Androiden Vision (Paul Bettany, *Legion,* 2010) auch Zuwachs auf der eigenen Seite bescherte.

Wechsel in ein anderes Universum

Was in einem Universum klappt, so mag sich Joss Whedon gedacht haben, das funktioniert auch im nächsten – doch so kann man sich täuschen.

Als Konkurrenz für das *Marvel Cinematic Universe* existierte bereits seit 2013 das DCEU *(DC Extented Universe)* mit Filmen und TV-Serien aus der schärfsten Konkurrenzwelt von *Marvel* mit Superman und Batman als Flaggschiffen. Zwar ähnlich aufwändig produziert und prominent besetzt wie im MCU, konnte man dem anderen Superheldenuniversum jedoch an den Kinokassen keinesfalls das Wasser reichen. Das sollte sich nun mit einer Heldenversammlung à la *Avengers* ändern, doch damit schnitt man sich gehörig in den Finger.

Die Geschichte um Zack Snyders Ausstieg 2017 und Joss Whedons Einstieg ist hinlänglich bekannt und soll an dieser Stelle nicht weiter ausgeführt werden. Whedons Engagement bezog sich eigentlich auf die Begleitung der Postproduktion des Films, doch da man mit Snyders rund vierstündiger Rohfassung nicht einverstanden war, beauftragte man ihn mit Nachdrehs zusätzlicher beziehungsweise alternativer Szenen, die Whedon auch durchführte, womit er, einfach ausgedrückt, das bereits bestehende Material allerdings verschlimmbesserte. Das Ende vom Lied war, dass *Justice League,* der im Spätherbst 2017 weltweit in die Kinos kam, durch die vielen Änderungen einen unausgegorenen Mischmasch bildete, der von vielen Fans auf unterschiedlichste Weise angegriffen wurde. Erschwerend kam hinzu, dass das Einspielergebnis in Höhe von 657,9 Millionen aus dem 300 Millionen teuren Film alles andere als einen Kassenschlager machte, der nicht einmal in die Nähe der *Marvel*-Verfilmungen kam. Der 2021 für die Heimkinos veröffentlichte vierstündige *Snyder-Cut* des Films wurde vom Publikum weit besser aufgenommen und versöhnte viele Fans mit der Zusammenkunft der DC-Heldenriege.

Für den bis dahin recht erfolgsverwöhnten Joss Whedon war die Sache definitiv ein ziemlicher Dämpfer, zumal im Zuge dieses Films auch die Kontroversen aufkamen, auf die wir nunmehr kurz eingehen wollen.

Die dunkle Seite des Joss Whedon?

Seit dem Sommer 2020 wurden Vorwürfe gegen Joss Whedon laut, die ihn der Belästigung am Arbeitsplatz und des entwürdigenden Umgangs mit Schauspielern bezichtigten. Der erste, der entsprechende Äußerungen tätigte, war der Darsteller des Cyborg in *Justice League,* Ray Fisher, dessen Auftritt in dem Film durch Whedons Nachbearbeitung in großen Teilen der Schere des Cutters zum Opfer gefallen war. Er bezichtigte Whedon, sich ihm gegenüber in höchstem Maß unangemessen verhalten zu haben, und seine Vorwürfe gipfelten in der Androhung von Klagen, da Whedon dies entschieden bestritt.

WarnerMedia leitete daraufhin eine Untersuchung der Vorfälle ein. Wenig später stimmte auch *Aquaman*-Darsteller Jason Momoa in die Vorwürfe ein und sprach über »… die besch***ne Art und Weise …«, in der er und Kollegen während der Nachdrehs für *Justice League* behandelt worden seien. Weitere Vorwürfe folgten seitens »Wonder Woman« Gal Gadot. Diese hatte unter anderem eine »sexuell aufgeladene Szene« abgelehnt, für die dann ein Body Double zum Einsatz kam, weswegen sie von Whedon angegriffen worden war. Dieser habe den Schauspielern nachfolgend teils damit gedroht, ihre weiteren Karrierewege äußerst ungünstig beeinflussen zu können.

Stimmen aus der Vergangenheit

Auch einige der einstigen *Buffy*-Schauspieler, allen voran Charisma Carpenter (Cordelia), belasteten den damaligen Showrunner anschließend schwer. So soll er Carpenter während der Dreharbeiten als »fett« bezeichnet, sich über ihre Religion lustig gemacht (sie ist Katholikin) und ihr angedroht haben, sie zu entlassen, als sie schwanger wurde. Vorwürfe kamen auch seitens Michelle Trachtenberg (Dawn) und Amber Benson (Tara), die ihn verschiedentlich machtmissbräuchlichen Verhaltens bezichtigten. WarnerMedia ging den Vorwürfen nach und gab schließlich bekannt, bereits Ende 2020 entsprechende Maßnahmen ergriffen zu haben. Joss Whedon bestreitet die Vorwürfe bis zum heutigen Tag und behauptete seinerseits, Gal Gadot habe ihn nur falsch verstanden, da Englisch nicht ihre Muttersprache sei, während Ray Fisher in jeder Hinsicht ein schlechter Schauspieler sei.

Inwiefern diese Vorwürfe der Grund für Whedons Rückzug aus seinem neuesten Serienprojekt, der Science-Fiction-Actionserie *The Nevers* mit Laura Donnelly *(Beowulf,* 2016), Ann Skelly *(Vikings,* 2018 bis 2019) und Olivia Williams *(Counterpart,* 2017 bis 2019) über Frauen mit übernatürlichen Kräften im viktorianischen London sind, ist unklar. Während der Produktion der ersten Serienstaffel im Jahr 2021 (die aufgrund von COVID-19 unterbrochen werden musste) übergab er jedenfalls den Showrunner-Posten an Philippa Goslett *(Maria Magdalena,* 2018) und hat sich seitdem weitgehend aus der Öffentlichkeit zurückgezogen.

Gegenstimmen

Es ist für Außenstehende wie die Autoren dieses Buches selbstredend schwierig, sich zu den Vorwürfen eine objektive Meinung zu bilden. Die Vorwürfe ließen sich nicht wirklich verifizieren; sie beruhen ausschließlich auf Äußerungen von Schauspielerinnen und Schauspielern wie Gal Gadot, Charisma Carpenter, Amber Benson, Michelle Trachtenberg, Ray Fisher und Jason Momoa, während andere Filmschaffende, die bereits mit Joss Whedon zusammengearbeitet haben (darunter auch Kostümdesignerin Shawna Trpcic; ein Interview mit ihr befindet sich in diesem Buch), völlig anders über den Showrunner von *Buffy, Angel* und natürlich *Firefly* gesprochen haben. Im *Official Companion, Volume One* berichtet Nathan Fillion etwa: »Es fühlte sich an wie eine zweite Familie. Jeder wusste genau, was er tat und ich rechne das Joss zu. Er fand nicht nur talentierte Schauspieler, nicht nur Menschen, die die Sprache und Attitüden ihrer Figuren genau verstanden. Jeder brachte so vieles mit an den Tisch, was mir meine Arbeit unglaublich leicht machte. Sie sahen mich als ihren Captain, gleichsam gefährlich, aber eben ihr Freund. Sie alle taten damit meinen Job für mich. Außerdem ist es

Joss zuzuschreiben, dass wir eine Familie wurden. Ich weiß nicht, wie man so etwas hinbekommt, aber er hat es geschafft und mich damit reicher gemacht. *Firefly* hat mein Leben besser gemacht, nicht nur deshalb, weil die Serie mir in meiner Karriere geholfen hat, sondern vor allem wegen der tollen Menschen.«

Ähnlich äußert sich auch Gina Torres: »Joss sah etwas in mir von dem Tag an, als ich gecastet wurde und hatte das Vertrauen, dass ich Zoë zum Leben erwecken würde.«

Und Morena Baccarin schreibt: »Ich war das erste Mal in Los Angeles und *Firefly* war meine erste TV-Serie, also gab es viele erste Male für mich. Ich bin froh, dass alles so schnell ging, denn so hatte ich nicht die Zeit dazu, ausflippen. Natürlich hatte ich Angst, doch alle waren so nett und süß. Es wirkte, als wären sie alle froh, mich kennenzulernen und mitzuerleben, was ich aus Inara machen würde. Joss brachte mich runter vom Test-Screening, hielt meine Hand wie ein stolzer Vater und stellte mich den anderen vor.«

Nicht dabei

Das Ganze in aller Einfachheit auf den Punkt gebracht: Wir waren nicht dabei, ebenso wenig wie sicherlich zumindest der Großteil der Leserschaft.

Es wäre nicht das erste Mal, dass große Künstler (zu denen Joss Whedon angesichts seines Schaffens sicherlich gezählt werden kann) Schattenseiten besitzen und dieses andere Gesicht immer wieder auch einmal zeigen. Aber es wäre auch nicht das erste Mal, dass aufgrund persönlicher Animositäten, durch was auch immer ausgelöst, Verleumdungen ausgesprochen werden, die der eigentlichen Grundlage entbehren oder zumindest doch übertrieben sind. Welche dieser beiden Möglichkeiten nun zutrifft oder ob die Wahrheit wie so oft irgendwo in der Mitte liegt, können wir Autoren zumindest zum Zeitpunkt des Schreibens dieser Zeilen nicht beurteilen, und wir bitten unsere Leser darum, es ebenso zu halten. Zu bedenken bleibt, dass Vorverurteilungen schnell ausgesprochen sind und sich bisweilen, wie beispielsweise im Fall Kachelmann, als falsch erweisen können. Genauso ist es möglich, dass sich einst geschriebene Lobeshymnen in bittere Erinnerungen verwandeln, wenn genug Zeit ins Land gegangen ist und der Mut die Oberhand gewinnt, einst Undenkbares auszusprechen.

So oder so: Was in jedem Fall bleibt, sind viele unvergessliche TV- und Kinostunden, die Joss Whedon uns beschert hat – auch wenn einige der Hintergründe ihrer Entstehung vielleicht für immer im Dunklen verharren.

PRODUKTIONSGESCHICHTE

Vom Pitch in die Produktion

Stellen Sie sich vor, Sie sind ein Drehbuchautor und Produzent, der mit seiner Idee einer Schülerin, die Vampire und Monster jagt und sich dabei selbst entdeckt, einen Mega-Erfolg hingelegt hat. Davon beflügelt schrieben Sie ein Spin-off, das ebenfalls von den Fans geliebt wird und für das Sie nun Woche für Woche eine neue, spannende Episode abliefern müssen.

Sie können sich vor Arbeit kaum retten, umso mehr genießen Sie die wenige Zeit in Ihren heimischen vier Wänden. Eines Tages entschließen Sie sich, Urlaub in London zu machen. Einige Tage später sitzen Sie in einem Sessel in Ihrer Suite und lesen zur Entspannung den Roman *The Killer Angels* von Michael Shaara aus dem Jahr 1974. In dem Buch, das Sie in Ihren Händen halten, geht es um eine der berühmtesten Schlachten des amerikanischen Bürgerkrieges, nämlich der Schlacht von Gettysburg. Erzählt wird die Geschichte aber nicht etwa aus der Perspektive von Historikern, Politikern oder den Siegern, sondern aus dem Blickwinkel einfacher Soldaten heraus. Der tägliche Schmerz, der Hunger, die Kraft- und manchmal auch Hoffnungslosigkeit, aber auch der Wille, zu überleben und weiterzumachen, all das beeindruckt Sie zutiefst.

Was glauben Sie, was als Nächstes geschieht? Richtig, Sie sind so begeistert, dass Sie eine weitere Fernsehserie – einen mutigen Genre-Mix aus Space-Opera und Western – ersinnen, in der es um eine Gruppe Menschen geht, die einen großen Krieg verloren haben und nun auf ihre ganz eigene Art damit umgehen müssen.

Auf den ersten Blick mag diese Geschichte ein wenig an den Haaren herbeigezogen klingen. Welcher normale Mensch, dessen Terminkalender ohnehin überquillt, halst sich schließlich noch mehr Arbeit auf, als ein Normalsterblicher je bewältigen könnte? Und doch hat sich die Entstehung der Idee zu *Firefly* genau so zugetragen.

In den nächsten Tagen und Wochen nahm Joss Whedons Idee immer klarere Formen an.

Als weitere Inspirationsquelle gesellte sich bald der berühmte John-Ford-Western *Stagecoach* mit John Wayne von 1939 hinzu, in dem es um neun Menschen geht, die sich zusammenraufen müssen, während sie das Grenzland zwischen Arizona und New Mexico durchqueren. Und nun wird es interessant, denn die Hauptfiguren im Film sind ein Kutscher, ein Arzt, ein Priester, eine Prostituierte und natürlich ein Revolverheld. Wem diese Kombination nun verdächtig bekannt vorkommt, liegt goldrichtig. Sie erinnert auffallend an »Wash«, Simon, Shepherd Book, Inara und Malcolm.

Grundsätzlich sind es die beiden oben erwähnten Geschichten, die sich in *Firefly* wiederfinden. Sie wurden eben nur in das Jahr 2517 und in ein fremdes Sternensystem verlegt, in dem sich die Menschen vor Jahrhunderten angesiedelt haben, nachdem die Erde unbewohnbar geworden war. Selbstverständlich gab es keine »Indianer« wie in *Stagecoach* im Verse; diese wurden allerdings durch die furchteinflößenden Reaver ersetzt. Dennoch sind die Ähnlichkeiten unverkennbar.

Worldbuilding

Als nächstes stellte sich Joss Whedon die Frage, wie seine Vision der Zukunft aussehen sollte. Er erschuf eine düsterere Welt, als wir sie zum Beispiel aus *Star Trek* kennen, weil der Autor der Ansicht war, dass das Science-Fiction-Genre im Fernsehen zu »verwässert« wäre. Außerdem sollte das Leben weniger futuristisch, sondern eben mehr wie aus einem Western wirken. Typische Space-Opera-Elemente wie Laserwaffen (mit zwei kleinen Ausnahmen), Aliens oder blitzsaubere Raumschiffe mit Teppichen auf der Brücke und Maschinenräumen, in denen sich die Ingenieure niemals die Hände schmutzig machen, würde es in seiner Show nicht geben. Dafür sollten sich seine Protagonisten mit ganz irdischen Waffen wie Schrotflinten, Revolvern und Automatikgewehren herumschlagen, Lederstiefel und Staubmäntel tragen und in verrosteten, aber mit solider Handarbeit gebauten Raumschiffen das Verse erkunden. Auf den Randwelten sollte es vor kleinen Western- und Hinterwäldlerdörfern wimmeln, in denen Menschen ihre Waren mit Ochsenkarren und Pferdekutschen über die Monde und Planeten bugsierten. Um dem Ganzen noch mehr Style zu verleihen, kombinierte Whedon Western und Eastern und erdachte eine Zukunft, in der China und die USA gemeinsam Generationenraumschiffe erbaut hatten, mit denen die Menschheit zu neuen Ufern aufbrach.

Zum Schluss kamen die Figuren an die Reihe, auf die wir in einem späteren Kapitel noch einmal gesondert eingehen, die aber zu diesem Zeitpunkt in der Entwicklungsphase bei weitem noch nicht so detailliert ausgearbeitet waren wie von uns geschildert.

Zu guter Letzt ging es darum, einen greifbaren Titel zu ersinnen. Er sollte seine Anziehungskraft aus seiner fast schon bescheidenen Harmlosigkeit beziehen. Also verfiel er auf den Gedanken, ein Glühwürmchen, auf Englisch *Firefly,* trüge all das in sich, was er seiner neuen Serie geben wollte. Kurz darauf entstanden auf dem Papier erste Skizzen des ikonischen Raumschiffs, dessen Design sich eben an jenem kleinen, aber erstaunlichen Insekt orientierte, und das Grundgerüst zu einer der ikonischsten, aber gleichzeitig kurzlebigsten Sci-Fi-Serien der modernen Fernsehgeschichte war geboren.

Gail Berman
Der Pitch mag grandios gewesen sein, doch selbst die beste Idee muss zunächst erst Anklang in der Chefetage des Geldgebers finden, bevor man ans Werk gehen kann. An dieser Stelle hatte Whedon allerdings einen Trumpf namens Gail Berman im Ärmel. Er kannte die seit dem Jahr 2000 als »President of Entertainment« für 20th Century Fox tätige Frau schon seit vielen Jahren gut. Die beiden hatten sich 1991 kennengelernt, als sie bei der Produktionsfirma Sandollar Television als CEO tätig gewesen war. Dabei handelte es sich ausgerechnet um die Firma, die Whedons Drehbuch zum Film *Buffy the Vampire Slayer* mit Kirsten Dunst in der Hauptrolle auf den Weg gebracht hatte. Berman und er hatten einander nie aus den Augen verloren, und so war sie maßgeblich am Erfolg der späteren TV-Serie und ihrem Ableger *Angel* beteiligt gewesen und nun gerne bereit, sich seinen Pitch näher anzuschauen.

Die Fox-Präsidentin war überrascht, dass ihr erklärter Lieblingsautor mit einer Space-Opera in ihr Büro flatterte, doch sie vertraute seinem Urteilsvermögen. Allerdings gab es von Anfang an gewisse Differenzen, unter anderem darüber, dass mit Zoë und Hoban ein Ehepaar auf dem Schiff lebte. Diese und einige weitere Meinungsverschiedenheiten ließen sich glücklicherweise aus dem Weg räumen, also gab Berman im Dezember 2001 grünes Licht für 13 Episoden. Im Januar 2002 stellte Fox Whedons Produktionsfirma Mutant Enemy zehn Millionen Dollar für den Pilotfilm zur Verfügung.

Das Casting

Der Captain
Joss Whedon hatte seine Show mit gutem Grund nicht nach einer Hauptfigur, sondern dem Raumschiff benannt. Nachdem es mit Sarah Michelle Gellar während der Produktion zu *Buffy the Vampire Slayer* immer wieder zu Streitigkeiten gekommen war und von Seiten der Regisseure und Schauspieler häufig Änderungen an den Drehbüchern vorgenommen worden waren, hatte sich der Serienerfinder dafür entschieden, seine Protagonisten austauschbar zu machen.

Als die Castings losgingen, war deshalb lediglich die Ausarbeitung der Figur des Malcolm Reynolds weit genug gediehen, dass Whedon eine genaue Vorstellung von dessen Aussehen hatte. Ursprünglich hatte er die Rolle für den *Buffy*-Co-Star Nicholas Brendon geschrieben, dessen Drehplan jedoch die Annahme einer weiteren Hauptrolle nicht zuließ. Schließlich wandte er sich an Nathan Fillion, der sich begierig zeigte, den Part zu übernehmen. Nachdem er mehrmals zum Vorsprechen eingeladen worden war, wurde er endlich besetzt. Fillion erinnert sich an den Tag, an dem er die freudige Nachricht erhielt: »Es war sehr aufregend, das war meine erste Hauptrolle, und ich war ziemlich nervös. Aber ich wollte den Part wirklich spielen und diese Geschichten erzählen.« (zitiert und übersetzt aus dem *Official Companion, Vol I)*

Wash und Zoë

Als nächster kam Malcolms zuverlässiger Sidekick, der Pilot Hoban »Wash« Washburne an die Reihe, den Schauspieler Alan Tudyk im bereits öfter zitierten *Official Companion* (Teil I) als den »Space Xander« (angelehnt an Xander Harris aus *Buffy*) bezeichnete. Schaut man sich das auf der Blu-ray-Edition als Featurette erhaltene Casting-Tape an, das die Schauspieler üblicherweise einschickten, wird schnell deutlich, warum Tudyk genau der richtige Mann für die Rolle war. Sein brillantes Mienenspiel und sein feiner Humor blitzen in dieser kurzen Szene auf und machten ihn damit zur perfekten Wahl. Dabei hatte er gar nicht mehr damit gerechnet, den Part überhaupt übernehmen zu können. Nach der Einsendung des erwähnten Audition-Tapes dauerte es einige Monate, bis er eine Antwort erhielt. Als man ihm telefonisch mitteilte, dass er der Pilot der Serenity würde, fragte er erstaunt, was bitte *Firefly* wäre, da er sich nicht mehr daran erinnern konnte, überhaupt vorgesprochen zu haben. Zum Glück nahm man ihm diesen Fauxpas nicht übel.

Gina Torres hingegen hatte kurz vor ihrem Casting für *Firefly* eine der Hauptrollen in der SF-Serie *Cleopatra 2525* gespielt und war eigentlich nicht daran interessiert, in einer weiteren SciFi-Show aufzutreten. Als sie aber das 18-seitige Treatment las, gefiel ihr Zoës Dynamik. Nach einem längeren Gespräch mit Whedon, in dem er ihr versprach, dass sie den Charakter mitgestalten dürfe, sagte sie schließlich zu.

Kaylee

Die Besetzung von Kaylee gestaltete sich indes schwieriger. Tatsächlich hatte Jewel Staite wesentlich größeres Interesse daran, den Part der River Tam zu bekommen, als eine »simple Mechanikerin« zu sein. Außerdem war im Entwurf zu lesen, dass Kaylee übergewichtig sein sollte, während sie selbst schlank war. Staite war unsicher, wie sie diese Diskrepanz kompensieren könnte. Ihr Agent wandte sich an das Casting-Department, und sie baten ihn, Jewel um die Einsendung eines Auditon-Videos zu bitten. Kurz nach der Einreichung erhielt die junge Schauspielerin eine Einladung nach Los Angeles, wo sie Joss Whedon traf, der sie von Anfang an mochte. Er unterstützte sie, so gut er konnte, und so setzte sich die hartnäckige Frau gegen ihre Mitbewerber durch und wurde Teil der Crew.

Jayne und Shepherd

Adam Baldwin war recht gut im Geschäft, als er davon hörte, dass Joss Whedon eine neue Serie plante. Um in Lohn und Brot zu bleiben, sandte er sein Tape ein, ohne jedoch zu wissen, dass Joss Whedon ihn von seiner früheren Arbeit her kannte und er dessen Wunschkandidat für die Rolle des Jayne Cobb war. Baldwin legte entsprechend einen Casting-Durchmarsch hin und machte den schießwütigen Ex-Kopfgeldjäger zu der Figur, die bis heute so gerne von Cosplayern hommagiert wird.

Wie Adam Baldwin brachte auch Ron Glass eine langjährige Schauspielkarriere mit, als er für Shepherd Derrial Book vorsprach. Er zeigte sich von Anfang an fasziniert von den Geheimnissen, die seinen künftigen Charakter umgaben. Doch dies war nicht der einzige Grund für seinen Wunsch, den Part übernehmen zu dürfen. Mit ausschlaggebend war Joss Whedons emotionale Reaktion auf seine Audition. Die Leidenschaft, mit der der Serienerfinder und Produzent ans Werk ging, beeindruckte ihn so sehr, dass er unbedingt Teil der Show werden wollte.

Inara

Für Morena Baccarin bedeutete der Auftritt in *Firefly* ihre erste richtig große Hauptrolle, obwohl sie ursprünglich nicht die erste Wahl war. Diese Ehre gebührte Rebecca Gayheart, die zwischen 1994 und 1995 in 21 Episoden der guten, aber glücklosen Show *Earth 2* zu sehen gewesen war. Das Verhältnis zwischen ihr und dem Rest des Casts wies allerdings von Anfang an Risse auf, sodass sie nach nur einen Drehtag entlassen wurde und Morena Baccarin ihre Chance erhielt. Als sie vor Whedon im Büro von Mutant Enemy vorsprach, zeigte er sich ähnlich begeistert wie kurz zuvor von Jewel Staite und stand auch ihr während der finalen Audition vor der Chefetage von Fox bei.

Simon und River

Auch Sean Maher war, vergleichbar mit Morena Baccarin, nicht unbedingt das, was man unter einem Wunschkanditen für eine Rolle verstehen würde. Statt seiner war Neil Patrick Harris für die Figur des Doktor Simon Tam vorgesehen, der zuvor als Hauptdarsteller in *Doogie Howser M.D.* agiert hatte. Maher war kein sehr großer Science-Fiction-Fan, wollte aber unbedingt Joss Whedon kennenlernen, weshalb er seiner Einladung folgte. Als dieser ihm erklärte, was für eine Art Figur er spielen sollte, fiel er, wie er später in einem Interview freimütig erzählte, vor Freude fast vom Stuhl.

Seine Schwester würde der Archetypus der weiblichen Superheldin sein, mit dem der Creator der Show schon seit Beginn seiner Karriere so gerne experimentierte. Um den besonderen Fähigkeiten von River Tam gerecht zu werden, bedurfte es aber einer besonderen Persönlichkeit mit einer überdurchschnittlichen Körperbeherrschung. Whedon verfiel auf Summer Glau, mit der er bereits für eine Episode von *Angel* zusammengearbeitet hatte. Sie war Ballettänzerin, wollte aber gerne Schauspielerin werden. Sie fasste sich ein Herz und reiste zum Vorsprechen nach Los Angeles. Das Glück war ihr hold, denn eine Tänzerin war genau das, was Whedon für die Figur der River im Hinterkopf herumschwebte.

Ein Song ebnet den Weg

Das Treatment war geschrieben, die Schauspieler und Schauspielerinnen für ihre Rollen gecastet. Das Einzige, was fehlte, war ein Drehbuch für den Pilotfilm. Doch woher nehmen und nicht stehlen, war die Frage. So sehr er sich auch bemühte, die Arbeit an dem Skript ging nur schleppend voran, bis Joss Whedon plötzlich einen selbst für ihn ungewöhnlichen Weg beschritt. Noch vor dem Casting schrieb er einen Song, dessen Text Kult wurde:

Take my love
Take my land
Take me where I cannot stand
I don't care
I'm still free
You can't take the sky from me.

Take me out
To the black
Tell them I ain't coming back
Burn the land
And boil the sea
You can't take the sky from me.

There's no place
I can be
Since I found Serenity
But you can't take the sky from me.

Dieser aus nur 16 Zeilen bestehende Korpus beinhaltete fast alles, was es über die Reise der Hauptfiguren zu wissen gab. Joss Whedon sagte einmal, dass ihm dieser kleine Song dabei half, während des Schreibens den Fokus auf die Botschaft, die er vermitteln wollte, im Auge zu behalten. Seine damalige Freundin brachte ihn außerdem auf die Idee, die englische mit der chinesischen Sprache zu kombinieren, um seine Welt noch dichter zu gestalten. Heraus kam ein Pilotfilm, der es verdient gehabt hätte, auch als solcher gesendet zu werden. Wie wir heute wissen, mischten sich die Bosse von Fox leider in den Produktionsablauf ein und wollten lieber *The Train Job* als Einführungsgeschichte senden. Das führte bei den Zuschauern zu einiger Verwirrung, zumal weder die Figuren richtig vorgestellt wurden noch die Kontinuität der von Joss Whedon erdachten Reihenfolge gewährleistet blieb.

The Train Job flimmerte schließlich am 20. September 2002 über die Bildschirme und eröffnete ein Drama hinter den Kulissen, das dazu führte, dass eine der vielversprechendsten Serien der 2000er-Jahre nach nur 14 Episoden in der Versenkung verschwand.

Die Hauptdarsteller der Serie

Nathan Fillion – Captain Malcolm »Mal« Reynolds

Für die Hauptrolle des energischen Captain Malcolm »Mal« Reynolds entschied man sich für Nathan Fillion. Der am 27. März 1971 im kanadischen Edmonton geborene Fillion hatte zunächst wie sein Vater und sein älterer Bruder Lehrer werden wollen, ehe er Ambitionen dazu entwickelte, eine Schauspielkarriere einzuschlagen; auch dies geschah über den Umweg seiner ursprünglichen Pläne, sich zum Schauspiellehrer ausbilden zu lassen. Eigentlich wurde sein Interesse, selbst zu spielen, erst während seines Studiums geweckt: Um dieses zu finanzieren, wirkte er an kleineren kanadischen Theaterbühnen in verschiedenen Stücken mit.

Nach Beendigung seines Studiums erhielt er weitere Theaterengagements an kanadischen Bühnen und auch erste kleinere Rollen im Landesfernsehen, die jedoch kaum nennenswerte Beachtung fanden. Die herausragendste war noch der kleine Part des Master Warrant Officer Tom Jardine im fürs Fernsehen gedrehten Militär-Überlebensdrama *Ordeal In The Arctic* von 1993, in dem Altstar Richard Chamberlain *(The Thorn Birds)* die Hauptrolle spielte. Etwas größer war seine Rolle als Walter Hoade im Krimidrama *Strange And Rich* von 1994.

Um auf erfolgreichere Rollen umschwenken zu können, verließ Fillion seine kanadische Heimat und zog nach New York City um. Hier stieg er 1994 in die von 1968 bis 2013 laufende Soap-Opera *One Life To Live* ein und verkörperte bis 1997 die Rolle des Joey Buchanan, wofür er 1996 mit einem Daytime Emmy Award als herausragender jüngerer Schauspieler ausgezeichnet wurde. Im selben Jahr wirkte er in einer Episode der Serie *Chaos City* mit, stieg jedoch bald aus der Serie aus und ging nach Los Angeles.

Dort kam er erstmals in Berührung mit einer Produktion von Joss Whedon: Er sprach bei einem Casting für die Rolle des Vampirs Angel in *Buffy the Vampire Slayer* vor; bekanntermaßen ging diese jedoch letztlich an seinen Schauspielkollegen David Boreanaz. Dafür schloss sich recht bald eine andere Serienrolle an, und zwar in der Sitcom *Two Guys, A Girl And A Pizza Place,* seit Staffel 3 nur noch *Two Guys And A Girl.* Von Staffel 2 an bis zum Ende der Serie nach Staffel 4 im Jahr 2001 war er hier als Johnny Donnelly zu sehen.

Zwischenzeitlich sah man Nathan Fillion in der Episode *Star Crossed* aus der fünften Staffel der Science-Fiction-Anthologieserie *The Outer Limits* (1999).

Teilweise bereits während seiner Zeit bei *Two Guys And a Girl* wirkte der damalige Jungschauspieler auch in mehreren Kinofilmen mit: In Steven Spielbergs erschütterndem Antikriegsfilm *Saving Private Ryan* von 1998 spielte er die zwar nicht sehr große, jedoch titelgebende Rolle des in Kriegsgefangenschaft geratenen jungen Soldaten im Zweiten Weltkrieg. Fillions nächste Kinorolle war die des Cliff in der Komödie *Blast From The Past* (1999) sowie die des Priesters Father David im Vampirstreifen *Wes Craven's Dracula* (2000).

Nach dem Ende seiner Sitcom-Rolle schließlich übernahm Nathan Fillion seine bei Science-Fiction-Fans in aller Welt bis heute ikonische Rolle in Joss Whedons *Firefly: Der Aufbruch der Serenity.*

Gina Torres – Zoë Washburne

Gina Torres, geboren am 25. April 1979 in New York City und von 2002 bis 2017 die Ehefrau von Filmstar Laurence Fishburne (neuester Film *The Ice Road* von 2021), mit dem sie eine gemeinsame Tochter hat, ist kubanischer Abstammung und wuchs in der Bronx auf. Zunächst hatte die junge Gina klassische Sängerin werden wollen und absolvierte eine Ausbildung zur Mezzosopranistin an der New Yorker High School Of Music And Art. Leider war ihr aus finanziellen Gründen der anschließende Besuch eines Colleges jedoch nicht möglich, weshalb sie damit begann, sich als Schauspielerin zu betätigen. Eine ihrer ersten Rollen spielte sie 1992 in der Krimiserie *Law And Order,* in der sie 1995 – allerdings in einer anderen Rolle – erneut auftrat.

Derweil wirkte sie 1994 als Dr. Amy Ellis im als Pilotfilm konzipierten TV-Superheldenfilm *M.A.N.T.I.S.* mit, der eine Art afroamerikanische Variante des berühmten Batman-Mythos darstellte und eine zwei Staffeln umfassende Fernsehserie nach sich zog, in der Gina Torres jedoch nicht mehr zu sehen war.

Nach und nach mauserte sie sich aber durch Gastauftritte in populären Fernsehserien zum bekannten Gesicht: Neben Rollen in Serien und Fernsehfilmen wie *New York Cops: NYPD Blue* (1995), *Dark Angel* und *Bed Of Roses* (beides 1996) hatte auch sie, wie ihr späterer Serienkommandant Nathan Fillion, 1995 und 1996 in insgesamt 17 Folgen von *One Life to Live* als Magdalena mitgewirkt, ferner zwischen 1997 und 1998 in acht Folgen von *Hercu-*

les: The Legendary Journeys als Nebula, die sie 1997 auch in einer Episode von *Xena: Warrior Princess* verkörperte. Weitere Auftritte umfassten die Serien *Profiler* und *The Gregory Hines Show,* den TV-Film *The Underworld* (alle aus 1997) sowie *Encore! Encore!* und *La Femme Nikita* (beides 1998).

Im Jahr 2000 folgte Gina Torres' erste Serienhauptrolle, und zwar in der abgedrehten und auch recht trashigen Science-Fiction-Serie *Cleopatra 2525,* die es bis 2001 auf 28 Folgen in zwei Staffeln brachte. Hier spielte sie als schlagkräftige Kriegerin Hel das Mitglied eines Frauentrios, das in der endzeitlichen Zukunft des titelgebenden Jahres 2525 gegen eine kybernetische Angriffsmacht kämpfen muss. Obwohl die Serie damals gewissen Kultstatus erreichte (unter anderem war das von Gina Torres selbst gesungene Titellied eine Coverversion des Oldieklassikers *In The Year 2525* von Zager and Evans mit einem neuen Text), reichte der Erfolg dennoch nicht für eine weitere Fortsetzung aus.

Nach einem aus drei Folgen bestehenden Gastauftritt als Stacy Trenton in der Anwaltsserie *Any Day Now* zwischen 2001 und 2002 sowie dem sechs Episoden umfassenden wiederkehrenden Gastpart als Anna Espinosa in Staffel 1 von J.J. Abrams' erstem TV-Welterfolg *Alias* erhielt sie schließlich die Rolle der Zoë Washburne an Bord der Serenity.

Alan Tudyk – Hoban »Wash« Washburne

Der am 16. März 1971 in El Paso/Texas geborene Alan Wray Tudyk wuchs in Plano auf, einem Vorort von Dallas, und wollte bereits recht früh Schauspieler werden. Aus diesem Grund studierte er nach seiner Zeit auf der Plano Senior High School das Fach Dramatik auf dem unter der Leitung der christlichen Methodistenkirche stehenden Lon Morris Junior College im gleichfalls texanischen Jacksonville. In dieser Zeit war der junge Alan erstmals in verschiedenen Theaterstücken zu sehen. Eine sehr unerfreuliche Erfahrung machte er während der kurzen Zeit, in der er sich als Stand-Up-Comedian versuchte: Er verärgerte mit einer Nummer einen der Zuschauer, der daraufhin damit drohte, ihn zu töten (!!!).

Mehr Erfolg hatte er mit seinen Schauspieldarbietungen (darunter eine Aufführung von *Billy The Kid,* in der er die Rolle des Beaver Smith spielte): Für diese wurde er mit dem Academic Excellence Award For Drama ausgezeichnet. Später wechselte Tudyk an die renommierte New Yorker Juillard-Schauspielschule, brach die dortige Ausbildung jedoch vorzeitig ab.

Seine erste Filmrolle spielte er 1997 im unabhängig produzierten Drama *35 Miles From Normal.* Ein Jahr später folgte die kleine Rolle des Everton im Komödien-Drama *Patch Adams* mit Robin Williams, allerdings fand Alan Tudyks Rolle kaum Beachtung.

Deutlich größer fielen seine Parts im Jahr 2000 aus, zunächst in *Wonder Boys,* einer weiteren Tragikomödie mit Michael Douglas, wo er den Hausmeister Sam Traxler spielte, sowie im Drama *28 Days* mit Sandra Bullock in der Hauptrolle, in dem man ihn als Gerhardt sah. Nach Gastauftritten in den Comedy-Serien *Strangers With Candy* und *Frasier* ebenfalls im Jahr 2000 spielte Alan Tudyk 2001 die Rolle des Wat Falhurst im augenzwinkernden Mittelalterstreifen *A Knight's Tale* zusammen mit dem jung verstorbenen Heath Ledger sowie im gleichen Jahr die des Monte Man in der Stephen-King-Verfilmung *Hearts Of Atlantis* mit Anthony Hopkins in der Hauptrolle. 2002 startete Alan Tudyk außerdem seine Karriere als Sprecher für Animationsfiguren: Im Welterfolg *Ice Age* lieh er mehreren Figuren wie der Säbelzahnkatze Lenny und dem Dodo Dab seine Stimme, ehe er als Hoban Washburne in *Firefly* zu sehen war.

Adam Baldwin – Jayne Cobb

Für die Rolle des zwar machohaften, aber sehr salopp ausgedrückt eher treudoofen Söldners Jayne Cobb engagierte man Adam Baldwin, geboren am 27. Februar 1962 in der Stadt Winnetka im US-Bundesstaat Illinois. Entgegen vielen anderweitigen Spekulationen und Gerüchten ist Adam Baldwin weder verwandt noch verschwägert mit dem Schauspieler-Brüderpaar Alec *(Dr. Death)* und William Baldwin *(Northern Rescue).* Adam Baldwin konnte bei seinem Einstieg in *Firefly* bereits eine recht ansehnliche Credit-Liste vorweisen und hatte unterschiedlichste Rollen gespielt.

Baldwin, der die New Trier Township High School East in seiner bei Chicago gelegenen Heimatstadt besuchte, debütierte 1980 als Schauspieler im Alter von 18 Jahren in der Jugend-Dramedy *My Bodyguard* in der Rolle des Linderman neben seinem damals berühmten Kollegen Matt Dillon in der Hauptrolle. Es folgten die Rolle des Stillman im Drama *Ordinary People* neben Donald Sutherland im gleichen Jahr, die 1983er Actionkomödie *D.C. Cab* als Albert Hockenberry neben »Mr. T.« Laurence Tureaud, *Poison Ivy* (1985) als Ike neben dem damaligen Shooting Star Michael J. Fox sowie eine ganze Reihe so unterschiedlicher Filme wie der Actionfilm *3:15* (1986), das bittere Antikriegsdrama *Full Metal Jacket* (1987) als Sergeant mit dem Kampfnamen »Animal Mother« oder die Rolle des Joey in *Next of Kin* neben Dirty-Dancing-Star Patrick Swayze.

Erste Berührungspunkte mit dem Science-Fiction-Genre hatte Baldwin 1990 in *Predator 2,* wo er die Rolle des Garber spielte, oder sechs Jahre später in Roland Emmerichs *Independence Day.* In 17 der insgesamt 22 Folgen der Drama-Serie *The Cape* (1996 bis 1997), in der es um die Ausbildung von Piloten für das NASA-Space-Shuttle-Programm ging, war Adam Baldwin als Colonel

Jack Riles zu sehen. Nach weiteren TV- und Filmauftritten wie dem als Michael O'Ryan in der Serie *The Visitor* (1997), dem Thriller *Indiscreet* (1998) als Jeremy Butler, der Rolle des Captain Wilkins erneut unter der Regie von Roland Emmerich in dessen *The Patriot* (2000) oder fünf Folgen der achten und neunten Staffel von *The X-Files* von 2001 bis 2002 als Ex-Marine Knowle Rohrer lernten ihn Science-Fiction-Fans also als Mann mit dem wenig männlichen Vornamen Jayne kennen.

Jewel Staite – Kaywinnit Lee »Kaylee« Frye

Was, wenn der berühmte Scotty vom Raumschiff Enterprise kein brummiger Schotte, sondern stattdessen ein niedliches Mädel der Kategorie »Everybody's Darling« gewesen wäre? Die Antwort auf diese Frage findet sich in der Serie *Firefly* in Gestalt der Bordmechanikerin Kaylee. Jewel Staite, die mit ihren damals 20 Jahren zu den jüngeren Crewmitgliedern gehörte, konnte dennoch ebenfalls auf eine beachtliche Anzahl von Rollen vorwiegend im Fernsehen zurückblicken.

Die am 2. Juni 1982 in White Rock im kanadischen British Columbia als jüngstes von sieben Kindern geborene Jewel Belair Staite verbrachte ihre vier ersten Lebensjahre auf Maui, der zweitgrößten Hawaii-Insel, und absolvierte bereits als Zweijährige ihre ersten Bühnenauftritte. Nach dem Umzug ins kanadische Vancouver Mitte der 80er-Jahre wurde sie als Model für Kindermoden engagiert und trat ebenfalls in jungen Jahren dem Vancouver Youth Theatre bei, wo sie einerseits in verschiedenen Stücken zu sehen war, aber auch weitere Modelaufträge sowie erste Engagements für Fernsehwerbespots erhielt und erstmals auch in verschiedenen Fernsehserien mitwirkte. So sah man sie 1995 als 13-jährige in einer Folge der auf ein junges Publikum zugeschnittenen Spannungsserie *Are You Afraid Of The Dark?* sowie als Amy in der dritten Staffel von *The X-Files.* Es folgten zahlreiche weitere Serienauftritte, darunter die Rolle der Catalina in der ebenfalls für ein junges Publikum produzierten Science-Fiction-Serie *Space Cases* (1995) sowie die der Becca in der Jugend-Sitcom *Flash Forward* (1995 bis 1996). Dem schloss sich die fünf Folgen umfassende Gastrolle als Tiara Vanhorn in der Serienadaption von *Honey, I Shrunk The Kids* von 1997 bis 1998 an; zwischenzeitlich sah man die junge Jewel in Film- und Fernsehfilmen wie *Gold Diggers* (1995) als Samantha oder aber *The Prisoner Of Zenda, Inc.* (1996), wo sie als Theresa neben »Captain Kirk« William Shatner und »General Hammond« Don S. Davis aus *Stargate SG-1* mitwirkte.

1998 spielte Jewel dann bis einschließlich 2001 in 13 Episoden der hierzulande unveröffentlichten Serie *Da Vinci's Inquest* die Rolle der Gabriella, während sie im Jahr 2000 in den 22 Folgen der kurzlebigen Dramaserie *Higher Ground* als Daisy Lipenowski mit dabei war. 2001 sah man sie ferner als Molly Wilson in einer Folge der Serie *Seven Days* und einer Episode von *Immortal* als Danielle Jenkins. Kurz vor ihrem Dienstantritt im Maschinenraum der Serenity im Jahr 2002 war sie noch als Laurel in der hierzulande nicht gezeigten Serie *Just Deal* zu sehen gewesen, wirkte in einer Folge der vierten Staffel von *Beyond Belief: Fact Or Fiction* mit dem aus *Star Trek: The Next Generation* bekannten Jonathan Frakes als Host in einer Doppelrolle als Zwillingspärchen Carly und Shannon mit und spielte die allerdings kleine Rolle der Teddy Blue in der Jugendkomödie *Cheats.*

Morena Baccarin – Inara Serra

Morena Baccarin gab also die feurige »Companion« (etwa vergleichbar mit einer japanischen Geisha) Inara Serra. Auch sie konnte bereits auf einige Credits in ihrer damals noch jungen Karriere zurückblicken.

Die am 2. Juni 1979 in Rio de Janeiro geborene Morena Baccarin ist das Kind berühmter Eltern in ihrer brasilianischen Heimat: Ihre Mutter ist die dort bekannte TV- und auch Theaterschauspielerin Vera Setta, während ihr Vater der TV-Nachrichtenredakteur Fernando Baccarin ist, und bereits als 6-jährige debütierte die kleine Morena in einem Fernsehspecial, das ihr als Theaterregisseur tätiger Großonkel inszenierte. Allerdings verließ die Familie Brasilien, als Morena sieben Jahre alt war, und zog nach New York. Da Morena zu dieser Zeit bereits erste künstlerische Ambitionen zeigte und ein entsprechendes Talent erkennen ließ, besuchte sie unter anderem die dort ansässige Fiorello H. LaGuardia High School Of Music & Art And Performing Arts. Danach schloss sie sich dem Theaterprogramm der Juillard School an (die einige Jahre zuvor bereits ihr späterer *Firefly*-Kollege Alan Tudyk für eine Weile besucht hatte), die sie von 1996 bis 2000 besuchte und wo sie erstmals in Bühnenstücken zu sehen war.

Ihre ersten Filmauftritte folgten beide 2001: zunächst in der Hauptrolle der Monica im unabhängig produzierten Drama *Perfume,* wo sie unter anderem neben Jeff Goldblum zu sehen war, sowie als Rebecca in der Dramedy *Way Off Broadway,* wofür sie die Auszeichnung als beste Schauspielerin beim Wine Country Film Festival erhielt. Nach einem Theaterengagement als Zweitbesetzung der von Natalie Portman *(Star Wars: Episode I-III)* gespielten Hauptrolle der Nina Michailowna Sarjetschnaja im Bühnenstück *The Seagull* sowie einer kleinen Nebenrolle als Mädchen in einer Bar in der Komödie *Roger Dodger* von 2002 erhielt sie schließlich die Rolle der Inara in *Firefly,* was Morena Baccarins erstes Engagement für eine Fernsehserie war.

Sean Maher – Dr. Simon Tam

Die Rolle des zumindest anfangs recht mysteriösen Arztes Dr. Simon Tam, der zunächst als Passagier an Bord der Serenity kommt, erhielt der am 16. April 1975 in Pleasantville im US-Bundesstaat New York geborene Sean Maher, der ebenso wie ein Teil seiner Serienkollegen zumindest vom Sehen her ein bereits bekanntes Gesicht im US-TV durch eine Reihe von Rollen vorwiegend in Fernsehserien war.

Maher hatte nach seiner Zeit an der High School bis 1997 eine Schauspielausbildung an der New York University absolviert und war danach ans Theater gegangen. Dort entdeckte man ihn schließlich für das Fernsehen, wo er von Anfang an durchzustarten schien: Bereits seine erste TV-Rolle war eine Hauptrolle, nämlich die der Titelfigur in der Krimiserie *Ryan Caulfield: Year One* von 1999, wo er einen Jungpolizisten direkt nach Beendigung seiner Ausbildung spielte. Leider hatte die an und für sich erfolgversprechende Serie geradezu erschreckend geringe Einschaltquoten, weswegen sie nach nur zwei von insgesamt sieben produzierten Folgen wieder eingestellt wurde. Da Sean Mahers Leistung jedoch trotz des Flops anerkannt wurde, erhielt er im Jahr 2000 den insgesamt sieben Folgen umfassenden Gastpart des Adam Matthews in der letzten Staffel der Jugendserie *Party Of Five.* Im gleichen Jahr folgte bis 2001 mit der erneut nur kurzlebigen Dramaserie *The $treet* neben unter anderem Jennifer Connelly eine weitere zum regulären Cast gehörende Serienrolle als Chris McConnell. Nach den beiden TV-Filmen *HRT* und *Brian's Song,* die beide ebenfalls 2001 entstanden, wurde er für die Rolle des Dr. Tam gecastet.

Summer Glau – River Tam

Die Rolle von Dr. Tams jüngerer Schwester River, über deren geheimnisvolle Bewandtnis und große Bedeutung für ihre Feinde die Zuschauer erst im Verlauf der Serienhandlung mehr erfahren, ging somit an Summer Glau, geboren am 24. Juli 1981 im texanischen San Antonio.

Die älteste von drei Töchtern einer Lehrerin und eines Bauunternehmers hatte bereits seit ihrer frühen Kindheit ausgiebigen Ballettunterricht erhalten, der so intensiv war, dass sie deswegen keine Schule außer Haus besuchen konnte und daher von ihrer entsprechend ausgebildeten Mutter unterrichtet wurde. Als 12-jährige startete Summer ihre Karriere als professionelle Tänzerin, die sie jedoch nach einer Verletzung unterbrechen musste. Während sie in der Erholungsphase Freunde in Los Angeles besuchte, erhielt sie ihre erste Rolle als Schauspielerin und war davon begeistert genug, dass sie fortan die Schauspielerei zum Zweitberuf neben dem Tanzen machen wollte und aus diesem Grund ganz nach L.A. übersiedelte. Ihre ersten dortigen Rollen spielte Summer Glau schließlich in verschiedenen Werbespots. Im Jahr 2002 lernte sie Joss Whedon kennen, als sie für die Folge *Waiting In The Wings* in *Angel,* die im Ballettmilieu spielte, vorsprach und den Part erhielt. Summers Darstellung wurde ihr Eintrittsticket für die Rolle in *Firefly.*

Ron Glass – Shepherd Derrial Book

Ronald E. (kurz: Ron) Glass schließlich, am 10. Juli 1945 in Evansville, Indiana geboren und am 25. November 2016 im Alter von 71 Jahren in Los Angeles verstorben, spielte Shepherd (zu Deutsch Schafhirte) Derrial Book, das Zukunfts-Pendant eines Priesters. Trotz der teilweisen Bekanntheit seiner Serienkollegen in *Firefly* war Glass der einzige echte Schauspielveteran in der Hauptbesetzung, der seit den frühen 70er-Jahren in einer Vielzahl von zunächst TV-Serien und später auch in Kinofilmen mitgewirkt hatte.

Nach Abschluss seines Studiums an der University Of Evansville in seiner Heimatstadt (die ihn viele Jahre später mit ihrer Ehrenmedaille auszeichnete) startete er 1968 zunächst seine Karriere als Bühnendarsteller am Guthrie Theatre in Minneapolis, ehe er nach Hollywood ging, um Karriere im Fernsehen zu machen. Hier spielte er seit den frühen 70er-Jahren unterschiedlichste Gastrollen in damals erfolgreichen Fernsehserien wie *Sanford And Son* (1972), *Hawaii Five-0, Maude, All In The Family* und *The Bob Newheart Show* (alle aus 1973) sowie *The Streets Of San Francisco* und *Good Times* (beides 1974). Ab 1975 folgte bis 1982 die 170 Folgen in acht Staffeln umfassende Krimi-Comedy-Serie *Barney Miller,* in der Ron Glass als der von sich eingenommene Detective Ron Harris zu sehen war.

Auch während und nach dem Ende seiner Zeit bei *Barney Miller* blieb Ron Glass in anderen Serien und Filmen wie *Hart To Hart* (1981), der Neuauflage von *The Twilight Zone* (1985), *Deep Space* (1988), *Murder, She Wrote* (1992), *Houseguest* (1995), *It's My Party* (1996) oder der Rolle des Rod in 17 Folgen der Serie *Teen Angel* (1997 bis 1998) gut im Geschäft, ehe Shepherd Book so wie Dr. Tam und seine Schwester River zunächst als Passagier an Bord des Raumschiffes Serenity in der Serie *Firefly: Der Aufbruch der Serenity* ging.

Die deutschen Stimmen

Da es nun einmal nicht jedem Film- und Serienfan gegeben ist, die englische Sprache gut genug zu beherrschen, um seine Favoriten in der Originalfassung anzuschauen, war die deutsche Synchronisation für eine Serie wie *Firefly* natürlich unerlässlich, um ihr auch hierzulande Erfolge zu bescheren.

Für die deutsche Erstveröffentlichung im Jahr 2005 (also fast vier Jahre vor ihrer TV-Premiere) auf DVD und später Blu-ray wurde von der renommierten Gesellschaft Interopa Film in Berlin, die bereits die deutschen Fassungen klassischer Fernsehserien wie *Kojak* oder *Dallas* erstellt hatte und bis heute unter anderem die Erfolgsserie *Grey's Anatomy* bearbeitet, eine entsprechende Synchronisation aller 14 Folgen durchgeführt, für die Jörg Hartung (der neben vielem anderem auch die deutsche Fassung des Films *Das Leben ist schön* verfasste) die entsprechenden Dialogdrehbücher schrieb.

Als deutsche Stimmen für die Crew der Serenity engagierte man bekannte Synchronsprecher, die fast alle einen gewissen Wiedererkennungswert besaßen.

David Nathan – Captain Mal Reynolds

Der auch durch seine Arbeit an vielerlei Hörbüchern und Hörspielen bekannte David Nathan (geb. 1971 – übrigens der Sohn des Schauspielers und Synchronsprechers Michael Pan, der seit 1990 »Data« Brent Spiner in *Star Trek: The Next Generation* seine Stimme lieh) ist hierzulande bestens bekannt als einer der Stammsprecher von Filmstar Johnny Depp, ist beziehungsweise war aber auch aus dem Mund von »Batman« Christian Bale oder »Spike« James Marsters in *Buffy the Vampire Slayer* zu hören. Seit der Serie *Castle* wird Nathan Fillion allerdings von Tobias Kluckert (ansonsten unter anderem die deutsche Stimme von Gerard Butler und Joaquin Phoenix) gesprochen.

Tanja Geke – Zoë Washburne

Die ebenfalls 1971 geborene Schauspielerin und Hörspielsprecherin Tanja Geke sprach die ansonsten von anderen Sprecherinnen synchronisierte Gina Torres lediglich in *Firefly* und dem Kinofilm *Serenity.* Tanja Geke ist ansonsten hauptsächlich als Stammsprecherin der französischen Schauspielerin Cécile de France sowie Zoe Saldana bekannt, der sie auch in ihrer Darstellung der Uhura in den drei neuen *Star Trek*-Kinofilmen sowie in *Avatar* ihre Stimme lieh.

Robin Kahnmeyer – Hoban »Wash« Washburne

Robin Kahnmeyer (Jahrgang 1975), der Alan Tudyk als Wash synchronisiert, tat dies ebenfalls nur bei *Firefly* und *Serenity,* während der Schauspieler ansonsten andere deutsche Stimmen erhält. Robin Kahnmeyer synchronisiert üblicherweise Dominic Cooper, Joseph Gordon-Levitt oder Hayden Christensen, diesen allerdings nicht in seiner ikonischen Rolle als Anakin Skywalker in der *Star Wars*-Prequel-Trilogie (dies übernahm Sprecher Wanja Gerick).

Tobias Kluckert – Jayne Cobb
Witzigerweise ist der deutsche Sprecher des von Adam Baldwin gespielten machohaften Jayne derjenige, der David Nathan als deutsche Stimme von Nathan Fillion nachfolgte: Tobias Kluckert (geboren 1975), wie bereits weiter vorn erklärt der Sprecher für Filmstars wie Gerard Butler oder Joaquin Phoenix, lieh Baldwin seine Stimme in *Firefly* und *Serenity* sowie gelegentlich in anderen seiner Rollen.

Ursula Hugo – Kaylee
Ursula »Uschi« Hugo (geboren 1972) leiht ihre kieksende Stimme Schiffsmechanikerin Kaylee, gespielt von Jewel Staite. Ansonsten hört man diese in den deutschen Fassungen von Filmen mit Brittany Murphy oder Rebel Wilson, außerdem war sie die Sprecherin von Julie Benz als Darla in *Buffy* und *Angel.* Zwar liehen ihr während Jewel Staites Engagement für *Stargate: Atlantis* gleich zwei andere Sprecherinnen (Marieke Oeffinger und Petra Einhoff) ihre Stimmen, doch hörte man in anderen Rollen auch immer wieder Uschi Hugo aus Jewels Mund.

Melanie Hinze – Inara Serra
Inara Serra, gespielt von Morena Baccarin, erhält ihre samtene Stimme in der deutschen Fassung von *Firefly* durch Melanie Hinze (geb. 1970), die auch in der Serie *Homeland* sowie verschiedenen anderen Rollen ihre Synchronisation übernimmt. Ansonsten ist sie die Sprecherin für Schauspielerinnen wie Camille Guaty, Sophia Myles oder Hayley Atwell in der MCU-Serie *Marvel's Agent Carter.*

Kim Hasper – Simon Tam
Der 1975 geborene Kim Hasper, der unter anderem in den drei *Spider-Man*-Filmen von Sam Raimi James Franco als Harry Osborn synchronisierte oder Jason Biggs in vier Teilen von *American Pie,* ist die deutsche Stimme von Dr. Simon Tam, gespielt von Sean Maher. Für die Serie *Arrow,* in der Maher den bösen Shrapnel spielte, lieh ihm Kim Hasper seine Stimme ein weiteres Mal, während dies ansonsten von einer ganzen Reihe anderer Sprecher übernommen wird.

Julia Ziffer – River Tam
Simons Schwester River, gespielt von Summer Glau, wird von Julia Ziffer (Jahrgang 1975) gesprochen, die ansonsten der Anime-Figur Chichi in *Dragon Ball Z* oder Schauspielerin Mena Suvari ihre Stimme leiht. Summer Glau synchronisierte sie auch bei mehreren weiteren Gelegenheiten, wobei ihre Stammsprecherin jedoch weit

häufiger Sonja Spuhl (die Sprecherin für »Penny« Kaley Cuoco in *The Big Bang Theory)* ist.

Jürgen Kluckert – Shepherd Book
Jürgen Kluckert (geboren 1943), übrigens der Vater vom weiter vorn genannten Tobias Kluckert, ist die deutsche Stimme von »Shepherd Book« Ron Glass, den er in der Neusynchronisation der Serie *Barney Miller* bereits synchronisiert hatte, was er noch weitere Male tat. Die charakteristische tiefe Stimme von Jürgen Kluckert kennen deutsche Fernsehzuschauer sicherlich bestens als die des Cowboys Ray Krebbs (Steve Kanaly) aus der Serie *Dallas,* doch ist Jürgen Kluckert auch der Sprecher für Schauspieler wie Brian Cox, Carl Weathers und Chuck Norris in einer ganzen Reihe von Filmen.

Natürlich kann es die deutsche Synchronisation von *Firefly* nicht mit der Originalversion aufnehmen, doch gilt sie unter den Fans der Serie als durchaus gelungen – eine Ansicht, der wir uns an dieser Stelle gern anschließen.

Die Hauptfiguren

Malcolm Reynolds
Laut der von Joss Whedon festgelegten Hintergrundgeschichte wurde Malcolm Reynolds am 20. September 2468 geboren. Damit wäre er zu dem Zeitpunkt, da die Serie beginnt (2517), 49 Jahre alt. Ob es sich hier um einen Schreibfehler handelt und als Geburtsjahr eigentlich das Jahr 2486 vorgesehen war, was zu Nathan Fillions damaligen Alter erheblich besser passen würde, lässt sich im Nachhinein leider nicht mehr feststellen. Denkbar wäre allerdings, dass die Medizin im 26 Jahrhundert so weit fortgeschritten ist, dass Menschen wesentlich älter als heute werden.

Während der Vereinigungskriege meldete er sich freiwillig zu den Browncoats und diente gemeinsam mit seiner Kameradin Zoë im Rang eines Sergeants. Die beiden überstanden eine Reihe von Schlachten, unter anderem die Schlacht von Du-Khang 2510 und jene um das Serenity Valley, dessen Verlust zur Kapitulation der Unabhängigen führte. Nach dem Krieg erwirbt er von einem Schrotthändler einen alten Raumfrachter der Firefly-Klasse und tauft das Schiff Serenity, nach dem Ort, wo all seine Hoffnungen begraben wurden. Er erwählt Zoë zum ersten Offizier und rekrutiert Kaywinnit Lee »Kaylee« Frye als Maschinistin. Hoban Washburn wird sein Pilot und Jayne Cobb der Mann für das Grobe. Begleitet werden sie von der Companion Inara Serra, die (anscheinend unerfüllte) Gefühle für Malcolm hegt. Später stoßen der hochtalentierte Arzt Dr. Simon Tam, seine Schwester River und der christliche Priester Shepherd Derrial Book zur Mannschaft.

Charaktereigenschaften
Mal hat durch seine Erlebnisse im Krieg seinen Glauben an die Gerechtigkeit oder gar eine höhere Macht verloren. Auf der Serenity versucht er, seiner Vergangenheit zu entkommen, und schlägt sich als Gelegenheits-Schmuggler, Transportunternehmer oder »Weltraumtaxi« durch. Obwohl er hin und wieder auch schmutzige Jobs annimmt, hat er sich seinen moralischen Ehrenkodex bewahrt, der ihn daran hindert, die Unterdrückten und Armen auszubeuten. So hat er beispielsweise keinerlei Skrupel, auf der Zentral-Welt Ariel ein Krankenhaus um seinen Medikamentenvorrat zu erleichtern, weigert sich aber auf der Randwelt Regina, eine Ladung mit Medizingütern zu stehlen, weil die arme Bevölkerung sie dringend benötigt. Reynolds ist schnell mit der Waffe, tötet aber nur, wenn es unbedingt sein muss. Er ist seiner Crew und seinen Freunden treu ergeben, verspürt aber keinerlei Loyalität für Auftraggeber, die ihm unredliche Jobs anbieten.

Er ist in Inara verliebt, würde dies aber niemals zugeben, weil er Angst davor hat, zu viel von sich preisgeben zu müssen. Allerdings wird er immer wieder eifersüchtig, wenn sie sich mit ihren Auftraggebern trifft, und beschimpft sie des Öfteren wüster, als er es eigentlich beabsichtigt hatte. Dennoch zögert er keine Sekunde, ihre Ehre zu verteidigen, wenn ihr jemand zu nahe tritt.

Zoë Alleyne Washburne
Wie uns der Film *Serenity* und die 13. Episode, *Heart of Gold,* lehren, wurde Zoë am 15. Februar 2484 »vesselside«, also an Bord eines Raumschiffs, geboren. Weder über ihre Eltern noch über ihre weitere Erziehung ist irgendetwas bekannt. Ihre Spur findet sich erst in den Unabhängigkeitskriegen wieder, in denen sie als Corporal Seite an Seite mit Malcolm Reynolds in der 57. Overlanders Brigade kämpfte. Die Schlacht im Serenity Valley und die damit verbundene Niederlage zog für Zoë ein Trauma nach sich, zumal Mal und sie die einzigen Überlebenden ihres Zuges waren und nach der Kapitulation der Browncoats in Kriegsgefangenschaft gerieten. Nach dem Krieg schloss sie sich der Terrororganisation »Dust Devils« an, bis sie Mal auf die Serenity folgte. Hier lernte sie ihren späteren Ehemann Hoban Washburne kennen und lieben, mit dem sie bis zu seinem tragischen Tod zusammenblieb.

Charaktereigenschaften
Zoë ist eine gute Kämpferin und wirkt auf Fremde oft kalt und zurückhaltend. Sie ist ihren Feinden gegenüber knallhart, und wer ihr vor die Flinte kommt, hat sein Leben meist schon verwirkt. Nichtsdestotrotz tötet sie niemals zum Vergnügen, sondern immer nur aus der Notwendigkeit heraus, beispielsweise, wenn es darum geht, sich und ihre Freunde zu verteidigen.

Andererseits ist Zoë ihren Freunden – und vor allem Mal gegenüber – treu ergeben und liebt ihren Ehemann von ganzem Herzen. Ihre Loyalität zu Malcolm Reynolds sorgt öfter für Streitereien und Eifersüchteleien, denen sie meistens gelassen begegnet und die sie zerstreut, indem sie Hoban beweist, dass er der einzige Mann in ihrem Leben ist. Man mag es ihr auf den ersten Blick vielleicht nicht ansehen, doch wenn es um »Wash« geht, kann Zoë bei allem Selbstbewusstsein sehr verführerisch und weiblich sein, wenn sie auch nach außen einen ganz anderen Typ Frau verkörpert.

Im Sachbuch *The Offical Visual Companion* erwähnt Joss Whedon, dass Zoës Nachname Alleyne war, bevor sie Hoban heiratete. Obwohl dieser Name weder in den ausgestrahlten Episoden noch im fertigen Film jemals erwähnt wird, existiert eine aus dem Film *Serenity* herausgeschnittene Szene, in der er explizit genannt wird, womit er zum Kanon gezählt werden darf.

Hoban »Wash« Washburne

Über Hoban Washburnes Vergangenheit ist so gut wie nichts bekannt. Alles, was wir über seine Kindheit wissen, stammt aus den Romanen, deren kanonischer Status allerdings Tatsache ist, da Joss Whedon als Executive Editor fungierte und der Autor des ersten Romans, James Lovegrove, dies in einem Interview mit der Website Sci-Fidelity noch einmal ausdrücklich bestätigte. Demnach ist »Wash« auf einem Planeten mit einer so starken Luftverschmutzung aufgewachsen, dass man nicht einmal mehr die Sterne sehen konnte. Sein Vater nahm ihn mit auf Reisen quer durch das System. Das und die Sehnsucht danach, den Himmel seiner Heimatwelt aus dem Weltall betrachten zu können, führte dazu, dass er schon früh Pilot wurde.

Nach dem Krieg zog er von Planet zu Planet, um seine Fähigkeiten zu vervollkommnen, und als er schließlich Malcolm Reynolds kennenlernte, eilte sein Ruf ihm meilenweit voraus.

Als Zoë offen ihr Misstrauen gegen Hoban aussprach, erklärte Mal ihr beruhigend, dass Hobans Empfehlungsliste »so lang wie mein Bein« sei und er ihn auf jeden Fall einstellen würde. Es kam, wie es kommen musste: Irgendwann verliebte sie sich in den Dinosaurier liebenden, liebenswerten Piloten und heiratete ihn. Die Flitterwochen verbrachte das Paar auf Windcrest, wo er sich wünschte, dort mit ihr ein Bed and Breakfast zu eröffnen und unter einem Baum begraben zu werden, wenn er als alter Mann sterben würde. Washs Liebe zu Zoë war ehrlich und aufrichtig. Selbst als die hübsche Gaunerin Saffron ihm unmissverständlichen Avancen machte und ihm fast an den Hals fiel, blieb er standhaft und lehnte dankend ab.

Charaktereigenschaften
Mit seinen Schiffskameraden verband Hoban eine tiefe Freundschaft, die darin zum Ausdruck kam, dass er auch hochdotierte Abwerbungsversuche nicht annahm und sich nicht hinter dem Steuer der Serenity weglocken ließ. Als Malcolm und er von dem verrückten Ganoven Niska gefoltert wurden, zögerte er nach seiner Befreiung keine Sekunde, zu den Waffen zu greifen, um Mal den Klauen des irren Gangsterbosses zu entreißen.

Charakterlich schien Hoban auf den ersten Blick ein kindliches Gemüt zu haben, da er es liebte, mit seiner kleinen Sammlung von Spielzeugdinosauriern zu spielen und diese in Godzilla-Manier gegeneinander antreten zu lassen. Sicherlich besaß er diesen Zug, und vielleicht war es genau diese Mischung aus Naivität, Güte, Mut und Treue, die Zoë so sehr an ihm liebte. Sie wäre sicherlich Seite an Seite mit ihm alt geworden, wenn er nicht von einer Reaver-Harpune aufgespießt und getötet worden wäre.

In einem Interview aus dem Jahr 2009 erzählte Joss Whedon, dass Wash mit hundertprozentiger Sicherheit noch am Leben wäre, wenn die Serie nicht gecancelt worden wäre. Alan Tudyk selbst fügte seiner Figur übrigens einen weiteren interessanten Aspekt hinzu, der allerdings weder in der Serie noch im Film oder den literarischen Adaptionen Erwähnung findet. Im Kommentar zur Episode *War Stories* vermutete er, Wash hätte in den Unabhängigkeitskriegen als Pilot für die Browncoats gedient, wäre aber während seines ersten Fluges abgeschossen worden und in Gefangenschaft geraten.

Jayne Cobb
Alles, was über Jaynes Privatleben bekannt ist, ist seine große Verbundenheit zu seiner Mutter, die ihm sogar per Raumpost Strickmützen zukommen lässt. Ansonsten hält sich der einstige Söldner bedeckt, wenn es um seine Vergangenheit geht. Er lernte Malcolm kennen, als er ihm auf Caliban mit zwei Kumpanen auf den Pelz rückte, um Schulden einzutreiben. Dieser machte ihm jedoch ein besseres Angebot, woraufhin er seine Mitstreiter im Stich ließ und sich der Crew der Serenity anschloss.

Charaktereigenschaften
Jayne einen Waffennarr zu nennen, ist schändlich untertrieben. Er lebt und atmet für den Kampf und für seine Schusswaffen, denen er zum Teil sogar Namen gibt. Seine erste Geliebte heißt »Vera«, eine »Callahn Full-bore Auto-lock« mit panzerbrechenden Fähigkeiten und wahrlich beeindruckenden Daten. Doch dies ist nicht das einzige Gewehr, das er wie einen Schatz hütet. Gegen die Reaver verteidigt er sich beispielsweise mit einer Lux-Assault-Rifle oder bei anderen Gelegenheiten auch mit einem kleinkalibrigen Schießprügel.

Zudem ist er im Nahkampf und im Umgang mit allerlei Hieb- und Stichwaffen gut geschult und weiß sich in jeder Situation seiner Haut zu wehren.

Jayne ist eine Söldnerseele; man kann ihm nur bedingt trauen. Als er mit Simon, River, Mal, Zoë und Hoban ein Krankenhaus auf Ariel infiltriert, um dort Medikamente zu stehlen, packt er die Gelegenheit beim Schopf und verrät den von der Allianz gesuchten Simon und seine Schwester. Erst als der Deal platzt, besinnt er sich auf darauf, welche Hand ihn füttert, und rettet den beiden das Leben. Natürlich findet Malcolm dennoch schnell heraus, was wirklich geschah, und droht Jayne an, ihn aus der Luftschleuse zu werfen, wenn dieser sich noch einmal gegen die Crew wenden würde. Später kämpft er tapfer um sein und das Überleben seiner Freunde, als die Reaver alle zu vernichten drohen.

Kaywinnet Lee »Kaylee« Frye

Kaylee stammt vom Planeten Kowlonshi. Ihr wurde das Talent zur Mechanikerin quasi in die Wiege gelegt. Schon als Kind assistierte sie oft ihrem Vater beim Reparieren diverser Maschinen. Sie lernt Malcolm kennen, als der eigentlich als Ingenieur engagierte Bester sie für ein Schäferstündchen mit aufs Schiff nimmt. Als dieser jedoch nicht in der Lage ist, das Schiff zum Laufen zu bringen, schlägt Kaylees Stunde. Mit ein paar Handgriffen schafft sie das Unmögliche und wird vom Fleck weg von Mal eingestellt.

Charaktereigenschaften

Kaywinnet ist eine liebenswerte, freundliche, verlässliche und kompetente Frau, für die alles im Leben »shiny« ist und die die Aufträge der Serenity als Abenteuer ihres Lebens erlebt. Erst als es ein paar Mal ernst und brenzlig wird, erfährt sie, dass eine falsche Entscheidung sie alle das Leben kosten kann. Dennoch sieht sie sich auch in der größten Gefahr nicht in der Lage, zur Waffe zu greifen, und versteckt sich gelähmt vor Angst hinter einem Schott, als es bei einer Befreiungsaktion zu einem Schusswechsel kommt. Niemand in der Crew nimmt ihr das jedoch übel. Im Gegenteil scheinen sich ihre Kameraden an ihrer naiven Offenheit, ihrem schönen und friedvollem Wesen und ihrer stets guten Laune zu erfreuen.

Kaylee liebt alle Crewmitglieder der Serenity von ganzem Herzen; tiefe freundschaftliche Gefühle hegt sie zu Inara und Malcolm, obwohl letzterer manchmal etwas grobschlächtig mit ihr umgeht. Sie ist in Simon verliebt, der ihre Gefühle erwidert, sich aber manchmal ungeschickt ausdrückt und sie ungewollt beleidigt. In solchen Situationen zeigt sie ihm gern einmal die kalte Schulter, versöhnt sich aber nach einer Weile wieder mit ihm, weil sie ihn doch mehr mag, als ihr anfangs klar ist.

Inara Serra
Im Gegensatz zu einigen anderen Besatzungsmitgliedern der Serenity wies die Serienbibel niemals ein genaues Geburtsdatum für Inara auf. So ist lediglich bekannt, dass sie irgendwann im 25. Jahrhundert auf Sihnon das Licht der Welt erblickte. Von ihrem 12. Lebensjahr an erhielt sie eine Ausbildung in der System-bekannten Companion-Schule House of Madrassa und wurde zu einer der Besten. Ihr Talent ging so weit, dass sie es ohne Weiteres zur Hauspriesterin gebracht hätte, wenn sie ihren Heimatplaneten nicht aus in der Serie nie erwähnten Gründen verlassen hätte. Ihr Weg führte sie auf die Grenzwelten, wo sie auf Malcolm Reynolds traf und ein Shuttle anmietete, von dem aus sie als lizenzierte Companion arbeitete. Mal verspürte eine intensive Abneigung gegen ihren Beruf, fühlte sich aber von Anfang an zu Inara hingezogen. Auch die Companion verliebte sich in den Captain, was aber immer wieder zu Komplikationen führte.

Als die Serenity-Crew Nandi, eine alte Freundin Inaras, gegen einen egozentrischen und brutalen Rancher verteidigt, lässt sich Mal mit ihr auf eine Beziehung ein und erfährt, dass er und Serra einander ähnlicher sind, als er glaubt. Nach Nandis tragischem Tod ist Reynolds drauf und dran, Inara seine Liebe einzugestehen, doch sie verlässt das Schiff und unterrichtet von nun an angehende Companions auf einer der Grenzwelten. Doch damit ist Inaras und Malcolms gemeinsamer Weg noch nicht vorbei, denn bald darauf mietet sich die hübsche Frau wieder auf der Serenity ein und tritt einige Monate später mit ihren Freunden gegen die Reaver und die Blue Gloved Men an.

In der Miniserie *Leaves on the Wind* (2014), die neun Monate nach den Ereignissen aus dem Kinofilm ansetzt, ist ein Bild zu sehen, auf dem sich die beiden umarmen. Das deutet darauf hin, dass Inara und Mal doch noch ein Paar geworden sind, was in den Romanen seit 2018 bestätigt zu werden scheint. An dieser Stelle sei noch einmal darauf hingewiesen, dass, anders als beispielsweise in *Star Trek,* sowohl die Comics als auch die Romane zum Kanon gehören.

Charaktereigenschaften
Was Inara als Mensch anbelangt, ist sie nicht nur wunderschön, sondern auch eine hochintelligente, einfühlsame und gebildete Frau. Sie ist selbstbewusst und stark, hat aber die Fähigkeit, in ihren Geschäftspartnern das Gefühl zu erwecken, beschützt werden zu müssen. Sie ist bescheiden, wenn es darum geht, Bitten zu äußern, weiß sich aber gegen Malcolms zahlreiche Seitenhiebe hervorragend verbal zu verteidigen.

Inara ist eine gute Freundin, die für die Probleme anderer immer ein offenes Ohr und vor allem eine ehrliche Antwort hat. Ihre Ausbildung würde sie durchaus dazu befähigen, andere Menschen zu manipulieren, um einen Vorteil für sich selbst herauszuschlagen. Doch sie bleibt ihren Kunden gegenüber stets loyal und fair.

Obwohl sie eine friedliebende Frau ist, die es vorzieht, anderen Menschen Vergnügen zu bereiten, anstatt sie töten, scheut sie doch nicht davor zurück, eine Waffe in die Hand zu nehmen, um ihre Lieben zu beschützen. Das macht sie nicht nur zu einer guten Freundin, sondern auch zu einem wertvollen Mitglied der Serenity-Crew.

Dr. Simon Tam

In der Episode *Bushwhacked* erfahren wir, dass Simon Ende November 2490 auf dem Kernweltenplaneten Osiris als Sohn von Gabriel und Regan Tam geboren wurde. Seine Familie war Allianz-freundlich, weshalb er als Junge die Vereinigung befürwortete. Simons Vater beharrte darauf, dass sein hochbegabter Sohn die »MedAcad«, die beste medizinische Fakultät des Planeten, besuchte. Simon beendete das Studium mit Bestnoten und gehörte zu den drei besten Prozent seines Jahrgangs. Das folgende Praktikum absolvierte er in nur neun Monaten und wurde zu einem der vielversprechendsten Unfallchirurgen der Allianz.

Sein Leben nimmt eine dramatische Wendung, als er wegen des Verschwindens seiner Schwester zu viele Fragen stellt, die zu diesem Zeitpunkt bereits von den Blue Gloved Men genetischen Experimenten unterzogen und seelisch gequält wird. Seine tiefe Liebe zu River treibt ihn jedoch an, und schließlich gelingt es nach zahlreichen Bestechungen und unermüdlichem Einsatz, seine Schwester zu befreien. Von nun an sind er und River Gejagte, die ständig auf der Flucht vor ihren Häschern sind. Erst als sie sich der Crew der Serenity anschließen, fühlen sie sich gut aufgehoben, und Simon beginnt herauszufinden, was die Allianz River angetan hat.

Charaktereigenschaften

Der hochbegabte Simon ist eigentlich ein netter Kerl, hat sich aber zeit seines Lebens auf seine Karriere vorbereitet, was seine Fähigkeiten im Umgang mit Menschen ein wenig verkümmern ließ. Auf der Serenity lernt er nicht nur, anderen Menschen zu vertrauen, sondern verliebt sich auch in Kaylee, die schon sehr früh ein Auge auf ihn geworfen hat. Obwohl sie es ihn recht deutlich spüren lässt, ist Simon jedoch lange nicht in der Lage, ihr seine Gefühle zu gestehen; als es endlich soweit ist, tritt er so oft in ein Fettnäpfchen, dass Kaylee ihm des Öfteren die kalte Schulter zeigt. Irgendwann fällt aber auch bei dem hartnäckigsten Dummkopf der Cent, und so finden die beiden doch noch zusammen.

Obwohl Simon zunächst nur daran denkt, sich und seine Schwester vor den Blue Gloved Men in Sicherheit zu bringen, entwickelt sich im Lauf der Wochen auf der Serenity doch eine intensive Freundschaft zu den anderen Crewmitgliedern. Lediglich Jayne misstraut er zu Recht weiterhin, obwohl sich dieses Misstrauen mit der Zeit ein wenig relativiert.

River Tam

River ist Simons Schwester und ebenfalls ein Kind des wohlhabenden Ehepaars Gabriel und Regan Tam. Weder in der Serie noch im Film, den Comics oder den Romanen wird je ihr Geburtsdatum erwähnt, doch sie ist einige Jahre jünger als Simon und war schon in frühen Jahren intellektuell noch begabter als er. Ihr IQ soll sogar so hoch sein, dass sie bereits mit drei Jahren die Rechtschreibung ihres Bruders korrigierte, und noch im Haus der Tams ärgerte sie sich immer wieder über in Schulbüchern falsch aufgezeigte Lösungswege und fehlerhafte Theoreme.

Ihr starker Wissensdurst, gepaart mit ihrer enormen Intelligenz, führte dazu, dass sie bereits im zarten Alter von nur 14 Jahren ins Graduiertenprogramm der Physik-Fakultät aufgenommen wurde. Leider kam es nie dazu, dass sie ihren Abschluss machte und somit die womöglich wertvollsten Beiträge zu neuen Erkenntnissen leisten konnte. Die Allianz entriss sie ihrer Ausbildung und ihren Eltern und schickte sie in eine Einrichtung, die den harmlosen Namen »Die Akademie« trug. Gabriel und Regan glaubten lange, dass ihre Tochter es an eine Eliteschule geschafft hätte, doch Simon entdeckte bald versteckte Hinweise in Rivers Briefen, die darauf hindeuteten, dass dort etwas Schreckliches mit ihr geschah.

Als während der skrupellosen und fürchterlichen Experimente der Blauhandschuhe Rivers Amygdala (der Teil des Gehirns, der maßgeblich mit für die Entstehung von Angstgefühlen verantwortlich ist) entfernt wurde, verlor das Mädchen den Verstand, sodass sie während einer Sitzung zur eiskalten Killerin mutierte. Nach ihrer Befreiung setzt Simon alles daran, ihr zu helfen und ihr ein normales Leben zu ermöglichen.

Charaktereigenschaften

Wenn River nicht gerade einen ihrer furchterregenden Schübe durchlebt, ist sie ein lebensfrohes, hübsches Mädchen, das gerne lacht und sich vor allem mit Kaylee und Shepherd Book versteht. Die Auswirkungen der Experimente drängen diese schönen Charakterzüge allerdings oft in den Hintergrund, und dann tritt die gefährliche River zutage, die ohne mit der Wimper zu zucken tötet.

Rückfälle kündigen sich oft durch unpassende Kommentare in Gesprächen, ein äußerst seltsames Verhalten und Wutanfälle an, die sogar darin münden können, dass sie andere Crewmitglieder verletzt. So greift sie beispielsweise eines Tages vollkommen unmotiviert zu einem Fleischermesser und schlitzt Jayne die Brust auf, woraufhin dieser darauf drängt, sie und Simon vom Schiff zu werfen.

Was River allerdings noch gefährlicher macht, sind ihre schier unglaublichen Fähigkeiten, die zum Teil auf die illegalen Regierungsexperimente an ihr zurückgehen. Sie ist nicht nur fast übermenschlich schnell, sondern verfügt auch über eine gewisse hellseherische Gabe, die Fähigkeit der Telepathie und eine übernatürlich ausgeprägte Empathie. Sie spürt Gefahr im Voraus und ist der Crew so immer wieder von großem Nutzen.

Shepherd Derrial Book

In der Serie und im Film ist Derrial Books Vergangenheit in großen Teilen ein Buch mit sieben Siegeln. Erst im Comic *The Shepherd's Tale* erfahren wir, wer der christliche Priester wirklich war. Laut dieser Geschichte war sein richtiger Name Henry Evans. Als Kind wurde er regelmäßig von seinem Vater geschlagen und verließ früh seine Heimatwelt. Zehn Jahre später schloss er sich der Unabhängigkeitsbewegung an und ließ sich für eine Maulwurfmission rekrutieren. Um seine Aufgabe gut erledigen zu können, benötigte der Dieb und Killer eine neue Identität. Er lockte den arglosen Derrial Book in eine Falle und ermordete ihn kaltblütig.

In nur vier Jahren legte der spätere Shepherd bei der Allianz einen kometenhaften Aufstieg hin und wurde Teil des Strafverfolgungskorps auf Jiangyin. Seine brutalen Taten gegenüber gefangenen Browncoats beeindruckten seine Vorgesetzten so sehr, dass er Offizier auf der I.A.V. Cortez wurde, wo er eine bedeutende Operation der Allianz leitete, die allerdings in eine Katastrophe ausartete. Shepherd wurde daraufhin unehrenhaft entlassen und widmete sich von nun an dem Seelenheil der Menschen. Er trat der Southdown Abbey bei und lebte dort zehn Jahre, bis er sich entschloss, die Abtei zu verlassen und Missionar zu werden.

Charaktereigenschaften

Auch wenn Book ein ruhiger, bescheidener und höflicher Mann war, der häufig die Bibel zitierte und immer bereit für ein Gespräch unter vier Augen war, merkte man ihm doch in vielen kleinen und großen Situationen die Gefährlichkeit an. Er war ein Waffenexperte und hervorragender Kämpfer, wenn es darauf ankam, und es war ihm ein Leichtes, anderen Menschen gehörig Angst einzujagen. Diese Fähigkeit stellte er vor allen Dingen immer wieder im Umgang mit Allianzsoldaten unter Beweis, was ihm sogar einmal das Leben rettete. Irgendwann nach den Ereignissen in *Objects in Space* verließ er das Schiff und ließ sich auf Haven nieder, wo er während eines Angriffs der Allianz heldenhaft fiel.

Die Heimat der Helden: Die Serenity

Wie auch bei vielen anderen Science-Fiction-Serien und Filmen aus dem Space-Opera-Subgenre ist der eigentliche, wahre Titelheld von *Firefly: Der Aufbruch der Serenity* keine der menschlichen Hauptfiguren, sondern besteht aus weltraumtauglichem Metall und trägt seine Besatzung mehr oder weniger sicher durch die unendlichen kosmischen Weiten.

Schon seit mehr als fünfzig Jahren haben die Raumschiffe aus Serien und Filmreihen wie *Star Trek* oder *Star Wars* oftmals einen ebenso hohen Beliebtheitsgrad bei den Fans wie die organischen Protagonisten. Ein paar der berühmtesten Beispiele hierfür sind sicher das unsterblich gewordene Raumschiff Enterprise und seine gleichnamigen Nachfolger, aber auch die USS Voyager oder die Raumstation Deep Space Nine, der ikonische Millennium Falcon und die X-Flügler, TIE-Jäger und imperialen Sternzerstörer, die berühmten Adler-Raumtransporter von der Mondbasis Alpha 1 oder auch der riesige Kampfstern Galactica, der in gleich drei Fernsehserien eine wichtige Rolle spielte (und eventuell demnächst auch wieder spielen wird).

Auch das Raumschiff aus der Fernsehserie, der sich dieses Buch widmet, konnte sich durch deren Kultstatus in die schon aufgezählte Liste bekannter Vorgänger einreihen: Die Serenity (was übersetzt etwa Ruhe und Gelassenheit bedeutet, das genaue Gegenteil dessen also, was uns in der Serie erwartet) gehört zur Firefly-(Glühwürmchen-)Schiffsklasse, was neben der leicht an einen Vogel erinnernden Form vor allem an seinem hell aufglimmenden Antrieb liegt, dem das Schiff seinen Namen verdankt. Wie schon mancher berühmte Vorgänger ist auch die Serenity nur vergleichsweise selten vollkommen intakt und benötigt so gut wie immer ein bestimmtes (wichtiges) Ersatzteil oder deren mehrere, um von Bordmechanikerin Kaylee wieder instandgesetzt zu werden – was mit ähnlichen Schwierigkeiten wie in manch anderem Universum verbunden ist.

Werfen wir also nunmehr einen näheren Blick auf die Serenity und das, was über sie zu erfahren ist.

Die Serenity gehört der 03-K64-Firefly-Klasse an, die als Mehrzweck-Fracht- und Transportschiffe mittlerer Größe der B-Klasse konzipiert wurden. Das Schiff ist Teil der dritten von insgesamt vier Baureihen, die von 2434 bis 2513 jeweils mit kontinuierlichen Verbesserungen produziert wurden.

Sie ist mit einem Standard-Radion-Beschleunigungskern ausgestattet, der mit 2 Blue Sun 6V4-178-B31-Spurenkomprimierungsblocks und 36 RCS-Triebwerken bestückt ist. Das Schiff ist eines der früher produzierten Exemplare seiner etwa 28.000 Schiffe umfassenden Baureihe und wurde unter U.A.P./Hera mit der Registrierungsnummer 404-E-132-4FE274A eingetragen; die Kiellegung fand im August des Jahres 2459 statt (womit das Schiff zu Zeiten der Serie bereits fast stolze 60 Jahre auf dem Buckel hat). Ihre Länge beträgt übrigens umgerechnet 82,1 Meter, die Breite 51,8 Meter, die Höhe 24 Meter bei ausgefahrenem Landefahrwerk; die Spannweite liegt bei 34,2 Metern. Das Leergewicht der Serenity beträgt 128,1 Tonnen, ihre maximale Nutzlast 74,8 Tonnen. Gebaut wurde das Schiff unter der Oberaufsicht von Allied Spacecraft Corps. an verschiedenen Produktionsstätten wie Oriris Firefly Ship Works, Ltd. auf Hera sowie Mandel & Earls, Ltd. auf Londinium. Die vorgesehene Besatzungsstärke ist auf 5 Crewmitglieder festgelegt, für die 5 Mannschaftskabinen bereitstehen. Es können maximal 18 Passagiere an Bord genommen werden, die dann in neun Zweibett-Quartieren untergebracht würden. Ferner gibt es eine Krankenstation sowie die Schiffsmesse, die für Crew und Passagiere als Speise- und auch als Freizeit- und Versammlungsraum dient.

Außerdem befinden sich zwei inner- und außeratmosphärisch flugfähige Shuttles der 1 MF-813-Flying-Mule Klasse (von denen eines dauerhaft von Companion Inara Serra gemietet wurde) sowie insgesamt drei Einmann-Rettungskapseln an Bord, die für die Kommandocrew bestimmt sind. Da es sich bei der Serenity um die Zivilversion der 03-K64-Firefly-Klasse handelt, besitzt sie im Gegensatz zur diesbezüglich deutlich besser bestückten Militärversion lediglich marginale Bewaffnung, bestehend aus einer einzigen Schiffskanone. In Gefechtssituationen hängt somit fast alles von der Improvisationsgabe seines Captains und seiner Crew ab, um aus gar mancher Patsche wieder herauszukommen.

Der Kauf der Serenity

In den Besitz von Captain Mal Reynolds gelangte die Serenity im Jahr 2512 kurz nach dem Ende des großen Unabhängigkeitskrieges, indem er sie von ihrem Vorbesitzer Captain Harbatkin erwarb (der im Übrigen die Registrierungspapiere des Schiffes niemals entsprechend ändern ließ). Zu diesem Zeitpunkt war das Schiff, das auf einem Schrottplatz auf dem Planeten Hera abgestellt worden war, nicht mehr flugtauglich. Über die letzten fünfzig Jahre seiner Vorgeschichte und auch darüber, wie es in den Besitz von Harbatkin gelangt war, ist kaum etwas bekannt. Es erforderte die Aufbietung aller Fähigkeiten von Mals neuer Schiffsmechanikerin Kaylee Frye, die er und seine Erste Offizierin Zoë nach der Entlassung des unfähigen ersten Bordmechanikers Bester engagierten. Das nächste reguläre Crewmitglied wurde übrigens Muskelmann Jayne, dem sich schließlich Zoës späterer Ehemann, Pilot Hoban »Wash« Washburne zur endgültigen Vervollständigung anschloss.

Ihren Namen erhielt die Serenity von Mal Reynolds nach dem Serenity Valley auf dem Planeten Hera, dem Schauplatz einer der verlustreichsten Schlachten während des Unabhängigkeitskrieges (in der Mal beinahe sein Leben verloren hätte).

So wurde aus dem ausgemusterten Fracht- und Transportschiff von der Schrotthalde ein weiteres der bis heute legendären Raumfahrzeuge aus dem großen Kosmos der von Fans verehrten Science-Fiction.

ZWISCHENSPIEL

Whedons Zukunftsvision: Das *Firefly*-Universum

Die Schaffung eines einerseits fantastischen, andererseits glaubhaften zukünftigen Universums, in dem packende Geschichten spielen, gehört zweifellos zu den schwierigsten Aufgaben der Schöpfer von Science-Fiction-Franchises. Fernseh- und auch Filmserien aus diesem Bereich stehen und fallen oftmals mit dem Aufbau der Welt, in der sie angesiedelt sind, und nicht selten entwickeln gut konzipierte Handlungsuniversen auch über die eigentlichen Filme und Serien hinaus ein ausgesprochenes Eigenleben, in dem sich die Fans in ihrer Fantasie austoben können. Was wären die Universen von *Star Trek, Star Wars* oder auch der benachbarten Fantasy wie *The Lord of the Rings* oder *Game of Thrones* ohne die fundierten, oftmals bis in die kleinsten Details ausgearbeiteten fiktiven Welten, in denen ihre Macher sie angesiedelt haben? Und das, obwohl man etliche der informativen Feinheiten zumeist nur aus dem Hintergrundmaterial erfahren kann, da sie in ihrer Gesamtheit viel zu umfangreich sind, um vollständig in Filmen oder Fernsehepisoden Platz zu finden.

Ganz sicher war dies auch *Firefly*-Schöpfer Joss Whedon und seinem unterstützenden Team klar, als es an die Planung seiner Science-Fiction-Serie ging. Einerseits sollte diese in einer fernen Zukunft spielen und ganz klar alle Elemente beinhalten, die das Subgenre der Space-Opera ausmachen und für einen entsprechenden Abenteuerfaktor sorgen. Auf der anderen Seite jedoch entstand die Serie zu einer Zeit, als das entsprechende Publikum zunehmend auf einen gewissen Realismus bei aller Fantastik bestand und in der Utopien zumindest mit einem Bein auf dem Boden der Tatsachen stehen mussten. Whedon und seinen Leuten war sicherlich bewusst, dass die Grundprämisse seiner neuen Serie – eine Gruppe aufmüpfiger Individuen lehnt sich gegen ein übermächtig erscheinendes Imperium auf – im Genre spätestens seit *Star Wars* und *Battlestar Galactica* nichts Neues mehr darstellte. Doch diese Grundthematik ließ sich variieren, indem man eine ordentliche Portion geschichtlichen Realismus und auch Sozialkritik hinzufügte. Hinzu kam, dass Whedon kein Interesse an Alien-Protagonisten à la Mister Spock oder Chewbacca hatte, sondern sein Zukunftsuniversum als eines zeigen wollte, in dem die Menschen trotz aller errungenen Fortschritte allein auf weiter Flur dastanden und es außer ihnen allem Anschein nach keine weiteren intelligenten Lebensformen gab, was allein schon angesichts der Größe unserer Galaxis, der Milchstraße, recht gut nachvollziehbar ist. So wurde aus einer Grundidee, die auf den ersten Blick ein klein wenig wie eine TV-Version der *Star Wars*-Saga hätte klingen können, eine ganz eigene Welt: das Universum von *Firefly*.

Die Welt in 500 Jahren

Wir schreiben mittlerweile das 26. Jahrhundert irdischer Zeitrechnung. Wie durchaus bereits in unserer guten alten Realität zu befürchten, haben die Menschen der Erde im Verlauf der vorhergehenden Jahrhunderte sämtliche natürlichen Ressourcen verbraucht, es allerdings auch auf einen technisch ziemlich hohen Stand gebracht. Übrigens hatte sich auf der Erde China als führende Weltmacht und auch Raumfahrtnation durchgesetzt und sowohl die USA als auch Russland auf die hinteren Plätze verwiesen, weshalb sich die Alltagssprache des 26. Jahrhunderts aus Englisch und Hochchinesisch zusammensetzt und asiatische Einflüsse in Kleidung und auch Ernährung vielfach vorherrschend sind.

Nachdem die Erde unbewohnbar wurde, brachen die Menschen an Bord von Generationenraumschiffen in die unendlichen Weiten des Weltraums auf und erreichten nach langem Flug schließlich ein riesiges Planetensystem mit den im Wesentlichen für sie erforderlichen Bedingungen. Die Hunderte von Welten und Monde dieses Planetensystems, das weitaus größer als das Sonnensystem der Erde war, wurden von den Menschen teilweise durch Terraforming bewohnbar gemacht. Die als erste umgewandelten und entsprechend kolonisierten Welten wurden in Folge wesentlich früher mit allerlei Hochtechnologie ausgestattet und erhielten eine entsprechende Vormachtstellung gegenüber den Planeten und Monden am äußeren Rand des Planetensystems, die sich noch in der Kolonialisierungs- und Aufbauphase befinden. Auf diesen Himmelskörpern wiederholt sich vielfach die Pionierphase der früheren Vereinigten Staaten: Es gibt auf ihnen zahlreiche Siedlungen, die sowohl optisch als auch von den anderweitigen dort herrschenden Verhältnissen her an die Zeit des Wilden Westens erinnern. Bei alledem geriet die Erde übrigens fast vollständig in Vergessenheit und wurde von da an vielfach nur noch als ein ferner Mythos betrachtet.

Der Bürgerkrieg

Aus den Kernplaneten geht im Lauf der Zeit die Allianz der Planeten (im Original Union of Allied Planets) hervor, die eine geschlossene Regierung mit totalitären Zügen bildet und von den Randkolonien deren Unterwerfung fordert. Diese haben sich mittlerweile jedoch ihrerseits zu den Unabhängigen Planeten (Independent Planets) zusammengeschlossen, und es kommt zu Verhandlungen zwischen den beiden neuen Machtblöcken ohne einen befriedigenden Ausgang, an deren Ende Pläne für die Gründung eines eigenen planetaren Staatsgefüges der Unabhängigen Planeten stehen. Im Jahr 2506 kommt es daher zum Krieg zwischen ihnen und der Allianz, der bis 2511 tobt und Opfer in großer Zahl fordert (und eine Parallele zum amerikanischen Bürgerkrieg von 1861 bis 1865 bildet) und später als Vereinigungskrieg in die Geschichte eingehen wird. Im Serenity Valley auf dem Planeten Hera kommt es 2511 schließlich zur entscheidenden Schlacht zwischen den Streitkräften der Allianz und den ihr deutlich unterlegenen Guerilla-Armeen der Unabhängigen Planeten, die dabei vernichtend geschlagen werden. Die Kämpfer der Aufständischen werden übrigens aufgrund ihrer erdfarbenen Uniformen Browncoats (Braunjacken) genannt.

Obwohl die unterlegenen Randwelten sich von dieser Zeit an der Macht der Allianz beugen müssen, kann diese die einzelnen Welten aufgrund von deren teilweise höchst ungeordneten Strukturen nur sehr eingeschränkt kontrollieren: Ganze Gebiete auf den Kolonieplaneten werden von regionalen Machthabern und ihren bewaffneten Leuten kontrolliert, was erneut starke Bezüge zur Pionierzeit in den USA aufweist. Captain Malcolm Reynolds und seine Crew der Serenity sind offiziell als Frachtunternehmen tätig, machen jedoch keinerlei Hehl aus ihrer Ablehnung der Allianz und deren zentraler Regierung; sie arbeiten im Verlauf ihrer Aufträge und Missionen nicht selten gegen diese. Ein Grund hierfür dürfte sicherlich auch das von Reynolds während der Schlacht im Serenity Valley erlittene Trauma sein. Allerdings gibt es keinen offiziellen Kriegszustand zwischen der Allianz und dieser Art von Rebellen, die in vielen Fällen außerhalb oder zumindest am Rande der Legalität operieren.

Das Leben in der Allianz, deren Regierung übrigens in weiten Teilen von einem Multikonzern namens Blue Sun Corporation beherrscht wird, erinnert ebenfalls in einigen Belangen an jenes auf der Erde der Vergangenheit: Sozialer Status und Ansehen sind überaus wichtig, und bei Streitigkeiten kommt es durchaus schon einmal zu gesetzlich sanktionierten Duellen, die als Satisfaktion bezeichnet werden. Außerdem ist der Kurtisanendienst ein überaus angesehenes Gewerbe, frei von jedweder etwaigen Anstößigkeit, und besitzt hohes soziales Ansehen. Trotz der allgemeinen Ablehnung durch ihre Gegner ist die Allianz bei all ihren fraglos totalitären Zügen dennoch nicht mit einer echten Diktatur zu vergleichen, da ihr (wie in der Serie angedeutet) ein Parlament und nicht etwa ein Einzelner vorsteht. Natürlich gibt es im Whedon'schen Universum auch weiterhin zahlreiche Verschwörungen, Geheimoperationen und dergleichen mehr, mit denen es die Crew der Serenity während ihrer (bedauerlicherweise nicht ganz so langen) Reise zu tun bekommt.

Welt ohne Aliens
Die Menschen des 26. Jahrhunderts sind bei ihrer Kolonisierung niemals auf andere intelligente Lebensformen gestoßen, allerdings gibt es dennoch eine überaus fremdartige Bedrohung im *Firefly*-Universum: die nur noch grenzwertig menschlichen, zur Selbstverstümmelung neigenden und kannibalisch lebenden Reaver, über die gesagt wird, dass sie ihre Opfer vor dem Verzehr auf die bestialischste Art und Weise quälen. Angeblich verliert jeder, der dies mit- und vor allem überlebt, auf der Stelle seinen Verstand und wird häufig selbst zum Reaver.

Anfangs ist wenig über die Schreckgestalten bekannt, deren Existenz von der Allianz und ihrer Führungsspitze offiziell geleugnet wird. Erst später gibt es nähere Erklärungen: Ursprünglich stammen die Reaver vom Kolonialplaneten Miranda und wurden dort einer Droge namens Pax ausgesetzt, die ihnen eigentlich die Fähigkeit zur Aggression nehmen sollte. Das Ergebnis war, dass 99,9 % aller Behandelten (in der deutschen Fassung 90 %) in völlige Untätigkeit verfielen und infolgedessen den Tod fanden. Die verbleibenden 0,1 % (10 % in der deutschen Fassung) hingegen entwickelten die extreme Aggressivität, die sie schließlich zu den viehischen, halbmenschlichen Gestalten machte. Ihrer »Natur« zum Trotz betreiben sie in manchen Sektoren Raumfahrt; dort sind sie entsprechend ständig auf der Suche nach Beute unterwegs.

Das System und seine Welten
Zum Abschluss werfen wir noch einen Blick auf das Sternensystem, das in der *Complete and Offical Map of The Verse* (2008) als 34 Tauri bezeichnet wird und in dem die Abenteuer der Crew spielen. Zu bedenken gilt, dass die Karte rein fiktiver Natur ist, womit deutlich wird, dass sich der Terminus nicht auf den gleichnamigen (vorgeblichen) Stern bezieht, der 1690 vom englischen Astronomen John Flamsteed entdeckt wurde. Im Gegensatz zu jenen des Systems, das Flamsteeds fiktive Kollegen in Joss Whedons Welt 2020 entdeckten, entpuppte sich die Beobachtung im 17. Jahrhundert nämlich als der Planet Uranus. Tauri 34 hingegen ist im Firefly-Verse ein sogenanntes Mehrfachsystem mit gleich fünf Sternen sowie sieben braunen Zwergen und Protosternen, die den zahlreichen Welten die lebensnotwendige Wärme spenden. Die weiße Sonne Bai Hu (Weißer Tiger) ist der Hauptstern, um den sich die elf terrestrischen Zentralplaneten inklusive der Verwaltungswelt Ariel drehen. Von dort aus ist es ein weiter Weg zu den nächsten zwei Sonnen, dem roten Riesen Zhu Que (Roter Phönix) und Georgia. Alle bewohnbaren Welten und Planeten, die sich im Orbit dieser beiden Sterne befinden, bilden die sogenannten Grenzplaneten, das Gebiet also, das die Zentralplaneten vom Rim, den Randgebieten, trennt.

Der nächste Nachbar zu den Grenzregionen ist die F5-Sonne Xuan Wu (Schwarze Schildkröte, auch Kalidasa), die wiederum von einigen Planeten und einer ganzen Reihe von Monden umkreist wird. Der Stern, der die Randgebiete mit Wärme versorgt, heißt Blue Sun, oder bei den Chinesen Qing Long, was so viel wie blauer Drache bedeutet. Hinzu kommen die bereits erwähnten Protosterne mit den klangvollen Namen Qin Shi Huang, Lux (im Orbit der Weißen Sonne), Murphy (Georgia), Himmbjørg, Heinlein (Zhu Que, bzw. Roter Phönix), Penglai (im Orbit von Xuan Wu, bzw. Kalidasa) und Burnham, der sich im Anziehungsbereich der Blauen Sonne befindet.

Die bewohnten Planeten und Monde

Der Begriff »Space-Western« erscheint für die Serie *Firefly* wie geschaffen, denn die vielen übernommenen Elemente aus dem einstmals beliebtesten Film- und TV-Genre sprechen für sich. Dies trägt – neben den anderen Vorzügen, derer sich *Firefly* rühmen kann – ganz gewiss in weiten Teilen zum bis heute anhaltenden Kultstatus der Abenteuer um die Serenity bei. In Sachen des eingangs angesprochenen Worldbuildings hat die Serie jedenfalls bis heute ganz gewiss fünf Sterne verdient. Das trifft auch auf die zahlreichen Sonnen, Planeten und Monde zu, die in der Serie auftauchen. So detailreich die Serienbibel in Bezug auf das Sternensystem im Firefly-Universum aber auch ist, die wirkliche Anzahl aller bewohnbaren Welten wird nie explizit erwähnt. In einer in der Serie nicht zu sehenden Szene der Episode *Our Mrs. Reynolds* erwähnt Mal gegenüber seiner frisch angetrauten Braut Saffron, dass es in der Allianz mehr als 70 »Erden« gäbe. Ganze 47 werden davon entweder in den 14 Episoden oder den Comics und Romanen zumindest erwähnt, und 19 Planeten und Monde spielen in den Handlungsabläufen der TV-Serie eine mehr oder weniger große Rolle.

Besonders bleibt, abgesehen vom bereits erwähnten Zentralplaneten Ariel, unter anderem Beaumonde im Gedächtnis, der im Orbit von Kalidasa zu finden ist. Bekannt ist die Welt für ihre große asiatische Raumhafenstadt, die in *Our Mrs. Reynolds* zu sehen ist. Zuvor hilft die Crew der Serenity in derselben Folge einigen Einsiedlern auf der armen Grenzwelt Triumph. Zum Dank dafür, dass Mal und seine Leute eine Räuberbande vertreiben, verheiratet Elder Gomman sie mit der hübschen Saffron, die in Wirklichkeit aber eine mit allen Wassern gewaschene Piratin ist.

Bellerophon ist in der Episode *Trash* zu sehen und wurde nach dem gleichnamigen griechischen Helden benannt, der mit Hilfe des fliegenden Pferdes Pegasus die Chimära besiegte. Es handelt sich um eine technologisch weit fortgeschrittene Allianzwelt, die die Weiße Sonne als zehnter Planet umkreist. Haven, ein Mond von

Deadwood, liegt hingegen wesentlich weiter draußen im Orbit von Blue Sun und ist die Heimat von Shepherd Book (so zu sehen im Film).

Der erdähnliche Planet Hera (in der griechischen Mythologie die Schwester und Gattin des Zeus) spielt im Firefly-Verse eine ausnehmend große Rolle. Hier fand die Schlacht um das berühmte Serenity Valley statt, in der die Browncoats vernichtet wurden und die Rebellen endgültig ihre Unabhängigkeit verloren. Den Roten Riesen Zhu Que umkreist wiederum Higgins' Moon, eine Welt mit fast sklavenähnlichen Zuständen. Dort wird vornehmlich Schlamm abgebaut und exportiert. Die einfachen Arbeiter (Mudders), die hier leben, halten Jayne für eine Art wiedergeborenen Robin Hood, was allerdings auf einem Missverständnis beruht (vgl. *Jaynestown).*

Auf dem Grenzplaneten Jiangyin, der sich etwa drei Wochen von Persephone (nach der griechischen Göttin der Unterwelt und der Fruchtbarkeit) entfernt befindet, handeln Mal und seine Crew in der Episode *Safe* mit Rindern, die sie von einem zwielichtigen Händler erworben haben. Auf Persephone selbst ist die Folge *Shindig* angesiedelt. Die Welt gehört mehr oder weniger zu den Kernwelten und liegt im Orbit des Protosterns Lux. Im großen Unabhängigkeitskrieg unterstützte sie ebenfalls die Browncoats. Später findet sich Malcolm hier in einem Duell gegen einen arroganten Schnösel wieder, der zuvor Inara beleidigt hat. In derselben Episode taucht übrigens auch Santo auf, ein primitiver Ort, wo Mal und Jayne in eine Schießerei geraten.

Wie bereits erwähnt, stammen die Reaver von Miranda, einem Planeten nicht weit vom Mond Lilac entfernt, der im Gravitationsfeld von New Canaan liegt. Lilac ist Reaver-Gebiet, daher sollte man einen großen Bogen um diesen gottverdammten Ort machen.

Osiris war im Alten Ägypten der hoch verehrte Gott der Toten und Herrscher über das Nachleben. Diese Tatsache hat allerdings recht wenig mit dem gleichnamigen Planeten zu tun, der als siebter die Weiße Sonne umkreist und damit zu den Kernwelten gehört. Simon Tam lebte hier mit seiner Familie, studierte Medizin und praktizierte als Chirurg, bis er sich auf die Suche nach seiner Schwester River begab und ein schreckliches Geheimnis aufdeckte.

Zu Regina, dessen Name so viel wie Königin bedeutet, haben unsere Helden einen besonderen Bezug, denn auf dem zweiten Planeten, der Georgia umkreist, spielt sich die offizielle Pilotfolge *The Train Job* ab.

Zwei weitere Planeten, die in der Serie auftauchen, tragen die Namen St. Albans (nach der gleichnamigen südenglischen Stadt) und Whitefall, der vierte Mond von Athens, dem neunten Planeten im Orbit von Georgia. Die Planeten tauchen im seinerzeit nicht ausgestrahlten 90-minütigen Pilotfilm *Serenity* (Whitefall) und *The*

Message (St. Albans) auf, in der ein betrügerischer Schausteller angeblich den unwiderlegbaren Beweis für außerirdisches Leben gefunden haben will.

Eine besonders interessante Welt ist Sihnon, der dritte Planet, der die weiße Sonne umkreist. Damit gehört er zu den Kernwelten.

Sihnon ist von der ostasiatischen Kultur geprägt und weist eine Population von über 5,3 Milliarden Einwohnern auf. Inara wurde hier geboren und seit ihrem 12. Lebensjahr zur Companion ausgebildet. In der altgriechischen Sagen- und Mythenwelt ist Sihnon oder auch Sinopos ein Gefährte des Odysseus und Sohn dessen Onkels Aisimos. Er spielte eine Schlüsselrolle bei der Eroberung Trojas, als er nach dem Schein-Rückzug der Achaier allein zurückblieb, um den Trojanern das Holzpferd, in dem die tapfersten Krieger versteckt lauerten, als Geschenk und Ersatz für das gestohlene Palladion zu überreichen.

Zu guter Letzt soll der erste Planet, der Georgia umkreist, nicht unerwähnt bleiben. Die Rede ist von einer erdähnlichen Welt namens Ezra, die von dem kleinen Mond Herschel umkreist wird. Der Name dieser Welt wird in den Folgen selbst nie erwähnt, nichtsdestotrotz taucht er im Drehbuch zur Episode *War Stories* (1x10) auf. Der Planet, bzw. sein Mond, ist deshalb so interessant, weil um Herschel die Raumstation des fiesen Gangsters Niska (Niska's Skyplex) kreist, den wir in *The Train Job* kennen und fürchten gelernt haben.

TEIL 2 / EPISODENGUIDE

Die Folgen 1 bis 7

1.01a/1.01b
Serenity (Serenity)

Regie: Joss Whedon
Drehbuch: Joss Whedon
Erstausstrahlung:
20.12.2002, FOX (USA); 12.10.2009 Super RTL (DE)

Aus den verwegenen Sechs im Wilden Weltraum werden verwegene Neun.

Inhalt

Nach einem Rückblick auf die Schlacht im Serenity Valley auf dem Planeten Hera während des Einigungskrieges sechs Jahre zuvor erleben wir Captain Reynolds und die Crew seiner Serenity bei der illegalen Bergung von Gütern von einem im Raum treibenden Transportschiff der Allianz, wobei sie um ein Haar vom riesigen Raumkreuzer IAV Dortmunder erwischt werden und nur mit einem Trick entkommen können. Dementsprechend schwierig erweist sich der Verkauf der gekennzeichneten Ware auf dem Mond Persephone: Nach der Ablehnung des Hehlers Badger bleibt als potenzielle Kundschaft nur Bandenchefin Patience auf dem entlegenen Mond Whitefall im äußeren Rand. Da die Serenity-Crew jedoch auch bis dahin essen muss, nehmen sie drei Passagiere an Bord: den reiselustigen Priester Shepherd Book, den schwer an einem Geheimnis tragenden Simon Tam sowie den nicht weniger undurchsichtigen Mr. Dobson. Während des Fluges kommt es zu einer Reihe von Konflikten, von denen Shepherd Books anfängliche Schwierigkeiten mit Space-Age-Geisha Inara noch die am leichtesten lösbaren sind.

Direkt in die Vollen

Serien-Pilotfilme, insbesondere solche aus dem Science-Fiction-Genre, haben gemeinhin einen eher schlechten Ruf. Meistens, so lautet die allgemeine Ansicht, sind sie lediglich dazu da, um den Zuschauer mit den agierenden Figuren vertraut zu machen, die diese im günstigen Fall einige Staffeln lang auf ihren Abenteuern begleiten werden. Die Handlung ist bei dem ganzen Drumherum bei Pilotfilmen eigentlich zweitrangig, heißt es. Schaut man sich

Serenity an, dann hat es den Anschein, als habe man schlichtweg vergessen, Joss Whedon davon zu erzählen.
Schon während der ersten paar Minuten bietet der *Firefly*-Pilotfilm in puncto Tiefsinn mehr als manche Spitzenfolge anderer Serien in ihrer Gesamtlaufzeit. Der Rückblick auf den Einigungskrieg ist trotz seiner knackigen Kürze (schließlich handelt es sich dabei ja lediglich um einen Teil des Teasers der Doppelfolge) eine erschütternde Anklage gegen den Krieg und sagt viel darüber aus, warum insbesondere Captain Reynolds (der in der Pilotfolge alles andere als eine durch und durch sympathisch gezeichnete Figur ist) zu dem wurde, der er ist. Stilistisch fühlt sich dieses kurze, aber sehr eindrucksvolle Kriegsszenario weit mehr nach *Starship Troopers* denn nach *Star Wars* an.

Die Figuren

Tatsächlich schafft man bei der Pilotfolge das Kunststück, sowohl eine durchgehend spannende Handlung zu erzählen als auch die Seriencharaktere gebührend einzuführen, wobei man hier spürt, welch großer Wert darauf gelegt wurde, nicht allzu viel über sie und ihre Hintergründe zu verraten. Das macht es gleich doppelt bedauerlich, zumindest aus der heutigen Perspektive bereits genau zu wissen, dass sie uns lediglich weitere dreizehn Folgen und einen Kinofilm lang und nicht etwa für glückliche sieben Staffeln gefolgt von einer mehrteiligen Filmreihe begleiten werden. Hierüber gab es übrigens einen köstlichen Gag in der berühmten Sitcom *Big Bang Theory,* aber das ist eine andere Geschichte.

Mit den offensten Karten spielt man hauptsächlich bezüglich Captain Reynolds. Trotz seiner großen Klappe und seinen flapsigen Sprüchen à la Han Solo merkt man ihm eine unterschwellige Traurigkeit an, die eine Folge seiner traumatischen Kriegserlebnisse ist – dies zeigt sich auch in der Erbarmungslosigkeit, zu der er ganz heldenuntypisch durchaus in der Lage ist. Einen Kontrast zu ihm bildet seine Erste Offizierin Zoë. Zwar hat sie Mal durch den Krieg begleitet, trug aber nicht die gleiche Last der Verantwortung wie er als Kommandoführender und erscheint weniger beeinträchtigt. Der völlige Gegensatz zu seiner toughen Ehefrau ist deren kindischer Gatte Hoban »Wash«, der Pilot der Serenity, der in Ruhephasen gern mit seiner Gummi-Dinosauriersammlung spielt, in Gefechtssituationen jedoch einen kühlen Kopf bewahrt. Bordmechanikerin Kaylee hingegen ist ein technisch hochbegabter Gemütsmensch und hält ihre »Shiny«-Fröhlichkeit auch in weniger passenden Momenten aufrecht. Inara hingegen verströmt Raffinesse und gibt zu erkennen, dass sie ihre Reize hervorragend einzusetzen versteht (und hat weiterhin offensichtlich eine wie auch immer geartete gemeinsame Geschichte mit dem Captain), während man sich beim

Neuzugang Shepherd Book fragt, woher ein aus einer Abtei stammender Mönch eigentlich seine Schlagkraft nimmt. Simon Tam und seine Schwester River hingegen sorgen schon mit ihren ersten Auftritten für das Mystery-Element in der damals neuen Serie.

Der Weltenbau

Die Erklärung des neuen Universums erfolgt quasi nebenbei und voll und ganz in die Handlung eingebettet statt durch sperrige Szenen, in denen die Hauptfiguren einander gegenseitig Vorträge halten oder ebensolchen lauschen. Auch werden nach dem Vorspann keine Erläuterungen in Laufbandform eingeblendet. Hierin zeigt sich eine ausgesprochene Stärke der Regie und des Drehbuches gleichermaßen, die beide in der Hand von Joss Whedon lagen. Dass der Film- und Serienmacher dergleichen virtuos beherrscht, war damals ja bereits zur Genüge an seinen bisherigen Werken zu ersehen. Schon in der Eröffnungssequenz beim Auftauchen des riesigen Raumkreuzers Dortmunder (*sic*!) zeigt sich, dass auch die Antagonisten von der Allianz der Planeten keine seelenlosen Bösewichter sind, die erst schießen und dann fragen, folgen sie doch viel eher einem komplizierten bürokratischen Prozedere. Darüber hinaus sind sie keineswegs Dummköpfe, die sich mit simplen Tricks überrumpeln lassen, sondern es bedarf schon einiger Raffinessen (Stichwort »Cry-Baby«), um sie sich vom Hals zu schaffen. Die eigentlichen Bösewichter kommen vielmehr aus ganz ähnlichen Kreisen wie unsere Helden beziehungsweise Anti-Helden, und insbesondere Nebenfiguren wie der fiese weibliche Weltraum-Desperado Patience sowie der schmierige Hehler Badger, die beide direkt aus einem Spätwestern stammen könnten, verstärken diesen Eindruck, während Mr. Dobson eher jemand ist, an dem unangenehme Pflichten hängenbleiben, weitaus weniger ein klassischer Bösewicht. Sehr gelungen ist auch die Einführung der kannibalischen Reaver, von denen man gar lediglich ihr zusammengeflicktes Raumschiff zu sehen bekommt, während den schrecklichen Rest die Fantasie der Zuschauer erledigt. All dies zusammen erweckt von Anfang an den Eindruck einer ebenso ungewöhnlichen wie faszinierenden (und in vielem auch recht realistischen) Zukunftswelt.

Fazit

Folge 1 von *Firefly* wirft den Zuschauer gekonnt ins kalte Wasser des Szenarios, wovon sich bis heute manche Einführungsepisode einer neuen Serie eine dicke Scheibe abschneiden kann; nicht verwunderlich angesichts der Routine ihrer Macher. Schon die Pilotfolge macht noch unbegreiflicher, wie man eine derart hochqualitative Serie seitens der Senderverantwortlichen mit solcher Geringschätzung behandeln konnte. Andererseits jedoch – bekanntlich soll man immer beide Seiten einer Münze betrachten – ergibt sich zumindest ein Teil des bis heute anhaltenden Kultstatus von *Firefly* aus der Tatsache, dass sich die Geschichte angesichts ihrer Kürze gar nicht erst totlaufen konnte.

Dies und das

Das Display der Flugabwehrkanone, die Mal Reynolds im Rückblick zu Beginn einsetzt, trägt das Logo der Weyland-Yutani Corporation aus dem *Alien*-Franchise. Während Fan-Theorien aufkamen, *Firefly* und die *Alien*-Filme spielten im gleichen Universum, ist die Erklärung schlicht die, dass Joss Whedon das Drehbuch zum vierten Film der Reihe *Alien: Resurrection* von 1997 schrieb.

Bonnie Bartlett (Gangsterchefin Patience) ist für Serienfans ein bekanntes Gesicht: In der beliebten Serie *Little House on the Prairie* spielte sie die Rolle der Grace Snider-Edwards. Später sah man sie als Ellen Craig in der Krankenhausserie *St. Elsewhere.*

Note: 1

1.02
The Train Job (Schmutzige Geschäfte)

Regie: Joss Whedon
Drehbuch: Joss Whedon & Tim Minear
Erstausstrahlung:
20.09.2002, FOX (USA); 19.09.2009 Super RTL (DE)

Böse Jungs und Mädels – aber letztendlich doch nicht gegenüber jedem.

Inhalt

Wie immer unter chronischer Geldnot leidend, stellt sich die Serenity-Crew in den Dienst des bösartigen Gangsters Adelai Niska, für den eine Raumschiffladung der Allianz aus einem fahrenden Transportzug auf dem Randplaneten Regina gestohlen werden soll. Niska macht ihnen unmissverständlich klar, dass er keinen Rücktritt von getroffenen Vereinbarungen duldet. Genau dazu jedoch kommt es, als Mal und seine Crew herausfinden, dass es sich bei der Ladung um von notleidenden Zivilisten dringend benötigte Medikamente handelt.

Es rappelt im Karton

Gleich im Teaser der Folge, der mit der restlichen Handlung wie so oft nichts zu tun hat und trotzdem einen ersten Höhepunkt bildet, lassen Reynolds, Zoë und der Rest der Bande es tüchtig krachen.

Als ein Brutalo-Typ in einer Bar auf den Jahrestag des Sieges der Allianz im Einigungskrieg anstoßen will, brechen unsere Helden eine zünftige Kneipenschlägerei vom Zaun, an deren Ende sie sich im wahrsten Sinne des Wortes am Abgrund wiederfinden. Da dergleichen jedoch, wie wir wenig später erfahren, an jedem Jahrestag in ähnlicher Weise vorkommt, ist der an Bord zurückgebliebene Wash Washburne natürlich auf alles vorbereitet. Während die Bar sich international-intergalaktisch präsentiert und es neben orientalischem Bauchtanz sowie anderen exotischen Gästen auch eine traditionelle japanische Geisha zu sehen gibt, stammt die Szene selbst natürlich erneut 1:1 aus alten Western. Dabei ist es recht vergnüglich zu sehen, wie die Raufinstigen durch holographische Fensterscheiben fliegen, die dementsprechend nicht kaputtgehen können.

Böse Wichter …

Der von Michael Fairman gespielte Fiesling Adelai Niska entzieht sich mit seinem kultiviert-altväterlichen Aussehen und Gehabe sowie seinem slawischen Akzent beim Sprechen den sonstigen (Western-) Bösewichter-Klischees, was ihn jedoch keineswegs abmildert, sondern in einem noch höheren Maß bedrohlich erscheinen lässt. Er wird perfekt ergänzt durch seinen nur auf den ersten Blick tumben Handlanger Crow (Andrew Bryniarski). Die Szene zu Beginn, in der Niska Mal und seinen Leuten die Leiche eines von Crow zu Tode gefolterten Mannes präsentiert und in fast philosophischer Weise erklärt, dass Vereinbarungen mit ihm bis zum bitteren Ende gelten, jagt dem Zuschauer einen kalten Schauer über den Rücken. Da Niska ein wirklich ausgezeichneter Serienfiesling war, beschloss man, ihn einige Folgen später (in *War Stories)* ein weiteres Mal gegen unsere Heldenriege antreten zu lassen. Dies geschah jedoch leider ohne seinen Schergen Crow, der … aber das sollte man sich selbst ansehen und nicht in einem Spoiler vorwegnehmen lassen.

… und gute Jungs

In jedem guten Western, auch einem, der im Weltraum spielt, gibt es bekanntlich einen guten Sheriff – somit auch in *The Train Job.* Sheriff Bourne, wie der gute Mann heißt, ist es, durch den unsere schmutzigen Helden erfahren, was sie da eigentlich gestohlen haben und der auch am allerwenigsten auf Mals und Zoës Theaterspiel als Ehepaar hereinfällt, wenngleich er zumindest anfänglich nichts gegen die beiden in der Hand hat.

Ganovenehre

Da das Publikum natürlich wenig Sympathien für Leute empfinden würde, die sich an der Not und dem Elend Unschuldiger eine goldene Nase verdienen, und weil wir Captain Reynolds und seine

Bande mittlerweile auch zumindest ein ganz klein wenig kennen, machen diese natürlich einen Rückzieher – alles andere als zur Freude Niskas, der seinen tätowierten Vasallen bereits die Messer wetzen lässt.

Rivers Geheimnis

Nachdem bereits in der Pilotfolge angedeutet wurde, dass die junge River Tam das Opfer geheimnisvoller Experimente der Allianz ist und hierdurch nicht absehbare Folgeschäden davongetragen hat, wird das Ganze im B-Plot der vorliegenden Folge erneut thematisiert. Bereits zu Beginn der Folge erwacht die junge Frau auf der Krankenstation, auf der sie sich nach wie vor aufhält, schreiend aus einem Alptraum und verliert anschließend kurzzeitig die Kontrolle über sich selbst, ehe ihr Bruder Simon sie wieder beruhigen kann. Dennoch ist sie noch nicht bereit, mehr über ihre schlimmen Erlebnisse in der Versuchsanstalt an einem noch unbekannten Ort zu enthüllen. Die Hintergrundgeschichte von River Tam sorgt auf diese Weise für das Mystery-Element in der Serie, das sich als roter Faden durch die Gesamthandlung von *Firefly* zieht und dabei stets einen recht deutlichen Kontrast zur ansonsten meist deutlich Western-orientierten Handlung bildet.

Der undurchsichtige Jayne

Als dramaturgisch geschickt erweist sich immer wieder die Charakterzeichnung des Söldners Jayne, der trotz des einen oder anderen Sympathiepunktes eine durch und durch zwielichtige Figur ist, der auch Mal Reynolds und seine Getreuen nur sehr bedingt vertrauen können (was sich im Verlauf der gesamten Serie nicht ändert). Bereits in der krachigen Eröffnungssequenz ist Jayne zunächst nicht bereit, sich an der Kneipenschlägerei zu beteiligen, da ihn persönlich die ganze Angelegenheit nichts angeht und ihm all das entsprechend egal ist. Später in der Episode will er Mal und Zoë schlicht und ergreifend zurücklassen, um seinen eigenen Hintern zu retten, wird von Dr. Tam jedoch auf medizinische Weise ausgeschaltet. Als sich Jayne am Ende natürlich wieder auf die Seite seiner Kameraden schlägt, machen sich die Auswirkungen seiner unfreiwilligen ärztlichen Behandlung in überaus gagreicher Art und Weise bemerkbar.

Fazit

Eine recht typische (Space-)Western-Episode, die klassische Motive wie den Überfall auf einen Zug mit einem tiefen Einblick in die Charaktere der noch neuen Serienhelden kombiniert und dabei ihre Sache ausgezeichnet macht und für glänzende Unterhaltung sorgt, es allerdings nicht in Gänze mit der vorherigen und auch nicht wirklich mit der nachfolgenden Episode aufnehmen kann.

Dies und das

Gregg Henry, den Darsteller des aufrechten Sheriffs Bourne auf dem Planeten Regina, kennen Trekkies auch als reumütigen Son'a Gallatin aus dem achten Kinofilm *Star Trek: Insurrection* (1998).

Jaynes Ausspruch »I was aiming for his head!« (»Ich hatte auf seinen Kopf gezielt!«) am Ende der Folge stammt ursprünglich aus der von Joss Whedon hochverehrten britischen Science-Fiction-Serie *Blake's 7,* der seine Inspiration wiederum aus dem Westernklassiker *The Magnificent Seven* bezog (in dem es allerdings »I was aiming for his horse!« – »Ich hatte auf sein Pferd gezielt!« hieß). Nathan Fillion recycelte den Spruch später in seiner Serie *Castle.*

In dieser Folge sind erstmals die später noch sehr wichtigen geheimnisvollen Blue Gloved Men zu sehen.

Note: 2

1.03
Bushwhacked (Fernab der Zivilisation)

Regie: Tim Minear
Drehbuch: Tim Minear
Erstausstrahlung:
27.09.2002, FOX (USA); 26.09.2009 Super RTL (DE)

Im Weltraum hört dich bekanntlich niemand schreien.

Inhalt

Die Crew der Serenity findet ein im Raum treibendes Transportraumschiff, wie es potenzielle Siedler für ihre Flüge zu den Randplaneten verwenden. Bei der Untersuchung des Schiffes finden sie eine Fracht aus wertvollen Gebrauchsgegenständen – und den Großteil der Besatzung als fürchterlich verstümmelte Leichen sowie einen einzigen hochgradig verwirrten Überlebenden. Als wäre das allein nicht schon ausreichend, um einem den Tag zu verderben, taucht auch noch ein Kreuzer der Allianz auf…

Der blanke Horror

Was dann folgt, ist eine der spannendsten und nervenaufreibendsten Folgen der gesamten Serie. Bereits zu Beginn der mit einer ungemein unheilschwangeren Atmosphäre erstmals in der Serie von Tim Minear inszenierten Episode lässt River Tam kryptische Äußerungen darüber fallen, was Captain Reynolds und seine Crew an Bord des Schiffes erwartet (was gleichzeitig eine weitere Andeutung auf ihre allem Anschein nach erworbenen übernatürlichen Fähigkeiten darstellt). Dabei fühlt man sich als alter Space-Horror-Fan auf wohlige Weise an Filmklassiker wie natürlich *Alien* oder auch *Event Horizon* erinnert – an die *Bushwhacked* ohne jeden Zweifel auch eine gekonnte Hommage darstellt. Wer hinter dem Angriff auf die wehrlosen Schiffspassagiere steckt, stellt sich recht schnell heraus: niemand sonst als die degenerierten Reaver, die infolge einer schlimmen Seuche auf ihrem Heimatplaneten zu durchgedrehten Kannibalen wurden und bisher noch nicht in der Serie zu sehen waren. Ihre Auftritte gestalten sich erwartungsgemäß stets zu einem Horrortrip (wenngleich das nicht allzu oft in der nur kurzen Serienlaufzeit geschieht). Wie sich im weiteren Verlauf zeigt, tut der kleine Genre-Switch der zu dieser Zeit noch jungen Serie jedoch außerordentlich gut und zeigt auch die interessemäßigen Wurzeln ihrer Macher auf.

Feind an Bord

Großen Wert legt man erneut darauf, die Gegenspieler von der Allianz der Planeten nicht als schlicht böse Finsterlinge zu schildern, sondern als Leute von der anderen Seite der Betrachtungsweise, die von ihrem Tun mit großem Pflichtbewusstsein überzeugt sind. Zwar lässt sich Commander Harken von der Allianz, der kurz nach der Entdeckung der Serenity mit ansehnlicher Mannschaftsstärke an Bord kommt, eine gewisse Arroganz gegenüber den Underdogs auf dem heruntergekommenen Firefly-Raumschiff deutlich anmerken, doch lässt er sich bei alledem nicht zu unangebrachten Grausamkeiten im Verhör herab und bemüht sich stets um vorschriftsmäßige Professionalität. Da es sich allerdings nun einmal um Feinde handelt, kann und darf man sie natürlich auch nicht letztendlich sympathisch zeichnen. Aus diesem Grund verwüsten die zu Durchsuchungszwecken auf die Serenity entsandten Allianz-Soldaten das ohnehin nicht sonderlich ordentliche Schiff vollends und hinterlassen ein wahres Schlachtfeld. Hinter was die Allianz eigentlich so verzweifelt her ist, nachdem Captain Reynolds ihnen bereits die kostbare Ladung des havarierten anderen Schiffes übergeben hat? Na, nach dem im gesamten Sektor gesuchten Geschwisterpaar Tam natürlich.

Draußen vor der Tür

Diese verstecken sich indes, in Raumanzüge gekleidet, auf der Außenhülle der Serenity, nachdem es anfänglich für einen klitzekleinen Moment so aussah, als wolle Reynolds sie möglicherweise gegen eine saftige Belohnung an die Allianz übergeben. In Wahrheit kommt der gute Kern des ehemaligen Widerstandskämpfers (und der seiner Leute sowieso) zum Vorschein, und er weiß, dass es die Allianz vorwiegend auf die Tams und keineswegs auf etwaige illegale Fracht abgesehen hat. Überraschend gestaltet sich dabei das

Verhalten der ansonsten überaus psychisch instabilen River Tam: Statt klaustrophobisch bedingte Schreikrämpfe angesichts der gleichzeitigen Enge und Weite in der Situation auszustoßen, genießt sie den kleinen Weltraumspaziergang ganz außerordentlich, der ihr und ihrem Bruder zudem plangemäß die Haut rettet. Nach der Rückkehr an Bord wünscht sie sich nichts sehnlicher, als wieder nach draußen in den freien Weltraum zu gehen.

Ein guter Hirte
Auch die Figur des Shepherd Book, der in der letzten Folge eher weniger zu tun hatte und vorwiegend im Hintergrund agierte, hat diesmal durchaus seine Szenen. Da der Priester (über dessen eigentliche Religion und das gesamte Thema im Serienuniversum der Zuschauer nur wenig erfährt) der Ansicht ist, dass jeder Mensch ein ordentliches Begräbnis verdient habe, hält der wackere Gottesmann für die verstümmelten Mordopfer eine Andacht im Frachtraum des Schiffes ab – erneut ein aus etlichen Western bekanntes Motiv, auch wenn es nicht zu Gräberverzierungen aus gekreuzten Ästen kommt.

Ein bitteres Ende
Obwohl die Katze bezüglich der Frage, wer die Siedler ermordet hat, recht schnell aus dem Sack ist, kommt es am Ende der Folge noch einmal zu einem Höhepunkt, der erneut geradewegs aus einem Horrorfilm stammen könnte. Nachdem Dr. Tam festgestellt hat, dass die Zunge des verwirrten Überlebenden gespalten ist und Allianz-Commander Harken daraufhin Mal verdächtigt, dem Mann das angetan zu haben (weil er ihn in Wahrheit für den Mörder der Siedler hält und verdächtigt, das Schweigen des Überlebenden sicherstellen zu wollen), kommt nach einer gorigen Szene die dunkle Wahrheit ans Tageslicht. Niemand kann den Reavers bei ihren Taten zuschauen und währenddessen bei Verstand bleiben. Der Kontakt zu ihnen macht Betroffene selbst zu einem von ihnen. Und zumindest einen kleinen Blick gibt es darauf, wie die Reaver eigentlich aussehen, obwohl auch hier erneut viel der Fantasie der Zuschauer überlassen bleibt. Wie schon an anderer Stelle erwähnt, waren die Reaver so etwas wie Whedons Ersatz für die in seiner Serie fehlenden Aliens, die sich auf diese Weise erdgebundener gestalten als Monster vom Planeten X.

Fazit
Ein wahrhaft faszinierender Genre-Mix aus Space-Western und Space-Horror, der eine außerordentlich gelungene Episode mit einer höchst beklemmenden Atmosphäre ergibt. Viele Macher anderer Science-Fiction-Serien trauen sich häufig gar nicht erst, derglei-

chen einzubringen – beziehungsweise trauten es sich nicht, bevor *Firefly* diesen Schritt tat.

Dies und das

Die Episode erscheint vage inspiriert von der lose auf Tatsachen basierenden Schauermär vom Verschwinden der Besatzung des Segelschiffes Mary Celeste im Jahre 1872, das einigen pseudowissenschaftlichen Autoren zufolge ohne eine Menschenseele an Bord mit Tellern voll Essen und eingeschenkten Getränkebechern aufgefunden worden sein soll (was auch bei dem aufgefundenen Transportschiff in der Folge der Fall ist). Der Verbleib der Mannschaft soll besagter Geschichte zufolge nie geklärt worden sein. Reaver der Meere möglicherweise …?

Abgesehen von den Szenen, in denen sie den Raumanzug trägt, bewegt sich River Tam während der gesamten Folge barfuß auf dem Schiff. Kalte Füße scheint sie nicht zu kennen.

Note: 1

1.04
Shindig (Das Duell)

Regie: Vern Gillum
Drehbuch: Jane Espenson
Erstausstrahlung:
01.11.2002, FOX (USA); 03.10.2009 Super RTL (DE)

Gentlemen sind Gentlemen sind Gentlemen… auch in 500 Jahren.

Inhalt

Auf Persephone will Mal Reynolds einen neuen Auftrag über seinen alten Bekannten Badger an Land ziehen, während Companion Inara von einem besonders betuchten Klienten als Begleiterin für den Besuch einer exquisiten Party der gehobenen Gesellschaft engagiert wird. Wie es der Zufall will, landet Mal zusammen mit Kaylee auf exakt derselben Party, um dort seinen Kontaktmann zu treffen. Als Inaras Klient ihr gegenüber unverschämt wird, fordert Mal ihn per Faustschlag unwissentlich zu einem Schwertduell heraus …

Eine Frage der Ehre

Das Wort »Shindig«, das nur am Rande, ist ein etwas aus der Mode gekommener Begriff und bezeichnet eine ausgelassene, turbulente Feier. Das kann man im Fall der vorliegenden Folge allerdings laut sagen. Schon immer hatten Geschichten über einfache Menschen, die sich in höheren Kreisen bewähren müssen, was in aller Regel zu allen möglichen Irrungen und Wirrungen führt, einen ganz besonderen Reiz (man denke nur an den allweihnachtlichen *Little Lord Fauntleroy*). Die *Firefly*-Version dieser Art beliebter Geschichten ist entsprechend überaus gelungen im schrägen Stil unserer Serie umgesetzt. Echte Space-Cowboys wie Captain Mal Reynolds sind nun einmal keine Freunde großer und feiner Worte, sondern klären aufkommende Probleme am liebsten händisch, erst recht, wenn es um die Behandlung einer Dame geht. So geschehen auch im vorliegenden Fall, in dem der arrogante Atherton Wing kurzerhand einen ordentlichen Schwinger für sein barsches Verhalten gegenüber Serenity-Untermieterin Inara kassiert. Doch wie hätte unser Captain ahnen können, dass er den geckenhaften Gesellen dadurch zu einem Fechtduell herausfordert – schließlich sind wir hier doch in der Zukunftsentsprechung des Wilden Westens und nicht in der Renaissancezeit. Noch weit unglücklicher ist, dass Mals potenzieller Gegner ein wahrer Meister dieser Art der Kampfkunst ist, was man von ihm selbst nun nicht gerade behaupten kann. Auf der anderen Seite jedoch – Kneifen kommt nicht in Frage, und so muss ausgerechnet die zum unfreiwilligen Zankobjekt gewordene Inara unserem Mal das, was sie über den Kampf mit dem Rapier weiß, vermitteln.

»... sie konnten beisammen nicht kommen ...«

In *Shindig* eskaliert die in den bisherigen Folgen stets eher unterschwellig angedeutete Spannung zwischen Mal Reynolds und Companion Inara, deren Beziehung hier und da an die zwischen Prinzessin Leia und Han Solo in der *Star Wars*-Saga aus dem Nachbaruniversum erinnert. Die beiden sind ohne jeden Zweifel in höchstem Maß voneinander angezogen und scharwenzeln permanent umeinander her, doch keiner von ihnen wäre bereit, diese Anziehung zuzugeben. Immer wieder kommt es zu kleineren und größeren Zänkereien zwischen ihnen, in deren Mittelpunkt meist Mals Missfallen über Inaras Profession steht, die dieser in mitunter ziemlich harschen Worten kritisiert. So ist der Captain der Serenity auch diesmal alles andere als angetan von Inaras neuestem Auftrag, die Tischdame eines schnöseligen Aristokraten spielen zu müssen

Erst recht, nachdem er dazu gezwungen wird, dem Geplänkel live beizuwohnen, da sich der Kontaktmann für seinen potenziellen neuen Auftrag just auf ebenjener Party befindet, auf die Inara ihren Kunden begleitet.

Ein Universum der Gegensätze

Obwohl das Szenario insgesamt eher amüsant daherkommt, zeigt sich an den Partyszenen recht deutlich die immense Gegensätzlichkeit, die in der *Firefly*-Zukunftswelt herrscht (und trotz aller Allegorien unserer eigenen doch erschreckend ähnlich ist). Während Menschen wie Captain Reynolds und seine Crew tagtäglich ums Überleben kämpfen müssen und sich hierzu für keine Schandtat zu schade sein dürfen, lebt die Oberklasse wie die sprichwörtliche Made im Speck in Saus und Braus, und das mehr oder weniger direkt neben denjenigen, die über die Klinge springen mussten und noch immer müssen, was dem Ganzen durchaus sozialkritische Untertöne verleiht. Ebenso köstlich wie bezeichnend ist die Einführung der burschikosen Kaylee in die feine Gesellschaft, als sie Mal Reynolds zu der Party begleitet. Nachdem sie in ihrem zwar eleganten, jedoch auch sichtlich konventionellen Ballkleid die Aufmerksamkeit eines zickigen Frauenkreises erregt hat, wird sie von einem backenbärtigen Gentleman der alten Schule aus ihrer misslichen Lage gerettet und entwickelt sich wenig später zur perfekten Gesellschaft für ihn und seine ebenfalls angegrauten Freunde, die von Kaylees technischem Fachwissen über alle Maßen begeistert sind und Gespräche über Raumschifftriebwerke dem sonstigen langweiligen Smalltalk bei Weitem vorziehen.

En garde!

Beim unausweichlichen Duell zwischen Mal und seinem Kontrahenten (bei dem ausgerechnet sein auf der vorherigen Party gesuchter Kontaktmann für das kommende Geschäft als sein Sekundant fungiert) zeigt sich, dass Raffinesse viele Gesichter haben kann. Nachdem Mal ein paar Mal wenig erfolgreich wie ein Holzhacker auf seinen Gegner losgegangen ist und ein paar unbedeutende Schmisse kassiert hat, siegt letztlich die fröhliche Haudrauf-Mentalität unseres futuristischen Weltraumhelden, der auch die Gewandtheit des Beau nicht viel entgegenzusetzen hat: mitten auf die Zwölf! Die Schattenseiten der Manieren der feinen Gesellschaft folgen auf dem Fuß: Da Mal es bei der Sache bewenden lassen will, ohne seinen nun wehrlosen Gegner zu töten, verliert dieser Ehre und Ansehen.

Fazit

Zur durchgehend unterhaltsamen Handlung der Folge, die diesmal quasi nebenbei einen tieferen Einblick in das Miteinander von Mal und Inara gestattet und auch Kaylee endlich einmal weiter in den Vordergrund rückt, kommt erneut eine gewisse Doppelbödigkeit hinzu. Auch in der rauen Zukunft gibt es eine Art von oberen Zehntausend, die zwar die Sorgen und Nöte des kleinen Mannes nicht kennt, aber mit ihren zahlreichen überdrehten Statuten und Normen ganz sicher nicht vorzuziehen ist – was andererseits natürlich niemanden wirklich abhält, davon zu träumen, zu ihr zu gehören.

Zusammen ergibt dies durchaus so etwas wie ein nach wie vor aktuelles Sittenbild.

Dies und das

Mark A. Sheppard (nicht zu verwechseln mit Mark Alan Shepard, dem Darsteller des geschwätzigen Lurianers Morn aus *Star Trek: Deep Space Nine)* ist in *Shindig* zum zweiten Mal als schmieriger Geschäftsmann und Hehler Badger (bedeutet übrigens Dachs) zu sehen. Sheppard war später von der fünften bis zur neunten Staffel der Mystery-Horror-Serie *Supernatural* als Dämon Crowley zu sehen.

Während die Serenity-Crew durch die Straßen des Mondes Persephone läuft, ist als weiteres Easter Egg des nerdigen Serienmachers im Hintergrund die Landung des Raumschiffes Starlight Intruder aus der *Star Wars*-Comicserie *Dark Empire* zu sehen.

Note: 2

1.05
Safe (In letzter Sekunde)

Regie: Michael Grossman
Drehbuch: Drew Z. Greenberg
Erstausstrahlung:
08.11.2002, FOX (USA); 10.10.2009 Super RTL (DE)

Es scheint, als könnten auch Lichtjahre den Aberglauben nicht ausrotten.

Inhalt

Dr. Simon Tam denkt an seine Jugend auf dem Planeten Osiris zurück und daran, wie seine Schwester River in die Fänge der Allianz geriet. Derweil will die Serenity-Crew auf Jiangyin ihre (aus Rindern bestehende) Fracht aus der letzten Folge verkaufen. Während des Gespräches mit Interessenten trifft die örtliche Polizei ein und schießt versehentlich Shepherd Book an. Die Tams geraten zur gleichen Zeit in die Hände einer nur auf den ersten Blick freundlichen Dorfgemeinschaft, die River schließlich als Hexe verbrennen will …

Vielschichtig auf mehreren Ebenen

Fast gleichberechtigt laufen die beiden Handlungsstränge nebeneinander ab. Zum einen geht es um Simon und vor allem River Tam, über die man weiterhin Stichhaltiges erfährt, was zum einen in Rückblenden geschieht (in denen auch die rücksichtslose Vorgehensweise der machthabenden Allianz thematisiert wird); zum anderen werden uns sowohl die Vorlieben als auch Fähigkeiten der verwirrten jungen Frau verdeutlicht, die ihr in der vorliegenden Folge um ein Haar zum Verhängnis werden. Zudem geht es um Shepherd Book, über den wir ebenfalls erstmals mehr als das Bisherige erfahren – oder eigentlich das genaue Gegenteil. Als die Serenity-Crew den Schwerverletzten in Abwesenheit von Bordarzt Dr. Tam zu einem Stützpunkt der Allianz bringt, will man den Priester dort zunächst nicht behandeln, da man schließlich keine Sanitätseinrichtung sei. Nachdem Book den Wachhabenden jedoch seine Identifikationskarte vorgezeigt hat, werden diese plötzlich erheblich besorgter um den Zustand des Besuchers und ordnen seine sofortige Behandlung auf der Krankenstation an. Haben wir uns einige Folgen zuvor noch gewundert, aus welchem Grund ein lammfrommer Geistlicher seine Fäuste derart gut einzusetzen weiß, können wir uns spätestens jetzt denken, dass der gute Shepherd nicht immer ein Pfarrer gewesen ist. Auch die eigentliche Hauptgeschichte der Folge ist wendungsreich und gut durchdacht.

Verbrennt die Hexe!

Während River sich auf Jiangyin kurzerhand unter eine tanzende Feiergesellschaft der rückständig wirkenden Bevölkerung gemischt hat und sich in ekstatischer Weise an dem fröhlichen Reigen beteiligt (was, wie wir erfahren, schon immer eine ihrer Leidenschaften war – so wie auch von ihrer Darstellerin Summer Glau), wird ihr Bruder Simon von nebulösen Dunkelmännern entführt, die wir bereits zu Beginn der Folge kurz kennengelernt haben. Prompt stößt Schwesterlein hinzu, um Brüderlein zu helfen, und wird ebenfalls mitgenommen. Hier zeigt sich übrigens eine ungemein gelungene Inszenierung von Regisseur Grossman, der erstmalig in der Serie Regie führt: Den hellen und freundlich beleuchteten Szenen der ästhetisch und mit wehender Mähne tanzenden River ist die im Dämmerlicht stattfindende Verfolgungsjagd der Gegner auf ihren Bruder gegengeschnitten, was eine für eine TV-Folge innovative und höchst ansprechende Bildgestaltung ergibt, die sie unter manch anderem Werk damaligen Fernsehschaffens hervorhebt. Ganz so finster sind die Dunkelmänner dann zumindest erst einmal gar nicht, sondern erweisen sich als verzweifelte Dorfbewohner, die dringend einen Arzt benötigen, was ihnen durchaus Sympathiepunkte einbringt. Im wahrsten Sinne des Wortes brenzlig wird es erst, als es River gelingt, telepathischen Kontakt zu einem durch ein Trauma verstummtes kleines Mädchen herzustellen. Statt sich dankbar zu zeigen, wird die junge Frau von den Dorfbewohnern (die sich auf diese Weise als religiöse Fanatiker erweisen) kurzerhand der Hexerei beschuldigt, und es scheint, als finde man sich plötzlich in finsterster Vergangenheit statt ferner Zukunft wieder.

Wie wir alle wissen (sollten), wurde die reale Hexenverfolgung offiziell im 18. Jahrhundert abgeschafft, findet jedoch in manchen Ländern bis zum heutigen Tag statt. Wie wir feststellen müssen, ist dieses unselige Erbe den Menschen auch bei deren Kolonisierung des Weltraums nachgefolgt – wie vermutlich noch vieles weitere Negative mehr einstmals von der Erde in die unendlichen Weiten hinaus mitgekommen ist.

Ende gut, alles gut … jedenfalls für eine Seite

Natürlich gelingt es Captain Reynolds und der Serenity-Crew, ihre beiden Crewmitglieder aus der misslichen Lage zu befreien, nachdem auch Shepherd Book wieder halbwegs auf den Beinen ist. Doch für die Dorfbewohner gibt es keine (Er-)Lösung: Ihnen wird einfach nur kurzerhand die gefangene Hexe förmlich vom bereits brennenden Scheiterhaufen entrissen, was sie in Sünde und dem Bewusstsein der Unfähigkeit, das Böse ausmerzen zu können, zurücklässt. Kein gutes Ende – jedenfalls nicht für sie. Die Serie *Firefly* lebt bei allem transportierten unterhaltsamen Spaß recht oft von solcher Zwiespältigkeit, was sie in einem weiteren Punkt von konventionellen damaligen Science-Fiction-Serien mit häufig kritisiertem Heile-Welt-Szenario unterscheidet. Es wäre im weiteren Verlauf der Serie (wenn dieser denn über die produzierten 14 Folgen und den Kinofilm hinaus stattgefunden hätte) interessant gewesen, den Planeten Jiangyin und das Dorf der Verdammten ein weiteres Mal zu besuchen – und vielleicht eine Wandlung vorzufinden. Oder auch nicht …

Scotty lässt grüßen

Manche Dinge hingegen ändern sich in keinem Universum, und dazu gehört die untrennbare Verbundenheit von Ingenieuren mit ihren Maschinen. Kaylee jedenfalls geht es da genau wie Scotty von der Enterprise: Tu‘, was immer Du willst, aber beleidige niemals meine Maschinen! Dies bekommt in *Safe* Simon Tam anfangs zu spüren. Kaylee ist zwar in ihn verliebt, jedoch trotzdem nicht bereit, ihm die Beleidigung *ihres* Raumschiffes Serenity zu verzeihen.

Fazit

Für die Autoren eine weitere der besten Folgen der gesamten Serie mit ihrer perfekten Verknüpfung von (wenn auch angegammelter) Zukunftstechnologie und geradezu mittelalterlich anmutenden menschlichen Gepflogenheiten, in diesem Fall der traurigen Anhänglichkeit an den Hexenglauben, dem Verblendete selbst im 26. Jahrhundert noch immer anhängen. Menschen sind überall gleich, heißt es in einem alten Sprichwort, und diese Weisheit ist oftmals in trauriger Art und Weise wahr. Ein weiterer Pluspunkt der ausgezeichnet geschriebenen Folge ist ihre meisterliche Inszenierung.

Dies und das
Kinostar Zac Efron (aktueller Film *Firestarter* nach Stephen King) ist in dieser Episode in seiner allerersten Fernsehrolle zu sehen: In den Rückblenden spielt er Simon Tam als Kind.

In *Safe* kommen Summer Glaus Fähigkeiten als ausgebildete Tänzerin ein weiteres Mal in einer Serie von Joss Whedon zur Geltung. Zuvor war sie in der Folge *Waiting in the Wings* der Staffel 3 von *Angel* als Ballerina zu sehen.

Note: 1

1.06
Our Mrs. Reynolds (Mrs. Reynolds)

Regie: Vondie Curtis Hall
Drehbuch: Joss Whedon
Erstausstrahlung:
04.10.2002, FOX (USA); 17.10.2009 Super RTL (DE)

Drum prüfe, wer sich ewig bindet ...

Inhalt
Auf einem Fest, das die Bewohner einer Siedlung auf dem Zwergplaneten Triumph zu Ehren der Serenity-Crew geben, die die dortigen Menschen von einer Diebesbande befreit hat, lässt sich Captain Reynolds auf ein kleines Ritual mit für ihn ungeahnten Folgen ein: Als das Schiff wieder startet, behauptet die junge Saffron, er sei nunmehr ihr Ehemann, was bei Mal zu Zerknirschtheit und bei der Crew für Amüsement sorgt. Allerdings legt die Dorfschönheit anschließend völlig andere als die vermuteten Absichten an den Tag.

Mister und Missis in einer Person
Auch die Eröffnungssequenz dieser Folge lässt kein Auge trocken. Die unter ihrer Haube versteckte Gattin des Planwagen-Kutschers, der zu Beginn in staubiger Umgebung in die Hände verwahrloster Banditen gerät, ist niemand anders als Mal Reynolds, dessen »Ehemann« Jayne die begierigen Angreifer vor der Hässlichkeit seiner Angetrauten warnt. Eigentlich ungerecht, denn selbigem steht das (wie wir später erfahren) von Companion Inara geliehene Kleid im Landhausstil doch insgesamt sehr passabel zu Gesicht. Angesichts von »Mrs. Reynolds« sowie dem gleichlautenden Episodentitel kommen sicherlich bereits erste Fragen aus dem Publikum auf.

Mal, pass' auf!
Die kleine zauberhafte Zeremonie, die die zunächst unbekannte Schöne mit unserem Captain während des Dankesfestes abhält, sollte eigentlich bereits dessen Misstrauen wecken: Nachdem sie ihm einen selbstgeflochtenen Blumenkranz auf den Kopf gesetzt hat (den bekanntlich ansonsten eher die Damen tragen), reicht sie ihm Wein aus ihrer Schale, den der angesäuselte Schiffskommandant dankend annimmt. Die Quittung gibt es am nächsten Morgen, als Saffron (was übrigens Safran bedeutet) plötzlich aus ihrem Versteck an Bord der Serenity zum Vorschein kommt, um ihre neuen ehelichen Pflichten zu erfüllen. Wer den Schaden hat, der braucht für den Spott nicht mehr zu sorgen, und die neue Situation (auf die Mal zunächst in seiner gewohnten sarkastisch-barschen Art reagiert; erst später legt er eine geradezu bemerkenswerte Feinfühligkeit an den Tag) bringt allerlei Verwicklungen hervor. Während die weiblichen Crewmitglieder, allen voran Inara, entsetzt über Mals Verhalten angesichts seiner verzweifelten frischgebackenen Ehefrau sind, versucht Schiffsmacho Jayne gar, dem Captain die Schöne im Tausch für eine wertvolle Feuerwaffe abzuhandeln…

Schluss mit lustig
Während Mal seine neuen Lebensumstände allmählich mit Vernunft zu betrachten beginnt und sachliche Überlegungen für eine allen gerecht werdende Lösung anstellt, gibt es erste Andeutungen darauf, dass die Dinge vielleicht doch anders liegen könnten. Zwei Raumpiraten beobachten die Serenity und beurteilen ihren technischen Zustand. Der Zuschauer bringt dies zwar zumindest eingangs nicht in Verbindung mit Mals mehr oder weniger unfreiwilliger Eheschließung; dennoch beginnt sich die anfänglich lustig-skurrile Ausgangssituation zunehmend zu verfinstern, was erneut der ausgezeichneten Drehbucharbeit und auch der Inszenierung geschuldet ist. Wieder unternimmt man hier eine Gratwanderung, die dafür sorgt, dass die ganze Angelegenheit keineswegs in den Bereich amouröser Comedy abdriftet. Erst als Mal nach einem Kuss von Saffron das Bewusstsein verliert und diese darangeht, das Schiff unter ihre Kontrolle zu bringen (und außerdem erfolglos versucht, Musterehemann Wash zu becircen), zieht man die richtigen Schlüsse: Saffron (deren Name bekanntermaßen nicht ihr eigener ist) ist eine Verbündete der beiden Raumpiraten, die Schiffe überfallen und in gutem Zustand befindliche Ersatzteile stehlen. An dieser Stelle von einem ausgesprochenen Plothole zu reden, wäre vielleicht übertrieben; es hätte der Folge jedoch sicherlich gutgetan, wenn der Zuschauer ein wenig mehr darüber erfahren hätte, wie Saffron ein solches Doppelleben als ehewillige Jungfrau unter frommen Siedlern (denen sie allem Anschein nach bekannt war)

und gleichzeitige Komplizin einer mörderischen Diebesbande führen konnte. Auf diese Weise bleibt für die endgültige Auflösung der Frage nur die Fantasie der Zuschauer übrig. Dennoch ist die charakterliche Entwicklung von Saffron (gespielt von Christina Hendricks, die später größere Bekanntheit in der Drama-Serie *Mad Men* erlangte) vom unbedarften, verzweifelten Bauernmädchen zum mörderischen Vamp bemerkenswert gelungen, da man wie bei Episoden von Fernsehserien nun einmal üblich nur wenig Zeit dafür aufwenden konnte – dennoch bleibt das Ganze glaubwürdig.

Space-Western-Feeling

Ansonsten wird auch in *Our Mrs. Reynolds* der starke Weltraumwestern-Touch von *Firefly* deutlich, der die Serie weit von anderen Science-Fiction-Franchises ihrer Zeit abhebt: Schon zu Beginn gibt es einen von bewaffneten Reitern verübten Überfall auf einen von Pferden gezogenen Planwagen. Es ist in weiten Teilen diese Art der Vermischung archaischer und futuristischer Elemente gleichermaßen, der zum bis heute wirksamen Erfolgsrezept der Serie wurde. Bis heute haben es insbesondere die in einem ausgesprochenen Schmuddel-Look inszenierten Italo-Western von Regisseuren wie Sergio Leone oder Sergio Corbucci neben Joss Whedon auch den anderen Machern moderner Science-Fiction-Serien und -Filme angetan. Es sind keineswegs die Elemente eines John-Wayne-Hochglanzwesterns von Howard Hawks, die das Westernszenario rund um die Serenity-Crew bestimmen.

Eine Art Liebe …

Erneut wird die Beziehung zwischen Mal und Inara thematisiert, die sich nach außen hin permanent kabbeln, in Wahrheit jedoch überaus voneinander angetan sind. Diesmal setzt sich Inara durch ein heimliches Küsschen gar dem Betäubungsmittel aus, mit dem Saffron den Captain mattgesetzt hat.

Fazit

Eine eingangs noch recht amüsante Episode, die sich in ihrem Verlauf mehr und mehr ins Bedrohliche wandelt, obwohl die Abschlusspointe (um es so zu nennen) nicht für die ganz große Überraschung sorgen dürfte. Doch ist dies auch nicht ihr eigentlicher Zweck. Stattdessen versteht auch *Our Mrs. Reynolds* glänzend zu unterhalten und steuert dabei den einen oder anderen ewigen Gag für die Fans der Serie bei – Stichwort »Vera«.

Dies und das

River Tam hat diesmal keinen Dialog. Eine mit ihr gedrehte Szene schaffte es nicht in die endgültige Fassung der Folge: In dieser verlangt River von Shepherd Book, sie und ihren Bruder Simon zu trauen. Sie stellt seine Liebe zu ihr in Frage, als ihr erklärt wird, dass dies nicht möglich ist. Anschließend bezichtigt sie Saffron ohne erkennbaren Grund, eine Diebin zu sein (was auf Rivers Fähigkeit des Gedankenlesens anspielt). Da dies Saffrons anschließende Pläne deutlich erschwert hätte, wurde die Szene nicht verwendet.

Note: 2

1.07
Jaynestown (Jaynestown)

Regie: Marita Grabiak
Drehbuch: Ben Edlund
Erstausstrahlung:
18.10.2002, FOX (USA); 24.10.2009 Super RTL (DE)

Dichtung und Wahrheit liegen manchmal weit auseinander.

Inhalt
Auf dem für Schlammbergbau bekannten Higgins' Moon soll die Serenity-Crew versteckte Beutegüter bergen. Vor der Landung verhält sich Jayne überaus seltsam. Als Mal und seine Leute in der Stadt Canton plötzlich vor einer lebensgroßen Statue des Söldners stehen und anschließend in einer Bar auf ihn gesungene Lobeshymnen hören, wird ein Teil des Grundes klar: Aufgrund einer missverständlichen Tat Jaynes vor einigen Jahren verehrt man ihn hier als Helden.

Es ist nicht leicht, ein Held zu sein
Natürlich wäre es zu schön, um wahr zu sein, dass sich hinter der Kaltschnäuzigkeit und der Streitlust des unwirschen Jayne doch ein edler Charakter verbirgt – und genauso verhält es sich letztlich auch. Nachdem Jayne sich anfänglich sichtlich vor der Rückkehr an den unwirtlichen Ort gefürchtet hat, lässt er sich letztlich von der ihm dort entgegengebrachten Verehrung mitreißen, deren Ursprung in einer tatsächlich ziemlich schurkischen Tat liegt: Zusammen mit seinem Komplizen Stitch hat er vor einigen Jahren einen Raubüberfall verübt, musste die Beute jedoch aufgrund eines Schadens seines Fluchtraumfahrzeuges über dem Gebiet der »Mudders« genannten Schlammbergleute abwerfen, die unter dem despotischen Magistraten des Mondes leiden. Ihnen erschien der im wahrsten Sinn des Wortes warme Regen wie die berühmten »Pennys from Heaven«, und Jaynes verzweifelte Selbstrettungsak-

tion (in deren Verlauf er übrigens auch Stitch über Bord warf) mit dem unerwarteten Geldsegen interpretierten die Mudders als Geste der Auflehnung gegen ihre Unterdrückung. Da die Wahrheit nach außen hin erst einmal nicht bekannt ist, lässt sich Jayne schließlich bereitwillig als Held feiern, was unter den rauen Mudders natürlich mit Partystimmung sowie reichlich Alkohol und schönen Mädchen verbunden ist. Doch es gehört seit jeher mehr dazu, wirklich ein Held zu sein, als bloß unfreiwillige und lediglich vermeintliche Wohltaten vorgenommen zu haben, zumal der damalige Magistrat nach wie vor in Amt und Würden befindlich und darüber hinaus überaus nachtragend ist … und eine böse Überraschung für den Helden wider Willen bereithält.

Die andere Seite des Ruhms

Wenn auch keinen Helden, so bringt *Jaynestown* zumindest den Menschen in dem harten Burschen zum Vorschein. Bereits in früheren Folgen wurde immer wieder deutlich, dass die alte Weisheit von der harten Schale und dem weichen Kern auch auf Jayne anwendbar ist, insbesondere, als er am Ende hautnah miterleben muss, wie weit seine Verehrer für ihren Helden zu gehen bereit sind. Dies macht aus dem ironisch-sarkastischen Macho letztlich weit eher eine tragische Figur, die sich oftmals zumindest heimlich nach Wärme und Zuwendung sehnt, dies jedoch aufgrund der persönlichen Umstände nicht kommunizieren kann. Solche Figuren sind eine ausgesprochene Spezialität von Joss Whedon und waren bereits in mehreren seiner früheren Serien wiederholt zu sehen.

Bibel kaputt

Neben der Haupthandlung um den zu Heldenruhm aufgestiegenen Jayne gibt es gleich zwei Nebenplots. In einem davon versucht der tiefgläubige Shepherd Book, seine Beziehung zu der jungen River zu vertiefen und ihr die Bibel nahezubringen – was so gründlich schiefgeht, wie etwas nur schiefgehen kann. Nachdem River mittels Rotstift die ihr zum Lesen gegebene Heilige Schrift »reparieren« will, da ihr viel Unlogik und Widersprüche darin auffallen, wird sie zusätzlich auch noch des guten Shepherds mit offenem Haar ansichtig, was einen Schreikrampf bei ihr auslöst. Diesen ereilt indes auch das Publikum, allerdings nicht vor Schrecken, sondern vor Lachen. Ein herrlicher Gag in einer ansonsten eher ernsten und auch traurigen Episode; gleichzeitig dürften Rivers Ansichten über die Bibel und ihr Umgang mit der Heiligen Schrift bei religiös konservativen Gemütern im amerikanischen Bible Belt für (bestenfalls!) betroffene Mienen gesorgt haben. Interessant jedoch bleibt der Umstand, dass das Christentum trotz des großen asiatischen, genaugenommen chinesischen Einflusses in der Whedon'schen

Zukunftsvision des 26. Jahrhunderts noch immer eine bedeutende Rolle zu spielen scheint – anders als bei *Star Trek,* wo Religion zumindest auf der Erde entweder gar keine oder nur noch eine untergeordnete Rolle spielt.

Wann ist man ein Mann?

Um diese Frage geht es im zweiten B-Plot der Folge, der wieder einmal den von Captain Reynolds verhassten Beruf der Companion Inara betrifft. Die Schönheit wird diesmal ausgerechnet vom missliebigen Magistraten des Handlungsschauplatzes engagiert, um dessen bereits über 20 Jahre alten Sohn zu entjungfern – schließlich macht das aus einem unreifen Jungen einen richtigen Mann. Zwar kommt es tatsächlich zur körperlichen Vereinigung zwischen der erfahrenen Companion und dem jungen Fess, der allerdings, wie sich herausstellt, die richtige Partnerin einfach noch nicht gefunden hat. Er erweist sich anschließend überdies als echter Mann, allerdings als einer, der ganz und gar nicht mit den Absichten und Methoden seines totalitären Vaters einverstanden ist und in einer brisanten Angelegenheit alles andere als in dessen Sinn handelt. Ohne jeden Zweifel eine überaus interessante und auch innovative Aussage für die Folge einer eigentlich zu Unterhaltungszwecken gedachten Science-Fiction-Fernsehserie.

Das Ende des Heldentums

Jaynes kurzer Ausflug ins Heldentum endet erwartungsgemäß tragisch, als sich herausstellt, dass sein einstiger Komplize nach wie vor am Leben ist und ein junger Jayne-Fan sich bei dessen Angriff bereitwillig in die eigentlich dem »Helden« zugedachte Kugel stürzt, was er mit dem Leben bezahlt. Ganz anders als von ihm erwartet reagiert Jayne nicht mit einem kaltschnäuzigen Spruch, sondern mit echter Betroffenheit und dem Versuch, seinen Heldenstatus auf dem Matschmond zu beenden – leider ohne jeden Erfolg. Da die desillusionierten Schlammbergleute einfach eine Heldenfigur brauchen, werden sie den verbitterten Söldner weiterhin verehren – auch jetzt noch, nachdem sie seine wahre Natur kennen. Eine starke Leistung des Drehbuchautoren Ben Edlund.

Fazit

Eine der bittersten Folgen der gesamten Serie, die teils mehr, teils weniger unterschwellig den gewaltigen Unterschied zwischen Wunschvorstellungen und der Wirklichkeit aufzeigt; ein Thema, das im 26. Jahrhundert möglicherweise wirklich noch immer genauso aktuell ist wie in unserer Realität.

Dies und das
Text und Musik zum in der Folge gesungenen Lied »Hero of Canton« beziehungsweise »The Ballad of Jayne« wurden von Drehbuchautor Ben Edlund geschrieben und komponiert. Die im Text erwähnten »Dollars« und »Cents« stimmen nicht mit den tatsächlich im Serienkanon verwendeten Währungen Credits und Platin überein.

Note: 1

ZWISCHENSPIEL

Klamotten für die Serenity-Crew: Shawna Trpcic

Neben dem Weltenaufbau, spannenden Drehbüchern zu mitreißenden Episoden, den Darstellern und den Spezialeffekten sind es bekanntermaßen vor allem auch die Kostüme, die eine gute Fernsehserie (nicht nur aus dem Science-Fiction-Genre) bei Fans und Gelegenheitszuschauern gleichermaßen einprägsam machen. Was wären Captain Kirk und seine Crew ohne ihre charakteristischen gelben, grünen, blauen und roten Uniformshirts gewesen, und wie stünden die Jedi-Ritter ohne ihre berühmten Gewänder und Kutten da?

Im Fall von *Firefly* war es eine der heute bekanntesten und meistbeschäftigten Kostümdesignerinnen von Hollywood, die ›Inara‹ Morena Baccarin zu ihren berühmten Kleidern und Roben oder Captain Mal Reynolds zu seinem charakteristischen Staubmantel im Westernstil verhalf. Die Rede ist von Shawna Trpcic, deren Namen aufmerksame Zuschauer sehr häufig in den Credits von Fernsehserien und auch Kinofilmen in der Rubrik Kostümdesign lesen können.

Befassen wir uns zunächst ein wenig näher mit dem interessanten Werdegang von Miss Trpcic, ehe wir sie in einem kleinen Interview zu ihrer Arbeit speziell für die fantastische Space-Opera befragen, um die es in diesem Buch geht.

Shawna Trpcic kam am 18. Oktober 1966 als Shawna Leavell (ihr durch Heirat angenommener Nachname ist übrigens kroatischen Ursprungs) im kalifornischen Artesia als Tochter einer angehenden Sportlehrerin zur Welt und besuchte zunächst eine Privatschule, wo es ihr ganz besonders der Ballettunterricht und daraus resultierende Tanzaufführungen angetan hatten. Nach dem Wechsel auf eine öffentliche Schule verlagerte sich das Interesse an *Schwanensee* und Konsorten zum Rock 'n' Roll. Da ihre Mutter am Wochenende körperbehinderte Menschen betreute, verbrachte die junge Shawna viel Zeit vor dem Fernseher, wo sie sich erstmals für alte Filme mit Stars wie Doris Day, Grace Kelly und Audrey Hepburn begeisterte. Insbesondere der extravagante Kleiderstil Audrey Hepburns hatte es dem jungen Mädchen angetan. Anfangs jedoch war von Ambitionen, selbst außergewöhnliche Bekleidung zu entwerfen, noch nichts bei Shawna zu bemerken. Stattdessen war sie aktive Reiterin ihres eigenen Pferdes und kleidete sich nach eigenen Worten so gut wie jeden Tag in Jeans, T-Shirt und Stiefel. Ihre erste Berührung mit einer Nähmaschine ging auf ihre Großmutter zurück, die sie in dieser Zeit häufig betreute und die Kleider für Shawnas Ankleidepuppen nähte. Ansonsten sah sich das Einzelkind bevorzugt Reportagen über weit entfernte Länder an und zeichnete anschließend Karten, Bilder der dortigen Pflanzenwelt sowie Kostüme. In ihrer Vorstellung kombinierte sie die Realität dieser Berichte mit der Fantasie aus Filmen und schuf so ihre eigenen Welten. Sie träumte weiterhin davon, sich für drei Jahre bei der Army zu verpflichten, in dieser Zeit ihren LKW-Führerschein sowie die Ausbildung zur Mechanikerin zu absolvieren und anschließend ihren Lebensunterhalt durch Transportfahrten durch das ganze Land zu verdienen.

Es war ein High School-Lehrer, der in der 11. Klasse Shawnas künstlerisches Talent erkannte und sie dazu brachte, an der Kunstklasse für Fortgeschrittene teilzunehmen, weil sie eine gewisse Art der zum Lernen nötigen Hartnäckigkeit an den Tag legte. Durch diese Art der Förderung erhielt sie schließlich Sommerstipendien an gleich zwei Kunstschulen und entschied sich letztlich für die Otis-Schule in Los Angeles. Da ganz in der Nähe der Schule häufig Dreharbeiten für die Fernsehserien *Simon & Simon* und *Moonlighting* stattfanden und sich einige förderliche Kontakte für sie ergaben, wurde das Interesse der jungen Shawna an der Branche vollends geweckt, und sie spezialisierte in der Folgezeit ihre Ausbildung entsprechend.

Ihre Karriere startete sie 1990 24-jährig mit einer ersten Mitarbeit bei den Dreharbeiten zum unabhängig produzierten Film *Megaville,* einem Science-Fiction-Psychothriller im Neo-Noir-Stil; die Hauptrolle spielte der aus Nebenrollen in unter anderem *Back to the Future* (1985) und *Critters* (1986) bekannte Billy Zane, der 1997 auch den feigen Cal Hockley in James Camerons *Titanic* spielte. *Megaville,* hierzulande als Videopremiere veröffentlicht, wurde immerhin ein Achtungserfolg und ebnete der jungen Shawna Trpcic den Weg in die höheren Bereiche des Geschäfts. Die nächsten Projekte, an denen sie mitarbeitete, waren ergo bereits eine deutliche Nummer größer: 1992 fungierte Shawna sowohl bei der surrealistischen Fantasy-Komödie *Toys* mit Robin Williams in der Hauptrolle sowie der Anthologien-TV-Serie *Red Shoe Diaries* mit David Duchovny vor seiner Karriere als Agent Fox Mulder in *The X-Files* als Garderobenassistentin. Insbesondere die farbenfrohen, an Willy Wonka erinnernden Kostüme im Film *Toys* dürften die junge Shawna Trpcic auf ihrem weiteren Karriereweg entsprechend beeinflusst haben.

Shawna Trpcics erster Job als Chef-Kostümdesignerin wurde tatsächlich ihre Arbeit für *Firefly,* auf die wir an dieser Stelle nicht weiter eingehen wollen, da sie im nachfolgenden Interview selbst darauf zu sprechen kommen wird – bis auf zwei Punkte: Für die *Firefly*-Episode *Shindig* arbeitete sie ihr eigenes Hochzeitskleid zum

Ballkleid für Morena Baccarin um. Ein Teil der für *Firefly* entworfenen Originalkostüme aus Shawna Trpcics Privatbesitz wurde im Dezember 2005 versteigert und erwartungsgemäß größtenteils von Fans der Serie erworben.

Für Shawna Trpcic folgte nach *Firefly* die gleiche Funktion auch bei *Angel* (1999 bis 2004), dem Spin-Off von Joss Whedons erster großer Erfolgsserie *Buffy the Vampire Slayer.* Neben der Arbeit an weiteren Fernsehserien wie *Point Pleasant* (2005) oder *K-Ville* (2007 bis 2008) begann Shawna Trpcic auch, für das Kino tätig zu werden, z.B. für den Mysterythriller *What Lies Beneath* (2000) mit Harrison Ford und Michelle Pfeiffer in den Hauptrollen oder für den Katastrophenfilm *The Core* (2003). Ferner arbeitete sie auch an der in Fankreisen heißgeliebten, insgesamt 43-minütigen tragikomischen Musical-Mini-Webserie *Dr. Horrible's Sing-Along Blog* (2008) mit, in der Nathan Fillion (Captain Mal Reynolds aus *Firefly)* als Superheld Captain Hammer zu sehen war. Mit den Kinofilmen *The Cabin In The Woods* (2011) und *Much Ado About Nothing* (2012) folgten weitere Zusammenarbeiten mit Joss Whedon, der den erstgenannten Film produzierte und den zweiten inszenierte.

Zwei ihrer späteren größten Erfolge sollten zu dieser Zeit jedoch erst noch kommen: Seit 2020 arbeitete Shawna Trpcic als Kostümdesignerin an der allerersten Live-Action-Serie aus dem *Star Wars*-Universum, *The Mandalorian,* mit. Sie zeichnete für die Kostüme in den Folgen 9 bis 16 der zweiten Staffel verantwortlich und setzte diese Arbeit knapp ein Jahr später bei der Nachfolgeserie *The Book of Boba Fett* fort. Für ihre Karriere bedeutete dies noch größeren Erfolg: Im März 2022 wurde sie bei der Verleihung des Costume Designers Guild 892 Awards für das beste Sci-Fi-Kostümdesign in *The Book of Boba Fett* mit der in Fachkreisen hochbegehrten Auszeichnung geehrt.

Gewiss wird diese Ehrung nicht das letzte sein, das wir von Shawna Trpcic hören werden. Für den Moment sollen dies jedoch genug der Worte unsererseits gewesen sein. Lassen wir die Künstlerin nunmehr selbst zu Wort kommen: Vorhang auf.

Mit heißer Nadel genäht

Im Gespräch mit Shawna Trpcic, Kostümdesignerin von *Firefly*

Walch/Prahl: Hallo Shawna! Es ist uns eine große Ehre und Freude, dieses kleine Interview mit Ihnen für unser Buch *Es lebe Firefly* führen zu dürfen. Wir möchten auch gleich mit der ersten Frage beginnen: Wie sind Sie dazu gekommen, als Kostümbildnerin für Joss Whedons Kultserie *Firefly* zu arbeiten?

Trpcic: Ich wurde von der Kostümbildnerin Jill Ohanneson gebeten, ihre Assistenz-Kostümbildnerin und Skizzenzeichnerin für den Pilotfilm von *Firefly* zu sein – als die Serie dann geplant wurde, hatte sie sich bereits verpflichtet, die Kostüme bei *Six Feet Under* zu entwerfen, also stieg sie aus *Firefly* aus und sagte Joss, dass ich ihr bester Ersatz sei. Somit stellte er mich ein – er kannte mich bereits von unserer Zusammenarbeit am Pilotfilm.

Walch/Prahl: Hatten Sie schon vorher mit Joss Whedon zusammengearbeitet, und an welchen anderen Filmen oder Serien haben Sie vor *Firefly* mitgewirkt?

Trpcic: Vor Firefly hatte ich noch nie etwas von Joss gehört. Ich hatte zwar von der Serie *Buffy the Vampire Slayer* gehört, sie aber nie gesehen und wusste nicht, dass er sie gemacht hatte. Die Serie, für die ich vor *Firefly* entworfen habe, waren der Pilotfilm und die ersten 40 Folgen von *Power Rangers.*

Walch/Prahl: Haben Sie alle Kostüme, Uniformen und so weiter in *Firefly* entworfen?

Trpcic: Alle Kostüme in *Firefly* wurden von mir selbst entworfen, mit Ausnahme derer, die zu Beginn mit Jill (Ohanneson) entworfen wurden

Walch/Prahl: Woher nahmen Sie die Inspiration für die Kostüme?

Trpcic: Ich ließ mich von Beispielen aus aller Welt inspirieren – für die Schlamm-Episode habe ich zum Beispiel nach Schlammbergleuten, Kohlebergleuten und Bauarbeitern aus aller Welt gesucht, um meinen eigenen Look zu finden.

Walch/Prahl: Gibt es so etwas wie ein ganz spezielles Lieblingskostüm aus *Firefly*, auf das Sie besonders stolz sind?

Trpcic: Ich liebe sie alle, aber Kaylees rosa Lagenkleid liegt mir ganz besonders am Herzen.

Walch/Prahl: Stammen auch die Kostüme für *Serenity,* den *Firefly*-Kinofilm, von Ihnen?

Trpcic: Nein. Die Kostüme in *Serenity* wurden von der Oscar-preisgekrönten Kostümbildnerin Ruth Carter entworfen.

Walch/Prahl: Wie denken Sie eigentlich über Fans der Serie *Firefly,* die die von Ihnen ntworfenen Kostüme für ihre Cosplays auf Conventions und anderen Veranstaltungen kopieren?

Trpcic: Es ist meine größte Freude, auf Comic-Conventions zu gehen und die Leute in ihren Kostümen herumlaufen zu sehen. Die meisten wissen gar nicht, wer ich bin, wenn ich auf sie zukomme und sie bitte, ein Foto zu machen. Alle diese Fans sind so schön!

Walch/Prahl: Was war für Sie die größte Herausforderung bei der Gestaltung der ikonischen Kostüme in *Firefly?*

Trpcic: Zeit und Geld. Wir hatten beides nicht. Es war Fernsehen, und wir drehten alle acht Tage eine neue Folge und hatten sehr wenig Geld – manchmal nur 5000 Dollar für eine ganze Folge.

Walch/Prahl: Können Sie uns ein wenig über Ihren typischen Arbeitsablauf während Ihrer Mitarbeit an *Firefly* erzählen?

Trpcic: Wir arbeiteten etwa zwölf bis fünfzehn Stunden am Tag – ich wusste drei Monate lang nicht einmal, dass ich mit meinem Sohn schwanger war, weil wir nie Pause machten! Wir hatten zwei Simi-Anhänger voller Kostüme und eine Vollzeitschneiderei, die alles anfertigte – wir hatten eine sehr kleine Crew, und meine Kostümbildnerin Cloe Mannel musste oft zwischen den Stuntaufnahmen Reparaturen vornehmen.

Walch/Prahl: Ein wenig über die Arbeit mit Joss. Wie war es für Sie, mit ihm zu arbeiten? Was für eine Art von Vorgesetzter war er?

Trpcic: Er ist ein unglaublich großzügiger Anführer. Er unterstützte alle seine Schauspieler und Mitarbeiter sehr. Er förderte die Kreativität und ermutigte uns alle, an die Grenzen unserer Fähigkeiten zu gehen. Er sorgte dafür, dass die Crew ausgewogen war und alle gleich behandelt wurden. Es war ein unglaubliches Geschenk, von ihm und Tim Minear zu lernen.

Walch/Prahl: Vielen Dank für die Gelegenheit, dieses Interview zu führen – wir wünschen Ihnen viel Erfolg für Ihre Zukunft!

Die Folgen 8 – 14

1.08
Out of Gas (Kampf ums Überleben)

Regie: David Salomon
Drehbuch: Tim Minear
Erstausstrahlung:
25.10.2002, FOX (USA); 31.10.2009 Super RTL (DE)

Trau, schau, wem – vor allem, wenn dir Fremde mitten im All Hilfe anbieten.

Inhalt
Die Serenity liegt wegen eines schweren Maschinenschadens tot im All und hat kaum noch Sauerstoff. Mal weist die Crew an, mit den Shuttles das Schiff zu verlassen, während er allein zurückbleibt. Als endlich Hilfe eintrifft, stellt sich heraus, dass die vermeintlichen Retter in der Not in Wirklichkeit Piraten sind, die den alten Frachter kapern wollen. Malcolm gerät in noch ernstere Schwierigkeiten als die, in denen er ohnehin schon ist.

Ein Traum-Teaser
Out of Gas hat einen der interessantesten und informativsten Teaser, den man sich zum Auftakt dieser traumhaften Episode wünschen kann. In lediglich drei Minuten erfahren wir, dass die Serenity beschädigt ist, nur Mal sich noch auf dem Schiff befindet und er darüber hinaus offensichtlich schwer verletzt ist. Damit nicht genug, offenbart der Beginn auch noch, dass Regisseur David Salomon und Skriptschreiber Tim Minear die Folge recht eigenwillig strukturierten. Als Captain Reynolds auf dem Gitterboden des Frachtraums liegt, erhellt plötzlich ein Lichtstrahl sein Gesicht. Es folgt ein Schnitt, und wir befinden uns fünf Jahre in der Vergangenheit. Aus dem Off ist eine fremde Stimme zu vernehmen, die die Zuschauer mit den Worten »Kaufen Sie dieses Schiff« darüber informiert, dass Malcolms Fantasie ihn zurück zu jenem Tag führt, an dem er die Serenity erwarb.

Der Flashback dauert lediglich 30 Sekunden, macht aber deutlich, welche emotionale Beziehung Zoë und Reynolds zum Firefly-Raumschiff haben. Das ist hohe Kunst, zumal uns der nächste Schnitt zurück ins All bringt, wo der Captain noch immer auf dem kalten Boden liegt. Es folgt ein weiterer Schnitt, und der Blickwinkel der Kamera ändert sich erneut. Das Publikum befindet sich nun unter dem Gitter und beobachtet, wie langsam Blut aus einer Wunde auf das untere Deck tropft. Die Szene ist mit melancholischer Streichermusik untermalt, was den Schockeffekt nur noch verstärkt. Was für ein Beginn!

Blick auf die Struktur

Flashbacks sind natürlich kein neues Stilmittel, in *Out of Gas* findet dieser technische Kniff allerdings eine sehr eindrucksvolle Anwendung. Wie in vielen Serien üblich, gliedert sich die Geschichte in einen A- und einen B-Plot. Im Hauptstrang geht es um Mals Versuch, das Schiff wieder in Gang zu setzen. Allerdings tritt hier eine Besonderheit auf, denn die Story bewegt sich auf zwei Ebenen, um den Ist-Zustand und die Vorgeschichte dazu beleuchten zu können. Der Nebenschauplatz spielt, wie oben bereits gesagt, etwa fünf Jahre in der Vergangenheit und entspringt Mals Erinnerungen, die er im Glauben, sterben zu müssen, durchlebt. Schauen wir uns die Gesamtstruktur der Folge genauer an, ergibt sich folgendes Bild:

1. Gegenwart
2. Die Vorgeschichte zum Ist-Zustand
3. Der Kauf der Serenity und das Zusammenfinden der Crew fünf Jahre zuvor

Daraus ergibt sich ein toller Rhythmus, der, wenn man ihn aufschreibt, fast wie die Notation eines Musikstückes wirkt: 1 – 3 (Teaser), 1 – 2 (Die ersten Minuten nach dem Intro), 3 – 2 – 1. Es folgt ein weiterer Zweierblock (allerdings nicht in derselben Reihenfolge), dem sich wieder ein 3 – 2 – 1-Block anschließt, und so weiter. Dieses Schema tritt entsprechend der für TV-Serien üblichen Vier-Akt-Unterteilung insgesamt viermal auf. So eine Struktur ausgeklügelt zu nennen, ist fast schon untertrieben.

Der A-Plot

Den Hauptteil der Folge trägt natürlich das Adventure Of The Week. Was hat die Serenity beschädigt, und warum ist Malcolm so schwer verletzt? Diese beiden Fragestellungen reichen allein schon völlig aus, um für spannende Unterhaltung zu sorgen, vor allem, wenn sie so gut geschrieben sind wie in diesem Fall. Stück für Stück enthüllt das Drehbuch, wie es während des gemeinsamen Abendessens zu einem schweren Unfall kam, der die Maschine lahmlegte und zu einem Feuer führte. Als wäre das Unglück nicht schon groß genug, sind die Lebenserhaltungssysteme an die Maschine der Serenity gekoppelt, und der Sauerstoff wird knapp. Es bleibt nur ein Weg: Zoë, Wash, Jayne, Inara, Kaylee, Shepherd, Simon und River müssen das Schiff verlassen, damit Malcolm genug Zeit bleibt, um an

Bord des Schiffes auf Hilfe warten zu können. Als diese in Form eines Mannes namens Captain Sash (von Steven Flynn toll gespielt) eintrifft, stellt sich schnell heraus, dass Reynolds zu vertrauensselig war. Sash ist in Wirklichkeit ein skrupelloser Pirat, der kaltblütig auf Malcolm schießt, um die Serenity zu kapern. Doch Mal wäre nicht er, hätte er nicht ein Ass im Ärmel. Eine kleine Pistole, die an einem Frachtcontainer hängt, rettet ihm das Leben. Zu seinem Ärger muss Sash den mitgebrachten Katalysator, der dringend zur Reparatur benötigt wird, übergeben, bevor er mit seinen Kumpanen von dannen zieht.

Der B-Plot

Wie oben erwähnt, ist die Grundidee zu *Out of Gas* alles andere als neu oder innovativ, und Tim Minear schreibt im *Offical Companion* (Band 2) selbst, dass der Plot im Grunde genommen auf eine Briefmarke passt. Was die Episode so grandios macht, ist allein die Tatsache, dass sie nicht linear erzählt ist. Einfach zwischen der Vorgeschichte und der Gegenwart hin- und herzupendeln, wäre allerdings nicht nur schwierig zu begründen, sondern schlicht sinnfrei gewesen. Doch wie bricht man das Schema auf? Die Idee, die Beziehung der Figuren untereinander und ihre Vergangenheit in kurzen Flashbacks zu beleuchten, ist eine geniale Lösung. Mals erster Erinnerungsfetzen im Teaser erzählt in wenigen Worten, wie er die Serenity kauft, im ersten Akt lernt er Wash (mit Schnäuzer!) kennen. Im zweiten kommt Kaylee an Bord, die den großmäuligen Marco (witzig: Ilia Volok) ersetzt. Im dritten mietet Inara ihr Shuttle, und kurz vor Ende lässt sich Jayne, ganz typisch für ihn, von Mal bestechen, der damit seine Fracht und seinen Kopf rettet. Um die Rückblenden von A- und B-Plot auch optisch voneinander zu trennen, wendet Salomon einen smarten visuellen Trick an. Die Flashbacks des Nebenstrangs sind farblich überzeichnet. Zudem sticht in jeder Szene eine bestimmte Farbe hervor. Wenn Mal mit Zoë und Kaylee spricht, dominiert beispielsweise ein hoffnungsvoller Grünton, in der Szene mit Jayne ein aggressives Gelb-Orange, und so weiter. So etwas sieht man selten, vor allem in der stets von Zeitdruck geprägten TV-Welt.

Fazit

Out of Gas erzählt nicht nur eine spannende Geschichte, sondern gewährt darüber hinaus tiefe Einblicke in Mals Vergangenheit und das Zusammenfinden der Serenity-Crew. Zudem erleben wir unmittelbar mit, wie nahe sich die neun Helden stehen und dass Malcolm jederzeit bereit ist, für jeden Einzelnen von ihnen sein Leben zu geben. Die Folge ist einerseits ein Abenteuer, andererseits aber auch ein emotionaler Trip. Mals letzter Satz, nachdem Simon ihn nach seiner Rückkehr auf die Serenity zusammengeflickt hat, lautet: »Werdet Ihr alle da sein, wenn ich aufwache?« Das spricht Bände für die Verbundenheit dieser Menschen. Last but not least wird erneut deutlich, dass dich im All niemand schreien hört – erstens, weil Schall im Vakuum nun einmal nicht übertragen wird, und zweitens, weil man auf sich allein gestellt ist, wenn die bösen Jungs kommen. Besser geht es nicht!

Dies und das

Als Tim Minear das Drehbuch schrieb, hatte er ein auf dem Meeresboden festsitzendes U-Boot im Kopf.

Die Idee, Malcolm zu Beginn der Folge schwer verletzt auf dem Boden des Frachtraums liegend zu zeigen, stammte von Joss Whedon.

20th Century Fox war von der Struktur des Skripts nicht sehr angetan und bevorzugte einen streng linearen Ablauf. Tim Minear entgegnete jedoch auf einer Besprechung, dass es gar keine zeitliche Struktur im herkömmlichen Sinne gäbe und die Folge genau das täte, was sie soll. Schließlich drohte er Joss Whedon sogar mit Kündigung und trug damit zur Rettung des ursprünglichen Drehbuchs bei.

Note: 1

1.09
Ariel (Falsches Spiel)

Regie: Alan Kroeker
Drehbuch: Jose Molina
Erstausstrahlung:
15.11.2002, FOX (USA), 07.11.2009, Super RTL (DE)

Malcolm und seine Leute versuchen sich als diebische Elstern auf den Kernwelten. Ob das gutgeht?

Inhalt

Die Serenity landet auf der Kernwelt Ariel, um Inara abzusetzen. Aus Malcolms Wunsch, die Planetenoberfläche zu meiden, wird jedoch nichts, weil es River immer schlechter geht und sie im Wahn Jayne verletzt. Simon sieht nur eine Möglichkeit. Er muss in das hiesige Allianz-Krankenhaus einbrechen, um einen Hirnscan bei seiner Schwester vorzunehmen. Um in den stark gesicherten Komplex einzudringen, benötigt er Hilfe, und so bietet er Mal und seiner Mannschaft an, ihn als Bezahlung für ihre Unterstützung zum Medikamentenlager zu führen, damit diese es plündern können. Doch Reynolds hat nicht mit der Gier von Jayne gerechnet, und der Auftrag gerät beinahe zur Todesfalle.

Stringent erzählt

Nach der strukturell aufregenden Folge *Out of Gas* geht es in *Ariel* etwas klassischer zu. Jose Molina erzählt die Geschichte um den Einbruch in das Allianz-Krankenhaus auf zwei Ebenen, wobei Jayne Simon und River beschützen soll, während Malcolm und Zoë sich gleichzeitig Zugang zum Medikamentenlager verschaffen. Der Plot ist simpel, jedoch spannungsgeladen gestrickt und wird durch einige kleine, aber akzentuierte Gags aufgelockert. Die Idee, Rivers psychische Verfassung in den Vordergrund zu rücken und ihre Geschichte weiter voranzutreiben, ist großartig, zumal seit der Pilotfolge kaum neue Informationen hinzukamen. Dass wir endlich einen Eindruck davon erhalten, wie es auf einer Kernwelt wie Ariel aussieht, ist da ein nettes Zubrot, das man als Zuschauer gerne mitnimmt.

Verräter an Bord

Im ursprünglichen Drehbuch war eigentlich gar nicht vorgesehen, dass Jayne zum Verräter wird; gut, dass sich das Autorenteam umentschieden hat. Die Mission einfach nur schiefgehen zu lassen, indem beispielsweise die Ausweise nicht funktionieren, wäre doch irgendwie platt gewesen. Natürlich hätte ein Standard-Twist dem Spannungsbogen ebenso Genüge getan, doch diese Lösung ist um einiges eleganter. Vor allem wird klar, dass sich Jayne trotz seiner Erlebnisse in *Jaynestown* um keinen Deut gebessert hat, obwohl er am eigenen Leib erfahren musste, was sein übersteigerter Egoismus anrichten kann. In *Ariel* wird dieser miese Söldnerseelen-Charakterzug auf die Spitze getrieben. Jayne würde eben seine eigene Mutter ans Messer liefern, wenn der Preis stimmt. Dass er zum Dank für seinen Verrat letztlich von Agent McGinnis (Balke Robbins) übers Ohr gehauen wird, ist nur ausgleichende Gerechtigkeit und sorgt beim Zuschauer für einen dieser unwiderstehlichen Ich-habe-es-doch-gewusst-Momente. Prima ist zudem, dass am Ende Mal nicht als gefoppter Depp dasteht, sondern den Braten gerochen hat. Er ist sich nicht zu schade, wenn nötig Foltermethoden anzuwenden, um seine »Familie« zu beschützen, auch vor anderen Familienmitgliedern, wenn es sein muss. Klasse. Alles andere hätte nicht nur seine Autorität untergraben, sondern die Figur an sich ad absurdum geführt.

Die Blue Gloved Men

Die oben genannten Geschehnisse hätten schon allein für eine richtig unterhaltsame Episode gereicht, doch es kommt noch besser.

Tatsächlich entpuppt sich *Ariel* nämlich als wichtigste Folge seit dem Pilotfilm *Serenity*. Seit der ersten Staffel von *Buffy* geht Joss Whedon im Grunde genommen in der Strukturierung seiner Serien immer nach demselben Prinzip vor. Pro Staffel wird ein großer Handlungsbogen abgearbeitet, wobei oftmals ein Helfershelfer des Antagonisten in der nächsten Season selbst zum Hauptbösewicht wird. Etwas Ähnliches wäre in *Firefly* wohl auch zu erwarten gewesen, vorausgesetzt, das Produktionsteam hätte noch acht weitere Folgen produzieren dürfen. Mitzuerleben, wie die Blue Gloved Men eine herausragende Rolle einnehmen und die Serenity, wenn nötig, bis ans Ende des Systems verfolgen, um River zu bekommen, wäre sicherlich atemberaubend spannend geworden. Jeff Ricketts und Dennis Cockrum machen ihre Sache als behandschuhte Fieslinge aber auch richtig gut. Wenn man in das scharfkantige Gesicht und die stahlblauen Augen von Ricketts blickt, läuft es einem eiskalt den Rücken herunter, zumal der Mann eine Gestik an den Tag legt, als flösse Eisen statt Blut durch seine Venen. Noch viel mehr über die menschenverachtenden Machenschaften der Blue Sun Corporation zu erfahren, wäre verlockend gewesen. Leider kam es, wie wir wissen, anders, und erst der Film führte zumindest teilweise fort, was für den Rest der ersten bzw. die zweite Staffel in der Pipeline lag.

Fazit

Ariel ist nett erzählt und wird ungemein unterhaltsam vorgetragen. Jayne zum Verräter zu machen, ist eine fast schon brillante Idee, die nicht nur für Spannung sorgt, sondern auch die Figurenzeichnung des ehemaligen Söldners konkretisiert. Die wenigen Gags, die fast samt und sonders auf Adam Baldwins Kappe gehen, landen punktgenau und zünden deshalb an der richtigen Stelle. Das Setdesign, vor allem das Krankenhaus, sieht toll aus, und die Blue Gloved Men jagen einem einen kalten Schauer nach dem anderen über den Rücken. Wie man mit einer so sparsamen Mimik und Gestik eine so bedrohliche Kulisse erzeugen kann und wie die beiden Blue-Sun-Killer ohne mit der Wimper zu zucken das gesamte Wachpersonal umbringen, ist großes Kino, und vor allem Jeff Ricketts gebührt höchstes Lob für seine Darstellung. Alles in allem ist Ariel eine rundum gelungene Episode, die Spaß macht und den übergreifenden Handlungsbogen voranbringt.

Dies und das

Jaynes Verrat wurde eingeführt, weil das Autorenteam das Gefühl hatte, dass »irgendetwas« im Drehbuch fehlte, wie Jose Molina erzählt. Als er sich das Storyboard noch einmal ansah, hatte er schließlich die zündende Idee und rief Joss Whedon an, der gerade eine Folge *Angel* drehte.

Der Schrottplatz zu Beginn der Folge bestand in Wirklichkeit nur aus einigen Requisiten, die im Studio aufgebaut waren. Erst durch Mattepaintings und einige Computeraufnahmen entstand der Eindruck einer riesigen Schrotthalde.

Die Eingangshalle des Hospitals, in das die Serenity-Crew eindringt, gehört zu einem Gebäude in Valencia, das bereits für eine Folge in *Buffy* verwendet worden war.

Ariel ist die einzige Episode der Serie, in der nicht alle neun Hauptfiguren auftreten. Während der Ereignisse auf der Allianz-Welt hält sich Shepherd Book laut Drehbuch in einer Abtei auf und meditiert dort.

Note: 2

1.10
War Stories (In den Fängen der Shanyou)

Regie: James Contner
Drehbuch: Cheryl Cane
Erstausstrahlung:
06.12.2002, FOX (USA), 14.11.2009 Super RTL (DE)

Eifersucht ist selten ein guter Ratgeber, erst recht nicht, wenn man durch sie in die Fänge eines psychopathischen Supergangsters gerät.

Inhalt

Als Malcolm und Wash einige der auf Ariel gestohlenen Medikamente verkaufen wollen, werden sie plötzlich von einer Eliteeinheit überfallen, die dem fiesen Gangsterboss Niska untersteht. Der Schurke hat noch eine Rechnung mit Mal offen, weil dieser ihn einige Zeit zuvor (vgl. *The Train Job)* um seine Beute gebracht hatte. Mit großer Freude beginnt Niska mit einem brutalen und zermürbenden Folterspiel, doch Hilfe ist bereits auf dem Weg. Denn Zoë denkt überhaupt nicht daran, ihren Captain oder ihren Mann in den Händen des Wahnsinnigen zu lassen. Als ein Austausch fehlschlägt und Niska Malcolm ein Ohr abschneidet, beschließt sie, dessen hochgesicherte Raumstation zu stürmen. Zum Glück ist sie nicht allein, denn die gesamte Mannschaft greift zu den Waffen, um Malcolm aus den Klauen Niskas zu befreien.

Who the Hell is Shanyou?

Schon der Teaser lässt nichts Gutes erahnen. Shepherd, der ansonsten in der Serie leider oft ein wenig zu kurz kommt, steigt toll in die Episode ein, als er sich mit Simon über Rivers Diagnose unterhält und das wirre und menschenverachtende Pamphlet eines Diktators namens Shanyou zitiert. Nach einem Schnitt befinden wir uns plötzlich in einer wahrhaftigen Kammer des Schreckens, wo der aus *The Trainjob* bekannte Niska einen gefesselten Mann zu Tode foltert und dabei genüsslich über eben jenen Shanyou philosophiert. Es ist eine wahre Freude, Michael Fairman in der Rolle eines der gefährlichsten Bösewichte der Serie erneut sehen zu dürfen. Man hätte sich gewünscht, die Figur ab und an wiederzusehen und als weiteren Antagonisten etabliert zu wissen, zumal er in dieser Folge richtig »eins auf die Mütze« bekommt. Der Überfall der Serenity-Crew auf seine Station, der Verlust seines Handlangers Bolles (Rolando Molina) und die Tatsache, dass er gedemütigt wird, schreit geradezu das Wort Rache.

Beziehungskisten

Die Szenen nach dem Teaser, in denen Hobans Eifersucht Malcolm gegenüber endlich offen zutage tritt und er sich auf einen handfesten Streit mit Zoë einlässt, sind nicht nur als witzige Einlage gedacht. Sie beleuchten vielmehr die Beziehung der beiden Figuren zueinander und ihr Verhältnis Mal gegenüber. Die Frage, ob zwischen Malcolm und Zoë einmal etwas gelaufen ist, schwingt ohnehin seit Folge eins unausgesprochen mit. Dank des Streits zwischen dem Captain und Wash erfahren wir nun, dass die Bande, die ihn und seine ehemalige Kriegskameradin verbinden, Loyalität und unbedingte Treue sind. Dass Mal im Grunde genommen genauso für Wash empfindet, ist diesem nicht unbedingt klar. Erst als die beiden gefoltert werden und der Captain das Eifersuchtsdrama in skurriler Weise auf die Spitze treibt, um seinen Piloten wachzuhalten, dämmert es Hoban. Die Entwicklung, die der Charakter nach der Befreiung durch Zoë nimmt, ist deshalb nur umso stimmiger. Erscheint er sonst eher vielleicht nicht unbedingt feige, aber doch vorsichtig, bewaffnet er sich nun ohne mit der Wimper zu zucken bis an die Zähne. Noch besser ist, dass sich auch Simon, Shepherd und die anderen anschließen, um zu Malcolms Rettung zu eilen. Ausgerechnet Jayne stellt sich anfangs noch quer, redet seiner ›Vera‹ dann aber doch gut zu und stürzt sich in den Kampf.

Und Action!

Die nun folgende Action hätte weder in einem Western noch in einem Kriegsdrama besser inszeniert werden können. Es kracht, scheppert und rumst in jeder Ecke und noch so kleinen Nische der Station. Shepherds Auftreten beweist einmal mehr, dass er nicht der ist, der er zu sein vorgibt. Er versteht es nicht nur, mit einem Sturmgewehr umzugehen, sondern tötet damit auch präzise und kaltblütig, wenn es sein muss. Die Auflösung des Rätsels, welches

Mysterium den Priester umgibt, wäre sicherlich ein ganz großes Highlight geworden. Warum ist er so gut im Nah- und Waffenkampf ausgebildet? Warum verfügt er über militärisches Geheimwissen und kennt sich mit den Taktiken des Allianzmilitärs aus? Und warum wird er nach einer Verletzung unverzüglich in einem Krankenhaus auf den Kernwelten versorgt und wie ein hochrangiger Offizier behandelt? All diese Fragen wären wohl unbeantwortet geblieben, wären sie nicht im Comic *The Shepherd' s Tale* angesprochen worden.

Charakterisierungen

Dass die Action in *War Stories* nicht nur um ihrer selbst willen inszeniert ist, macht großen Spaß, zumal Wash und Shepherd Book nicht die einzigen Figuren sind, deren Charakterisierung um weitere Facetten bereichert wird. Kaylee entscheidet sich ebenfalls, eine Waffe in die Hand zu nehmen, und sie erscheint auch zunächst fest entschlossen, zu schießen, wenn sie keine andere Wahl hat. Als es aber soweit ist und sie angegriffen wird, ist sie wie gelähmt und versteckt sich hinter einer Wand der Laderampe der Serenity. Gut so, denn niemand hätte ihr die Killer-Attitüde wirklich abgenommen. Abgesehen von Raumschiffantrieben liebt das Shiny-Girl, wie wir wissen, Kleider, Partys und hübsche Jungs und hat ein Faible für Romantik. Auch wenn sie an Bord meist im dreckigen Blaumann und mit ölverschmiertem Gesicht herumläuft, ist sie doch ein zartes Wesen – im Gegensatz zu River, deren Geheimnis langsam, aber sicher immer greifbarer wird. Als Kaylee in größter Bedrängnis ist, nimmt sie ihr die Waffe ab, schließt die Augen und dreht ihren drei Angreifern den Rücken zu. Dann tötet sie jeden von ihnen mit einem Schuss, ohne überhaupt gesehen haben, wo sie sich verschanzen. Anschließend quittiert sie ihre Tat mit den Worten: »Niemand im Universum kann mich aufhalten.« Wir ahnten ja bereits, dass sie über gewisse PSI-Eigenschaften verfügt, doch nun wird offenbar, dass die Blue Gloved Men ihr Gehirn manipulierten, um aus ihr eine unbezwingbare Supersoldatin zu machen. Gruselig.

Fazit

Auch auf die Gefahr hin, sich zu wiederholen: Was für eine Folge! *War Stories* ist von der ersten bis zur letzten Minute Spitzenunterhaltung und Gänsehaut pur. Sie ist spannend, actiongeladen, bringt erneut die Figuren voran und offenbart wie nebenbei ein Geheimnis. Außerdem kehrt mit Niska ein hochinteressanter Charakter zurück. Er mag auf den ersten Blick wie der nette Opa von nebenan wirken, ist aber ein eiskalter und völlig durchgeknallter Irrer, der Spaß am Foltern hat und darin auch noch eine Methode sieht, seine Macht zu festigen. Das ist großes Kino.

Dies und das

Autorin Cheryl Cane hatte ursprünglich geplant, dass Zoë Malcolm rettet. Joss Whedon intervenierte, weil er der Ansicht war, dass Reynolds sich im Gegensatz zu Wash selbst retten könne.

FOX zeigte sich wenig begeistert darüber, dass sich in der Folge zwei Frauen küssen sollten, doch das Autorenteam wehrte sich erfolgreich gegen den Wunsch, die Szene zu entfernen.

War Stories gehört zu Adam Baldwins drei Lieblingsepisoden, unter anderem deshalb, weil er die Figur des Niska mag.

Im Kommentar zur Folge erwähnt Alan Tudyk, dass Zoë in der Serie stets größer wirken sollte als er und die Kameraleute entsprechende Einstellungen wählten. In Wirklichkeit misst Tudyk allerdings 183 cm und Gina Torres 178 cm.

Note: 1

1.11
Trash (Antiquitätenraub)

Regie: Vern Gillum
Drehbuch: Ben Edlund und Jose Molina
Erstausstrahlung:
21.07.2003, FOX (USA), 21.11.2009, Super RTL (DE)

Mit Ex-Ehefrauen sollte man besser keine gemeinsamen Dinger drehen, schon gar nicht, wenn sie clever und abgebrüht sind.

Inhalt

Als Malcolm seinen alten Kriegskameraden Monty trifft, um mit ihm einen Schmuggler-Job durchzuziehen, erlebt er eine böse Überraschung. Plötzlich steht Saffron vor ihm, die ihn ein paar Monate zuvor fast einer Piratenbande ans Messer geliefert hätte. Als Monty die Wahrheit über sie erfährt, verlässt er wutentbrannt den Mond und überlässt Bridget, wie sie sich jetzt nennt, ihrem Schicksal. Doch wieder gelingt es ihr, Mal um den Finger zu wickeln, als sie ihm einen angeblich bombensichereren Job anbietet. Dass der geplante Diebstahl einer wertvollen Antiquität Saffron und Reynolds zu einem weiteren ihrer zahlreichen Ehemänner führt, verrät die umtriebige Diebin nicht, und so ist es vorprogrammiert, dass die Mission nicht reibungslos verlaufen kann.

Der Teaser

Wieder einmal startet eine Folge in *Firefly* mit einem genial in Szene gesetzten Teaser, der keinen Zweifel daran lässt, dass es in *Trash* einiges zum Schmunzeln gibt. In der ersten Szene sitzt Mal splitterfasernackt auf einem Stein mitten im Nirgendwo, seufzt tief und sagt unverkennbar ironisch: »Yeah! That went well.« (In der Synchronisation: »Ja, super gelaufen.«). Es folgt ein Schnitt, und ein schwarzer Bildschirm erscheint, in dessen rechter unterer Ecke die Worte »Seventy Hours Later« prangen. Die nun folgende Geschichte, die durchgehend als Rückblende erzählt wird, beginnt auf einem einsamen Mond, auf dem Mal seinen alten Kriegskumpanen Monty (smart gespielt von Franc Ross) trifft, der soeben eine alte Bekannte des Captains geheiratet hat. Als er seine Bridget ruft, stellt sich heraus, dass es sich in Wirklichkeit um Saffron handelt, die wir bereits aus der witzigen Episode *Our Mrs. Reynolds* (1x06) kennen. Natürlich gehen die beiden gleich aufeinander los.

Ein pikantes Wiedersehen

Nach dem Intro fetzen sich Mal und Saffron/Bridget so lange weiter, bis Monty der Kragen platzt und er von dannen rauscht. Es ist ein großer Spaß, die tolle und charmante Christina Rene Hendricks noch einmal in ihrer Rolle als vorgebliche Unschuld vom Lande zu erleben, die mit allen Wassern dieser Welt gewaschen ist und es faustdick hinter den Ohren hat. Hat ihr Auftritt schon in *Our Mrs. Reynolds* für hohen Unterhaltungswert gesorgt, übertrifft sich Hendricks hier noch einmal selbst. Wie sie immer wieder versucht, Männer um den Finger zu wickeln, und es ihr dank ihrer Attraktivität auch viel zu oft gelingt, ist ohne Frage amüsant anzusehen. Was der Figur noch mehr Coolness verleiht, sind ihre Kampfkünste und die Kaltblütigkeit, mit der sie jeden übers Ohr haut, dem sie begegnet. Als Mal sie wider besseres Wissen doch wieder an Bord der Serenity lässt, weil sie ihm einen angeblich todsicheren Raub unterjubelt, lassen sich Reynolds und die Crew auf den fragwürdigen Deal ein. Lediglich Inara riecht Lunte und ahnt sofort, dass ein Geschäft mit Saffron niemals gut enden kann.

Der Einbruch

Der nun folgende Einbruch findet auf dem Planenten Bellerophon, »der Heimat der Reichen und Spinner«, statt. Tatsächlich gelingt es Mal und Saffron, wie sie prophezeite, zur fliegenden Insel des superreichen Durran Haymer (Dwier Brown) zu gelangen und bis zum Objekt ihrer Begierde vorzudringen. Es handelt sich um ein Artefakt von der Erde (Earth-That-Was), eine Laserwaffe namens Lassiter, von der nur eine im gesamten System existiert. Der zweite Akt erinnert ein wenig an bestimmte Folgen aus der 60er-Jahre-Serie *Mission Impossible,* in der sich die Helden ebenfalls stets einen ausgeklügelten Plan ausdenken müssen, um ihr Ziel zu erreichen. Der Coup gelingt natürlich nicht, und Haymer taucht unerwartet auf. Zur großen Freude des Zuschauers stellt sich aber heraus, dass er Ehemann Nummer »Wer-weiß-das-schon-so-genau« ist, der sich erregt beim Captain dafür bedankt, ihm die verloren geglaubte Ehegattin wiedergebracht zu haben. Es entspinnt sich ein Katz-und-Maus-Spiel, das Saffron, die sich nun Yolanda nennt, nicht gewinnen kann. Mal gelingt es im Chaos der Ereignisse, den Lassiter wie verabredet in einem Müllschlucker zu entsorgen, den Kaylee zuvor umprogrammiert hatte.

Die Flucht
Wenn die Episode bis hierher schon höchst unterhaltsam war, lehren uns die Autoren Ben Edlund und Jose Molina nun, dass es noch turbulenter geht. Die actionreiche Flucht des verhinderten Bonnie-und-Clyde-Duos gelingt, doch schon gewinnt Saffron wieder die Oberhand und trickst Mal aus. Zum Dank für seine Gutmütigkeit stiehlt sie ihm nicht nur das Shuttle, sondern lässt ihn auch splitterfasernackt in der Einöde zurück. Mals verdattertes Gesicht und sein Ärger darüber sind Gold wert und machen einfach nur Spaß. An dieser Stelle schließt sich der Kreis, und wir erleben Malcolm kleidungslos in der brütenden Sonne auf eben jenem Stein sitzend, auf dem wir ihm im Teaser bereits erleben durften, herrlich!

Der Twist
Nun wird es richtig witzig, denn Saffron, die sich soeben durch den oben erwähnten Müllcontainer wühlt, um den Lassiter an sich zu reißen, erlebt eine böse Überraschung. Inara, die wir hier noch einmal von einer anderen, spannenden Seite kennenlernen, wartet bereits mit dem Artefakt in der einen und einer Waffe in der anderen Hand auf sie und klärt die Diebin darüber auf, dass sie dieses Mal selbst gründlich geleimt worden ist.

Das ist ein süffisant geschriebener Twist, der allerdings auch zu Mals Ehrenrettung bitter nötig ist. Reynolds ist schließlich selbst ein ausgekochtes Schlitzohr und ein erfahrener Frontiersman, dem man eine Story nach dem Motto »Fool me once, shame on you; fool me twice, shame on me« wohl auch kaum abgenommen hätte. Ganz davon abgesehen erhöht es enorm den Spaßfaktor der Episode mitzuerleben, wie die Trickserin selbst ausgetrickst wird.

Fazit
Trash ist im Grunde eine schlichte, stringent erzählte Geschichte, die aber vor Charme nur so sprüht und mit einem witzigen Twist daherkommt. Nicht, dass man das Ende nicht irgendwie erwartet hätte; trotzdem bereitet es große Freude, Saffron erneut den Kürzeren ziehen zu sehen. Ein großer Pluspunkt dieser Folge liegt bei den Gaststars, die allesamt einen tollen Job abliefern. Franc Ross ist als Monty genau der einfach gestrickte, aber sympathische Hau-

degen, den man als Freund von Malcolm sehen will. Dwier Brown als Bridgets/Saffrons/Yolandas Ehemann gibt sich herrlich naiv, obwohl die Figur durchaus Köpfchen beweist und seiner verlogenen Ex letztlich kein Wort glaubt. Das größte Lob gebührt jedoch eindeutig Christina Hendricks, die schon in *Our Mrs. Reynolds* einen bleibenden Eindruck hinterließ und über derer Wiederkehr man sich einfach nur freut. Schön wäre es gewesen, sie in einer möglichen zweiten Staffel wiederzusehen.

Dies und das

Ben Edlund und Jose Molina schrieben diese Episode hauptsächlich, um Christina Hendricks' Figur Saffron in späteren Folgen stärker in die Serie einbinden zu können.

Anstatt des Lassiters sollte ursprünglich ein »Sgt. Pepper's« als MacGuffin dienen, doch das Produktionsteam konnte die Rechte für die Verwendung des Namens nicht bekommen und entschied sich so für ein Artefakt von der Erde.

Während der Nacktszenen hielt sich Nathan Fillion gelegentlich das Bild von Regisseur Joss Whedon über seine privatesten Körperteile. In einigen anderen Einstellungen trug er einen Sack mit einer Figur, die eine große Ähnlichkeit mit Tom Hanks Basketball »Wilson« hatte.

Note: 2

1.12
The Message (Die Botschaft)

Regie: Tim Minear
Drehbuch: Joss Whedon und Tim Minear
Erstausstrahlung:
28.07.2003, FOX (USA), 28.11.2009, Super RTL (DE)

Einem toten Kriegskameraden die letzte Ehre zu erweisen, ist eine honorige Aufgabe, doch was, wenn die Leiche plötzlich zu neuem Leben erwacht und auf Ehre pfeift?

Inhalt

Auf einer Raumstation übergibt der Betreiber der Poststelle Zoë und Malcolm eine mysteriöse Kiste, die sich als Transportmittel für einen Sarg entpuppt. Darin liegt ihr alter Kriegskamerad Tracey. In einer Audiobotschaft bittet er seine ehemaligen Vorgesetzten darum, seinen Leichnam nach Hause zu bringen, um dort im Kreise der Familie beigesetzt zu werden. Doch schon bald stellt sich heraus, dass die Dinge anders sind, als sie scheinen, denn ein skrupelloser Fed-Cop ist hinter Tracey her, und dieser ist gar nicht so tot, wie man vielleicht glauben könnte.

Charmant und informativ

Joss Whedon ist wahrlich ein Meister des Understatements. Der Teaser von *The Message* kommt so unbeschwert daher, dass man nicht einmal ansatzweise daran denkt, welch dramatische Wendung die Episode nimmt. Die Geschichte beginnt auf einer Raumstation, wo wir wie nebenbei erfahren, dass es in der Welt von *Firefly* keine Aliens gibt. Ein Schausteller preist auf einer namenlosen Raumstation einen entstellten Kuhfötus als außerirdisches Wesen an, um den Leichtgläubigen und Sensationsheischenden das Geld aus der Tasche zu ziehen. Whedon und Tim Minear nehmen die Situation als Aufhänger, um die sich anbahnende Liebesbeziehung zwischen Kaylee und Simon in den Fokus zu rücken. Natürlich geht alles schief, und am Ende zeigt die Maschinistin ihrem Freund die kalte Schulter. So bringt man Figuren kurz und prägnant voran. In der nächsten Szene nähern wir uns dem Dreh- und Angelpunkt der Geschichte. An der Poststation nehmen Zoë und Malcolm eine große lange Holzkiste entgegen, während Jayne sich über ein Paket seiner Mutter freut, das jene ikonische Strickmütze enthält, die noch heute so gerne von Cosplayern getragen wird. Das ist eine charmante Idee, die den hartgesottenen Söldner einmal von einer ganz anderen Seite zeigt. Die Form der Kiste lässt indes bereits erahnen, was da auf uns zukommt, und tatsächlich: In ihr befindet sich ein Metallsarg mit einem Leichnam. Viel mehr Informationen kann ein zweiminütiger Teaser nicht hergeben. Das ist großartig geschrieben und macht Lust auf mehr.

Nicht ganz tot ist auch lebendig

Nach dem Teaser geht es mit einem Rückblick auf die sieben Jahre zurückliegende Schlacht von Du-Khang weiter, die den vorgeblich Toten näher vorstellt und einen Bezug zu unseren Helden herstellt. Die Szene ist sicherlich nicht so stark inszeniert wie die Kriegsbilder aus dem Pilotfilm, aber immer noch eindrucksvoll genug, um nicht an Glaubwürdigkeit einzubüßen. Nachdem das Publikum erfahren hat, dass es sich bei dem Verstorbenen um Private Tracey Smith handelt, der mit Mal und Zoë gemeinsam den Bürgerkrieg überlebte, wird auch klar, warum sie ihm seinen letzten Wunsch erfüllen müssen. Diesen hat der Verstorbene vorsorglich vor seinem Tod auf einen Stick gesprochen, den der Leichnam nun in den Händen hält. Alles würde darauf hinweisen, in Flashbacks mehr über die Kriegsabenteuer der Browncoats zu erfahren, wäre da nicht der skrupellose Cop Womack (schön fies von Richard Burgi, *General Hospital,* gespielt). Er hat es aus unerfindlichen Gründen auf Traceys toten Körper abgesehen und schreckt nicht davor zurück, die *Serenity* zu beschießen und ihrer Mannschaft zu drohen.

Drama pur

Von nun an ändert sich der Ton der Folge. Kam sie zunächst noch beschwingt und humorvoll daher, verwandelt sich die Geschichte jetzt in ein handfestes Drama. Tracey ist in Wirklichkeit gar nicht tot, sondern hat ein Mittel zu sich genommen, das einen Schein-tod-ähnlichen Zustand zur Folge hat. Er hat sich auf einen dreckigen Organhandel eingelassen, bei dem ihm hochgezüchtete Organe eingepflanzt wurden, die er gegen eine üppige Bezahlung nach Ariel transportieren sollte. Statt sich aber an den Deal zu halten, verkaufte er sich an einen Höherbietenden und wird deshalb nun von den Feds gejagt. Die Situation wird von Minute zu Minute schwieriger, bis Malcolm beschließt, sich vorgeblich zu ergeben. In diesem Moment eskaliert die Situation; der verzweifelte Tracy greift zur Waffe und bedroht die Crew. Jonathan M. Woodward *(Angel)* legt an dieser Stelle eine tolle Leistung hin. Einerseits wirkt er jung und verängstigt, andererseits möchte er ein abgebrühter Schmuggler sein, der in der Lage ist, sich vor seinen ehemaligen Kriegskameraden zu behaupten. Letztlich kommt es, wie es kommen muss. Tracy fängt sich eine Kugel ein und ist schwer verletzt. Noch einmal bäumt er sich auf und benutzt Kaylee, die drauf und dran war, sich in ihn zu verlieben, als Schutzschild. Mal, Jayne und Zoë haben keine andere Wahl, als noch einmal zu schießen, womit Traceys Schicksal besiegelt ist. Das Hochdramatische an der Szene ist, dass der Captain niemals vorhatte, seinen Freund auszuliefern, weil Shepherd längst herausgefunden hatte, dass die drei Cops auf eigene Rechnung handeln und weit von ihrem Wirkungskreis entfernt agieren. Somit ist Traceys Tod vollkommen sinnlos. Was folgt, ist ebenso rührend wie folgerichtig. Mal erfüllt seinem Kameraden den letzten Wunsch und bringt ihn nach Hause, wo er im Kreise seiner Familie und Freunde beigesetzt wird. Das ist Melodram pur und ein grandioses Ende für eine Folge, die eine Achterbahn der Gefühle im Zuschauer ausgelöst hat.

Fazit

Wird es irgendwann langweilig, die Autoren und Regisseure der Serie in höchsten Tönen zu loben? Nicht, wenn diese dauerhaft so fantastisches Serienmaterial abliefern. Was hätte aus *Firefly* werden können, wenn die Show nur die Zeit zur Entfaltung bekommen hätte, die sie redlich verdiente? *The Message* ist ein Lehrstück für emotionales Storytelling, das nicht nur auf gute Unterhaltung abzielt, sondern auch darauf, die Figuren weiter voranzubringen. Malcolm und Zoë, über deren Kriegserlebnisse wir mehr erfahren,

Jayne, der sich plötzlich als liebevoller Sohn entpuppt, Kaylee, die Simon mag, aber immer noch zu naiv ist, um einen Gauner zu erkennen, und Shepherd, der erneut offenbart, dass er einmal weit mehr als ein bescheidener Priester war. Lediglich Wash tritt in der Folge ein wenig auf der Stelle, doch man kann schließlich nicht alles haben.

Dies und das

Laut Tim Minear basiert die Folge auf einer Zeichnung von Loni Perestere, die einen Eisplaneten zeigte. Als er sie Minear zeigte, kam dieser auf die Idee, die Serenity durch die eisigen Gebirgslandschaften fliegen zu lassen, woraufhin er und Joss Whedon begannen, den Plot zu entwickeln. Als das Shooting begann, war das Skript noch nicht fertiggestellt.

Der Fan Stan Peal zeigte sich über Jaynes Strickmütze so begeistert, dass er sogar einen eigenen Song darüber verfasste.

Bei *The Message* handelt es sich um die letzte Episode, die gedreht wurde. Sie gehört zu einer von drei Folgen, die von Fox nicht ausgestrahlt wurden.

Note: 1

1.13
Heart of Gold (Leichte Mädchen)

Regie: Thomas J. Wright
Drehbuch: Brett Matthews
Erstausstrahlung:
23.6.2003, FOX (USA), 5.12.2009, Super RTL (DE)

Miese Patrone, die netten Ladys drohen, ziehen sympathische Gauner nach sich, die ihnen die Suppe gehörig versalzen.

Inhalt

Auf einem gottverlassenen Mond lebt die ehemalige Companion Nandi, die dort ein abgeschieden gelegenes Bordell betreibt. Doch sie und ihre Damen kommen nicht zur Ruhe, denn der skrupellose Rancher Rance Burgess hat es auf die hochschwangere, junge Petaline abgesehen, die möglicherweise sein Kind austrägt. Als er dem Mädchen androht, ihr das Baby aus dem Leib zu schneiden, hat Nandi keine andere Wahl, als ihre alte Freundin Inara um Hilfe zu bitten. Sie wendet sich an Malcolm, der sich sofort bereit erklärt, ihr zu helfen. Bald kommt es auf dem staubigen Mond zum Showdown.

Referenzen
Die Referenzen auf Western-Filme, die *Heart of Gold* aufweist, sind kaum zu zählen. Eine fällt jedoch besonders ins Auge, und zwar *The Magnificient Seven* von 1960, in dem so fantastische Stars wie Charles Bronson, Steve McQueen, James Coburn und Horst Buchholz brillierten. Tatsächlich sind es mit Malcolm, Zoë, Jayne, Inara, Shepherd, Simon und River genau eben jene sieben Helden, die zur Rettung der Ex-Companion Nandi und ihrer Schützlinge eilen. »Wash« und Kaylee sollen indes mit der Serenity für Wirbel sorgen, was allerdings misslingt, weil das Schiff schon von zwei Leuten des miesen Rance Burgess geentert wurde. Ähnlich wie im großen Westernvorbild gelingt es mit Hilfe der Bewohner des Etablissements (im Film: des mexikanischen Dorfes), die Angreifer vernichtend zu schlagen. Das ist Western at it's best und macht einfach Spaß.

Mal und Inara
Die Geschichte selbst ist von Anfang an auf eine große Schießerei und ein dramatisches Finale ausgelegt. Die ehemalige Companion Nandi hat sich ein bescheidenes, aber eigenes Leben aufgebaut und führt ein kleines Bordell am Rande einer Kleinstadt auf einem Mond der Grenz-Welten. Als der von Fredric Lehne wunderbar egozentrisch gespielte Rancher Burgess ein junges Mädchen bedroht, das ein Kind von ihm erwartet, ruft sie ihre Freundin Inara zu Hilfe, die sich zufällig mit der Serenity in der Nähe befindet. Malcolm, ganz ehrliche Haut, die er nunmal ist, schreitet sofort zur Tat, und seine Freunde begleiten ihn ohne Zögern, mit einer Ausnahme. Der kleine Gag, dass Jayne nur mitmacht, weil es in ein »Hurenhaus« geht, mag seinen Charakter untermauern, wäre an dieser Stelle aber rückwirkend betrachtet auch nicht unbedingt nötig gewesen. Allen Erwartungen zum Trotz erweisen sich die Damen und Herren Bewohner als mutig und kampfeslustig. Vor allem Nandi, einfühlsam von *O. C. California*-Star Melinda Clarke gespielt, ist eine so beeindruckende Persönlichkeit, dass Mal sich in sie verliebt und mit ihr schläft. Es ist ein erschütternder Anblick, wie sehr Inara, die als Companion natürlich schnell herausfindet, was geschah, unter dem Wissen leidet und einsam in einem Zimmer bittere Tränen weint.

Wem es nicht schon vorher wie Schuppen von den Augen gefallen war, der merkt spätestens jetzt, was die beiden eigentlich füreinander empfinden, zumal sich der Captain zunächst ziert, mit der schönen und verführerischen Nandi ins Bett zu gehen. Letztlich tut er es aber nicht nur zum reinen Vergnügen, sondern weil er etwas für sie empfindet, was die Beziehung zwischen dem Captain und Inara nur noch komplizierter macht. Dass die Dreiecksbeziehung kein gutes Ende nehmen kann, ist abzusehen. Die Wucht, mit der Brett Matthews sie beendet, ist allerdings ganz großes Kino und schnürt einem die Kehle zu.

Rache ...

Der Rest der Episode ist vornehmlich von zwei Gefühlen geprägt: Rache und Resignation. Als es der Serenity-Crew und den Damen und Herren des horizontalen Gewerbes mit vereinten Kräften gelingt, die marodierende und schießwütige Bande von Burgess zu vertreiben, flieht dieser feige und wird von Mal ganz westernheldenmäßig reitend verfolgt. Der Showdown der beiden Kontrahenten ist kurz, aber klasse inszeniert und endet mit einem kräftigen Coltkolben-Schlag ins Gesicht für den Bösewicht. Als Reynolds seinen Gefangenen den Überlebenden vorführt, ergreift die junge Petaline, die zuvor mit Simons mehr oder weniger kompetenter Hilfe ein Kind von Burgess bekommen hat, die Initiative. Auf seinen Wunsch hin zeigt die junge Mutter dem brutalen Rancher sein Kind und erschießt ihn einen Atemzug später, ohne mit der Wimper zu zucken. Klasse!

... und Resignation

Dies wäre schon ein grandioses Ende für eine tolle Western-Folge gewesen, doch Brett Matthews und Regisseur Thomas J. Wright setzen noch eins drauf. Nach dem Verlust von Nandi erkennt Malcolm endlich, dass er Inara seine Gefühle offenbaren muss. Das fantastisch gefilmte Gespräch zwischen ihnen verläuft jedoch anders, als er es sich erhofft hatte. Inara antwortet in einer Weise, die den Zuschauer zunächst davon überzeugt, dass sie ihm ebenfalls sagt, was sie für ihn empfindet. Doch der Paukenschlag folgt sogleich, denn die Companion teilt Mal mit, dass sie das Schiff verlassen wird. Was für ein Ende!

Fazit

Auch *Heart of Gold* ist Fernsehen auf höchstem Niveau. Die Prämisse mag simpel erscheinen, und die Episode ist durch und durch Western. Aber das ist auch gut so, denn hier stehen eindeutig die Beziehungen zwischen Inara und Nandi, Nandi und Mal und Mal und Inara im Vordergrund eines Überlebenskampfes, der in vielerlei Hinsicht an den oben erwähnten großen Filmklassiker erinnert. Besonders toll ist, dass trotz aller Action und Beziehungsflechterei noch genügend Zeit bleibt, ein paar spannende Informationen über Inara ins Skript zu schreiben. So erfahren wir wie nebenbei, aber in Wahrheit genau an der richtigen Stelle (ein Hoch auf das geniale Timing), dass niemand weiß, warum Inara ihre Heimatwelt Sihnon verließ und dass sie mit 40 anderen Frauen im House Madrassa lebte, wo sie sicherlich die nächste Hauspriesterin geworden wäre. Besser ginge es kaum, wenn nicht auch noch Zoë zu Beginn der Folge mit Hoban einen Disput über das Thema Kinderkriegen hätte, in dem sie offenbart, wie sehr sie sich danach sehnt, Mutter zu werden. Genau solche kleinen, aber tiefsinnigen Szenen machen *Firefly* so unglaublich intensiv.

Dies und das

Heart of Gold war die erste TV-Episode überhaupt, die Brett Matthews schrieb. Zuvor hatte er sich einen Namen als Comic-Autor, unter anderem mit *Spider-Man* und *Daredevil* gemacht.

Die Folge kam so gut an, dass sie für einen Hugo-Award nominiert wurde.

Nandis Beerdigung am Ende zeigt die Symbiose zwischen westlicher und chinesischer Kultur nahezu in Perfektion. Ein christlicher Priester hält die Grabrede, während die Farbe Weiß, die chinesische Farbe der Trauer, dominiert.

Heart of Gold war die letzte Episode, die Komponist Greg Edmonson musikalisch vertonte.

Regisseur Thomas J. Wright hatte vor *Firefly* bereits mit Joss Whedon für die *Angel*-Episoden *Epiphany* und *Blind Date* zusammengearbeitet. Davor hatte er unter anderem sechs Episoden der Serie *Highlander*, weitere sechs für *Space 2063* und 26 Folgen der Mystery-Serie *Millennium* inszeniert.

Note: 2

1.14
Objects in Space (Der Kopfgeldjäger)

Regie: Joss Whedon
Drehbuch: Joss Whedon
Erstausstrahlung:
23.12.2002, FOX (USA), 12.12.2009, Super RTL (DE)

Sich mit einem hyperintelligenten, Gedanken lesenden Teenie anzulegen, bereitet in der Regel großes Unbehagen, auch dann, wenn man gewiefter Kopfgeldjäger ist und Early heißt.

Inhalt

Die Serenity befindet sich irgendwo im All, und die Besatzung vertreibt sich die Zeit mit Gesprächen, essen und kuscheln. Nur River gleitet einsam durch das Schiff und hört die Gedanken der anderen, als würden diese sie laut aussprechen. Als sich Mal und die Crew schlafen legen, schleicht sich plötzlich ein ungebetener

Gast an Bord, der es sich zum Ziel gesetzt hat, die 200.000 Dollar Kopfgeld einzuheimsen, die die Allianz für River ausgesetzt hat. Kurzerhand gelingt es ihm, einen nach dem anderen auszuschalten, bis auf River, die schon einen Plan hat, den Kopfgeldjäger ein für alle Mal loszuwerden.

Schon wieder der Teaser

Es ist unglaublich schade, dass *Firefly* viel zu früh abgesetzt wurde, doch zumindest verabschiedet sich die Staffel mit einer nahezu perfekten Folge. Wieder ist es der Teaser, durch den es Joss Whedon gelingt, das Publikum unmittelbar in den Bann zu schlagen und wie nebenbei Hintergrundinformationen über das eine oder andere Besatzungsmitglied einzustreuen. Die wichtigste Person der Folge ist River, die dank einer geschickten Einleitung und Kameraführung grandios in Szene gesetzt wird. Whedon machte es sich immer wieder zunutze, dass Summer Glau ausgebildete Tänzerin ist. In *Objects in Space* setzt er den Kamerafokus auf ihre anmutigen Bewegungen und vor allem auf ihre Füße, die die Grazie unterstreichen, mit der sie beinahe durch das Schiff zu schweben scheint. Die fast schon skurril anmutenden Szenen haben nur den einen Zweck, River dabei zu beobachten, wie sie die geheimsten Gedanken ihrer Freunde wie ein Schwamm in sich aufsaugt und zu dem Entschluss gelangt, ungewollt und ungeliebt zu sein.

Während ihrer Streifzüge durch das Schiff trifft sie auf Simon und Kaylee, die gemeinsam auf einem Sofa liegen. Simon erzählt seiner Freundin, dass er seine Abschlussfeier betrunken und nackt auf der Statue des Hippokrates hinter sich gebracht hat, was ein klares Indiz dafür ist, dass selbst ein Genie gerne bei seinen Mitschülern beliebt sein wollte und dafür einiges riskierte. Als sie ihn anblickt, liest sie seine Gefühle, die offenbaren, dass er seinem alten Leben hinterhertrauert und es hätte weiterleben können, wenn er nicht seine Schwester hätte befreien müssen. Die Szene entfaltet große Dramatik, weil der einzige Mensch, dem sie zu vertrauen scheint, so schändlich über sie denkt. Dass River Simons Gedanken nur halb liest, erfahren wir einen Akt später, was der Szene noch einmal eine besondere Brisanz verleiht.

Rivers telepathische Reise endet im Frachtraum, wo sie plötzlich und ohne es selbst wahrzunehmen eine von Jaynes Handfeuerwaffen in der Hand hält. Das führt dazu, dass sich die anderen Gedanken darüber machen müssen, ob das augenscheinlich wahnsinnige Mädchen als Teil der Mannschaft überhaupt noch tragbar ist. Währenddessen schwenkt die Kamera nach außen ins All und gibt den Blick auf ein Raumschiff frei, das jenem von Boba Fett aus *Star Wars* so ähnlich ist, dass die Anklänge an das große Vorbild mehr als nur zufällig erscheinen. Tatsächlich erzählt Joss Whedon im Kommentar zur Folge denn auch, dass die Idee auf Tim Minear zurückging, der ein großer Fan des findigen Kopfgeldjägers ist. Es sei noch einmal darauf hingewiesen, welch hohe Schreibkunst es ist, einen ca. zweiminütigen Teaser mit solch einer Fülle an Informationen zu spicken, ohne ihn zu überladen.

Jubal Early

Der Rest der Episode gehört fast vollkommen Richard Brooks als Early und Summer Glau. Dank Brooks' außerordentlicher Leistung ist Jubal Early der vielleicht erinnerungswürdigste Stargast der gesamten Season. Der Schauspieler verleiht seiner Figur so viel Coolness, dass er es locker mit Boba aufnehmen kann und es eine wahre Freude ist mitzuerleben, wie Early ein Besatzungsmitglied nach dem anderen mit List und Tücke ausschaltet. Er ist eiskalt, skrupellos, aber dennoch irgendwie sympathisch, ein echter Antiheld eben, und Whedon schreibt im *Official Companion II* vollkommen zu Recht über ihn: »Jubal war der am schwersten zu schreibende Bösewicht für mich, aber auch der lohnendste von allen.«

Brooks hatte sich seine Sporen zwischen 1990 und 1996 im Dauerbrenner *Law & Order* als Assistenzanwalt Paul Robinette verdient, war aber bereits 1985 in der Teenie-Fantasy-Komödie *Teen Wolf* als Lemonade zu sehen gewesen. Er war seinerzeit schon ein gern gebuchter Gaststar und trat vor *Firefly* in Serien wie *Renegade, Nash Bridges* und *NYPD Blue* auf. Obwohl sein Auftritt als Kopfgeldjäger ein einmaliges Gastspiel blieb, wurde er unter Fans schnell legendär. Da sein Ende in der Geschichte offen bleibt, liegt die Vermutung nahe, dass Joss Whedon die Figur in einer späteren Folge noch einmal zurückgeholt hätte. Die Vermutung wird dadurch verdichtet, dass Jubal in der Comic-Miniserie *Serenity: Leaves on the Wind* eine nicht unwesentliche Rolle spielt.

River

So cool Jubal auch ist, im Kern dreht sich die Geschichte darum, Rivers exorbitante Fähigkeiten in den Vordergrund zu stellen und eine Aktion zu initiieren, die sie endlich zu einem echten Teil des Teams werden lässt. Das gelingt Joss Whedon auf herausragende Weise, denn als sie sich vor ihrem Jäger versteckt, wird lange nicht klar, was genau da gerade auf dem Bildschirm geschieht. Kurz zuvor haben wir miterlebt, über welch starke übersinnliche Fähigkeiten River verfügt; nun behauptet sie, mit der Schiffs-K.I. verschmolzen und jetzt das Schiff selbst zu sein. Über Funk instruiert sie die anderen Besatzungsmitglieder, wie sie sich verhalten sollen, damit ihr Plan aufgeht, und tatsächlich vertrauen ihr die anderen. Das ist großes Kino, weil man als Zuschauer ohnehin große Sympathien für River hegt, aber mit ihr das Gefühl teilt, dass sie nicht wirklich dazugehört. Nun ist ihre Gelegenheit gekommen, und sie packt sie beim Schopf. Wunderbar.

Am Ende stellt sich heraus, dass sich das kluge Mädchen einen Raumanzug übergestreift hat und zu Earlys Schiff hinaufgeschwebt ist, wo sie nun seine Datenbanken anzapft, um ihn mit ihrem Wissen über ihn aus dem Konzept zu bringen. Das zweite und das letzte Drittel der Episode sind so geschickt erzählt, dass man den Blick nicht eine Sekunde vom Bildschirm abwenden kann und dem Finale regelrecht entgegenfiebert. So etwas muss ein Autor und Regisseur erst einmal hinbekommen. Wow!

Das Finale

Letztlich kommt es, wie es kommen muss. Jubal kann sich noch so brutal geben und sogar Simon anschießen. Er verliert den Kampf und endet im All treibend. Rivers Plan ist aufgegangen. Sie gaukelt Early vor, sich ihm zu stellen, und dieser verlässt etwas zu schnell das Schiff und bemerkt deshalb nicht, dass Malcolm bereits auf ihn wartet. Ein kleiner, fast sanfter Schubs genügt, und der eiskalte Kopfgeldjäger treibt der noch kälteren Schwärze des Alls entgegen. River verlässt das Boba-Fett-Schiff und wird von Mal nicht nur in Empfang genommen, sondern als Teil der Mannschaft akzeptiert.

Fazit

Wenn Joss Whedon eines kann, dann seine Figuren zum Leben erwecken. In nur 45 Minuten erfahren wir mehr über Simon und River, als wir bisher beispielsweise über die meisten Crew-Mitglieder der USS Discovery der gleichnamigen *Star Trek*-Serie wissen. Da könnte sich mancher Autor ohne Weiteres eine große Scheibe abschneiden, zumal die Episode abgesehen von ihrem Informationsgehalt auch noch hochspannend und kameratechnisch fantastisch in Szene gesetzt ist. Obwohl *Objects in Space* im Herzen eigentlich ein Kammerspiel ist, fällt die Tatsache kaum auf, weil das Erzähltempo und das Timing passen und ein perfekt gewählter Gaststar die Folge dominiert. Schade, dass es nicht weiterging; ein Wiedersehen mit Jubal Early auf dem Bildschirm hätte nur eines werden können: großartig.

Dies und das

Joss Whedon wählte für seine Version des Boba Fett den Namen Jubal Early, weil Nathan Fillion einmal erwähnt hatte, dass er vom Konföderierten-General Jubal Anderson Early abstammte.

Tatsächlich tauchte Jubals Raumschiff in der Episode nicht zum ersten Mal auf, sondern bereits in *Trash.*

Filmcutterin und Associate Producerin Lisa Lassek erzählt im *Offical Companion II,* dass die Folge auf der Idee basierte, dem Publikum Einblicke in Rivers Kopf zu gewähren.

Ursprünglich war die Episode nicht als letzte der Staffel vorgesehen. Doch Joss Whedon fand, sie wäre ein relativ runder Abschluss, weil River endlich Teil der Familie wurde.

Note: 1

ZWISCHENSPIEL

Die geheimen Abenteuer – unveröffentlichte Ideen

Unerfüllte Träume

Die meisten Serien hinterlassen nach ihrem Ende eine riesige Fülle an unerfüllten Träumen in Form von Pitches oder sogar bereits fertiggestellten Drehbüchern, die es aber aus irgendwelchen Gründen niemals auf den kleinen Screen geschafft haben. Was das anbelangt, bildet *Firefly* im gewissen Sinne eine Ausnahme von der Ausnahme, denn tatsächlich gibt es nur eine Idee, die so weit gediehen war, dass sie es in die Show hätte schaffen können. Die Gründe dafür liegen auf der Hand. Joss Whedon kämpfte bei 20th Century Fox von Anfang an gegen Windmühlen und stand daher unter starkem Druck. Das Projekt war offensichtlich in der Chefetage vom ersten Tag an unbeliebt und wurde so stiefmütterlich behandelt, dass man sich im Nachhinein fragen muss, warum man es überhaupt durchgewunken hatte. Sei es, dass man es sich mit dem Erfinder der Erfolgsserien *Buffy* und *Angel* nicht verderben wollte oder dass man zunächst vielleicht tatsächlich an den wilden, charaktergetriebenen Mix aus Science-Fiction, Western, Drama und Comedy glaubte. Falls Zweiteres zutrifft, ließ die Begeisterung für das Projekt auf jeden Fall schneller nach, als es sich Joss Whedon jemals hätte träumen lassen.

Vorstellungen darüber, in welche Richtung man *Firefly* entwickeln wollte, gab es indes ohne Zweifel reichlich, obwohl man sich viel zu oft den Wünschen der Auftraggeber unterordnen musste. Das hinderte Whedon jedoch nicht daran, voller Enthusiasmus ans Werk zu gehen und auch seine Schauspieler in seine Gedankenwelt miteinzubeziehen. Noch vor Drehbeginn des Pilotfilms pitchte er seinem Haupt-Star Nathan Fillion aus purem Übereifer heraus mehrere Episoden, weil er Feuer und Flamme für das Projekt war und es unter allen Umständen zum Erfolg führen wollte. Obwohl ihm von Anfang an klar war, dass es naturgemäß nicht jede von ihnen in die Serie schaffen würde, diskutierte er sie doch, wie er in einem Interview berichtet, recht intensiv mit Fillion. Um was für Ideen es sich dabei genau handelte, kann nur gemutmaßt werden, weil sich Whedon nach eigener Aussage bereits 2007 an die meisten von ihnen nicht mehr erinnerte und er ansonsten leider keine näheren Angaben machte.

Der Gedanke daran, zu erfahren, um was es sich genau handelte und welche Pitches eine Episode wert gewesen wären, ist für Fans allerdings ziemlich reizvoll. Wie Joss Whedon im *Official*

Companion II zur Serie erzählt, wären einige davon düster, andere wiederum schlicht schön und wieder andere sogar beides geworden. Das ist eine recht schwammige Umschreibung, mit der wir wohl leider leben müssen, die aber andererseits unsere Fantasie anregt. Aufgrund der Tatsache, dass die Serie von dem Moment an, da sie grünes Licht erhielt, stets von der Absetzung bedroht war, fanden die Macher einfach keine Zeit dazu, sich mit einer möglicherweise niemals zustande kommenden Zukunft der Serie auseinanderzusetzen. Wie heute bekannt ist, zog 20th Century Fox tatsächlich konsequenterweise den Stecker in der frühen Produktionsphase. Cast und Crew drehten gerade die dritte Episode, als die Meldung hereinkam, dass der Traum eines langjährigen Serienprojekts ausgeträumt war. Der Schritt war für alle Beteiligten entsprechend schmerzhaft, kam aber nicht unbedingt überraschend. Schließlich hatte man sich bereits im Vorfeld entschieden, sich auf jede Folge einzeln zu konzentrieren, anstatt wie üblich zwei bis drei Episoden parallel zu produzieren. Das ist auch der Grund dafür, warum sich keine weiteren außer den 14 existierenden Episoden in der Vorbereitungsphase befanden und dass es keine unverfilmten Drehbücher gibt.

Blue Sun Rising

Das heißt nun nicht, dass es zu dem Thema rein gar nichts zu berichten gäbe. An einige ihrer großartigen Ideen erinnern sich die Autoren durchaus. Die am weitesten fortgeschrittene trug den Namen *Blue Sun Rising* und wurde Jahre später als zweibändige Comic-Version adaptiert. In Anbetracht der Tatsache, dass der Writers Room schon einige Wochen mit der Entwicklung des Beat-Sheets (eine detaillierte Fassung des Pitches, die sich in die sieben Punkte Eröffnungsbild, Auslöser, Einführung der Bedrohung, Mittelteil, Verstärkung des Bedrohungsmoments, Wendepunkt und Auflösung unterteilt) verbracht hatte und Ben Edlund bereits am Skript schrieb, ist es schade, dass wir die fertige Episode niemals zu sehen bekamen.

Die gezeichnete Version nimmt den Grundgedanken der Geschichte zwar auf, geht aber sicherlich auch eigene Wege, sodass sie im Endeffekt möglicherweise kein wirklich adäquater Ersatz für eine vollwertige Episode ist. Der grundlegende Plot ist schnell erzählt. Die Crew landet auf einem Schrottplatz auf dem Planeten Blue Sun, um einige defekte Teile der Serenity zu ersetzen. Dabei geraten sie in einen Konflikt zwischen der Blue Sun Corporation und den Einwohnern, die ihre Welt von der ausbeuterischen und zwielichtigen Firma befreien wollen. Die Corporation schickt daraufhin die Blue-Gloved-Men, die jeden und alles töten, was sich ihnen in den Weg stellt. Mal und seine Crew kämpfen um ihr Überleben und müssen herausfinden, dass gegen die »Blauen Handschuhe« kaum ein Kraut gewachsen ist. Mit letzter Kraft gelingt es ihnen schließlich, den skrupellosen Killern zu entkommen.

Die Hauptaufgabe der Episode wäre es gewesen, eine brandgefährliche und fast unüberwindlich erscheinende Bedrohung ins *Firefly*-Universum einzuführen, die sich als roter Faden durch die ganze Serie gezogen hätte. Die Idee zu der Geschichte stammte wie gesagt von Ben Edlund, der ein paar Wochen vorher mit der wundervollen Prämisse zu *Jaynestown,* einer der witzigsten, aber auch dramatischsten Episoden der Season, von sich reden gemacht hatte. Nach einigem Hin und Her entschieden Joss Whedon, Jose Molina und Ben Edlund aber, dass der Plot vielleicht doch ein wenig zu düster für die Verantwortlichen bei 20th Century Fox sein könnte, die ohnehin zahlreiche Änderungen forciert hatten. So landete die Arbeit in der Schublade und wurde nie verfilmt.

Kaylee als Companion und die tote Mutter

Eine weitere hübsche Idee betrifft Kaylee. Molina brachte mehrfach den Gedanken ein, dass die Jungs der Serenity bei einem Überfall, den sie für einen gewissenlosen Auftraggeber ausführen, gefasst werden und exekutiert werden sollen. Um dies zu verhindern, wollte der Autor Kaylee auf eine Undercover-Mission schicken, in der sie sich als Companion ausgibt, wobei Inara sie zuvor im Eiltempo trainiert. Die daraus resultierenden Situationen wären sicherlich eine tolle Mischung aus Comedy, Spannung und Drama geworden.

Einen weiteren Pitch lehnte Joss Whedon zu Recht als zu heftig ab. In der Geschichte tötet Mal eine schwangere Frau mehr oder weniger in Notwehr. Simon gelingt es als großartiger Arzt, der er ist, das Baby zu retten. Mal, Wash und Jayne geraten so in eine Drei-Männer-und-ein Baby-Situation und entscheiden sich zunächst dafür, ein gutes Zuhause für das Kind zu finden, indem sie es verkaufen. Ein Jahr, nachdem die Serie abgesetzt war, überlegten Jose Molina und Brett Matthews, aus der Geschichte einen Comic zu machen, was allerdings ebenfalls nicht zustandekam, weil Whedon den Plot einfach nicht mochte.

Die nie gedrehte Kriegs-Episode

Während der Kreativarbeit an *Trash* hatte Ben Edlund einen interessanten Einfall, der sicherlich eine weitere Bearbeitung wert gewesen wäre. Grundlegend sollte es um einen Hinterwäldler-Planeten gehen, der zehn Jahre nach Kriegsende noch immer von Minen umgeben ist. Die Serenity läuft auf eines dieser gefährlichen Überbleibsel auf und muss auf der gottverlassenen Welt notlanden. Da selbst die Allianz den Anflug meidet, ist langfristig keine Hilfe in Sicht, sodass die Crew improvisieren muss, wenn sie dieser

Falle jemals lebend entkommen möchte. Die Situation wird noch bedrohlicher, als plötzlich eine Einheit genetisch optimierter Soldaten auftaucht, die seit vielen Jahren in einem Untergrundkomplex leben und für die noch immer Krieg herrscht.

Die Prämisse des Plots ist sicherlich nicht ganz neu und wurde auf die eine oder andere Art in zahlreichen Supersoldaten-B-Movies verarbeitet. Ausgestattet mit einem gut durchdachten Subplot und einer actiongeladenen Story hätte aus dem Pitch jedoch durchaus eine grandiose *Firefly*-Episode werden können. Allerdings gelangte Ben Edlund später selbst zu der Ansicht, dass die Geschichte zu einem so frühen Zeitpunkt in der Produktion vielleicht etwas zu sehr off-Character sei, um ein Zuhause in der ersten Staffel zu finden. Doch wer weiß, ob sie nicht einen guten Platz in Season zwei gefunden hätte, die, wenn man sich den Film anschaut, ohnehin zwangsläufig düsterer und härter ausgefallen wäre?

Pitch Black bei *Firefly* und Jayne als Captain

Eine spannende Idee, die allerdings während der Dreharbeiten nie weiter ausgebaut wurde, stammt von Alan Tudyk und weist eine gewisse Ähnlichkeit zu Vin Diesels *Pitch Black* aus dem Jahr 2000 auf. Im Kern geht es um einen Planeten, auf dem auf der einen Seite immer Tag, auf der anderen ewige Nacht herrscht. Während sich die Serenity-Crew auf der Nachtseite herumtreibt, schüttet Jayne aus Versehen eine Art Pheromon über sich, was gefährliche hundeartige Wesen anlockt. Ein großes Rudel der Tiere treibt die Besatzung zurück zum Schiff, wo River schließlich ihre telepathischen Fähigkeiten einsetzt, um sie zu zähmen. Der Pitch klingt nach einer guten Portion Horror gepaart mit rasanter Action, was einer Standalone-Episode sicherlich gut zupassgekommen wäre. Spannend wäre auch die Beantwortung der Frage geworden, was nach Rivers Eingriffen mit den Alien-Tieren geschehen wäre. Hätte die Crew sie getötet oder in ihnen vielleicht sogar neue Verbündete gefunden?

Adam Baldwin hatte indes die Idee, als Kapitän seines eigenen Schiffes gegen Mal anzutreten, um endlich zu entscheiden, wer von beiden der Bessere ist. Mehr ist über den Pitch leider nicht bekannt, und es stellt sich die Frage, ob die Idee innerhalb des Serienkosmos tatsächlich funktioniert hätte.

Die Rape-Episode und der sterbende Planet

Tim Minear ließ eine geheimnisvolle Selbstschutz-Spritze nicht los, die Inara in der Pilotfolge bei sich trägt. Er ersann daraus einen heftigen Plot, der es in dieser Form sicherlich nicht über die Schreibtische der Chefetage von 20th Century Fox hinaus geschafft hätte. In Minears Geschichte wäre Inara von Reavers auf einem

Raumschiff (oder ihrem Shuttle) vergewaltigt worden. Kurz bevor ihre Tortur beginnt, injiziert sich die Companion die Spritze, woraufhin jeder, der sich an ihr vergangen hat, schließlich stirbt.

Während die Idee sicherlich ein wenig zu düster gewesen wäre, erwähnte Nathan Fillion einen Pitch, der im Nachhinein recht anregend klingt und mit hoher Wahrscheinlichkeit für eine spannende Episode gut gewesen wäre. Die Crew landet auf einem sterbenden Planeten, wo die Bewohner versuchen, die Serenity zu stehlen, um die Unglückswelt verlassen zu können. Allerdings verfügt der alte Frachter weder über genügend Treibstoff noch über ausreichend Sauerstoff, weswegen die Flucht von vornherein zum Scheitern verurteilt ist. Die einzige Chance, unterwegs auf ein anderes Schiff zu treffen, das der Serenity im All Hilfe anbietet, ist Malcolm zu vage, also wartet er, bis alle anderen schlafen, und holt sich sein Schiff zurück. Am Ende stellt er fest, dass ohnehin niemals Hilfe eingetroffen wäre.

Das moralische Dilemma, in das Malcolm in dieser Folge geraten wäre, hätte einen starken Spannungsbogen versprochen, zumal es mit der Eroberung der Serenity und der Rückeroberung des Schiffs genügend Raum für einige zünftige Action-Elemente gegeben hätte. Die Beantwortung der Frage, inwiefern Reynolds wirklich hätte helfen wollen und wie er damit umgegangen wäre, Dutzende an ihrem Schicksal Unschuldiger sterben lassen zu müssen, wäre vielleicht sogar noch einen Subplot in der Nachfolge-Episode wert gewesen.

Die Kurzgeschichten

Interessant im Zusammenhang mit den niemals geschriebenen Storys von *Firefly* sind auch drei der vier Kurzgeschichten, die im 2010 erschienenen Sachbuch *Firefly: Still Flying* zu finden sind. Sie stammen von Jane Espenson, Brett Matthews und Jose Molina, die bekanntermaßen allesamt als Drehbuchautoren für die Serie fungierten. Inwieweit sie auf frühe Skriptentwürfe oder zumindest Ideen basieren, die in späteren Episoden zum Einsatz kommen sollten, lässt sich nicht genau feststellen. Da zumindest in zwei Fällen die Vermutung aber durchaus naheliegt und niemand die Figuren schließlich besser kennt als die Menschen, die sie maßgeblich mitgestalteten, möchten wir Ihnen einen kurzen Überblick über die Shortys nicht vorenthalten.

What Holds Us Down (Jane Espenson)

Die Geschichte dreht sich im Wesentlichen um Kaylee und Wash, die auf einem Schrottplatz, auf dem sie nach Ersatzteilen suchen, in große Schwierigkeiten geraten. Ein paar böse Jungs verfolgen sie und töten Wash um ein Haar. Kaylee sieht ihre einzige Chance zu überleben darin, sich auf einem alten Firefly Klasse-1-Schiff zu verstecken, das auf der Deponie vor sich hingammelt. Während sie Schrittgeräusche und Gesprächsfetzen ihrer Häscher vernimmt, versucht sie krampfhaft, die Antiträgheitsdämpfer des schrottreifen Schiffs in Gang zu setzen und gleichzeitig ihren Crewkameraden und Freund wach und lebendig zu halten. Als sich die Schurken Zutritt zum Schiff verschaffen, wird es brenzlig. Kaylee gelingt es im letzten Moment, die Maschinen des Frachters zu starten. Sechs Stunden später liegen beide auf Simons Krankenstation und werden von ihm verarztet. Sie sind gerettet.

Kurzkritik
What Holds Us Down wäre, wenn Espenson aus der Story jemals ein Drehbuch gemacht hätte, eine jener Kammerspiel-Episoden geworden, die kostengünstig produziert werden können. So etwas spart Geld, ermöglicht aber überdies eine dichte Charakterzeichnung, wenn man es richtig angeht. Um Wash wachzuhalten, fragt Kaylee ihn, warum Zoë ihn geheiratet hat und warum sie ihn liebt. Er beantwortet ihr die Frage, indem er sich einen »Carrier«, einen Transporteur nennt. Damit ist er das genaue Gegenstück zu Mal, den Zoë zwar verehrt und dem sie bedingungslos folgt, der ihr aber zu ähnlich ist, um von ihr geliebt zu werden. Eine tolle Idee, die sicherlich eine eigene Episode getragen hätte.

Crystal (Brett Matthews)
In dieser Story spielt River Tam die Hauptrolle, obwohl alle anderen Hauptfiguren ebenfalls vorkommen. Simon behandelt seine Schwester mit einem starken Medikament, woraufhin ihre seherischen Fähigkeiten erstarken. Sie besucht jedes Crewmitglied und offenbart ihm/ihr mehr oder weniger kryptisch sein/ihr Schicksal.

Kurzkritik
So simpel die Prämisse klingt, so gänsehauterzeugend ist sie. Angesiedelt kurz vor den Ereignissen des Films, sieht River die Tode von Shepherd Book und Wash voraus. Book, den das Mädchen zuerst besucht, entscheidet sich aber, nichts Näheres darüber wissen zu wollen, wie und warum er stirbt. Wash gegenüber verspürt River so viel Sympathie, dass sie ihn nur stumm umarmt, um sich von ihm zu verabschieden. Brett Matthews beschreibt die Einblicke in Rivers Seelenleben mit viel Einfühlungsvermögen und Nachdruck, sodass man sich in ihren Gemütszustand gut hineinversetzen kann. Sie ist eine gequälte Seele, ein Genie mit Fähigkeiten jenseits eines Normalsterblichen, die sie nicht zu kontrollieren vermag und die sie quälen. Sie möchte sie für etwas Gutes einsetzen, ist aber nicht in der Lage, sich ihren Kameraden wirklich zu nähern. Als

Einzelfolge hätte die Geschichte weder Sinn ergeben, noch wäre sie sonderlich spannend ausgefallen. Als Zwischenspiel zum Film oder erweiterte Szene könnte man sich diese Kurzgeschichte allerdings sehr gut vorstellen.

Take The Sky (Jose Molina)
Mal ist siebzig Jahre alt und lebt einsam auf einer kleinen Welt im Rim. Eines Tages erhält er eine Nachricht von Zoë, der inzwischen die Serenity gehört. Er öffnet das Vid und erfährt, dass man Jayne tot in seinem Bett fand, nachdem er sich angeblich aus Versehen mit seiner geliebten Waffe ›Vera‹ getötet hat. Ein letztes Mal nimmt er seinen Mut zusammen und zieht in eine hoffnungslose Schlacht, die er nicht gewinnen kann.

Kurzkritik
Take The Sky wäre eine tolle Abschlussepisode für die Serie geworden, wenn sie denn ein gebührendes Alter erreicht hätte. Wir erfahren, was aus den überlebenden Helden geworden ist, und lernen viel über Mals Vergangenheit. Er hat die Chance verpasst, mit Inara ein glückliches Leben zu führen, und Zoë die Serenity überlassen, als Wash starb. Jayne wurde irgendwie zum Milliardär und hat sich offenbar, wie immer, mächtige Feinde gemacht, die ihn aus dem Weg geräumt haben. Simon hat Kaylee geheiratet, und sie brachte Zwillinge zur Welt, während River ihre hellseherischen Fähigkeiten nur noch dazu benutzt, die Kinder zu unterhalten. Mal ist zwar alt geworden, doch er hat sich nicht geändert. Noch immer kämpft er ungleiche Kämpfe für das, was er für Gerechtigkeit hält, und noch immer respektieren ihn die Menschen dafür – oder versuchen, ihn zu töten. Die Kurzgeschichte selbst gibt zwar kein 45-minütiges oder gar 90-minütiges Finale her, doch mit einigen Modifikationen und einer intelligenten B- und C-Story hätte sich etwas daraus machen lassen.

DER FILM

Wie *Serenity* das Licht der Welt erblickte

Aufgeben gilt nicht

Als Joss Whedon mitten in den Dreharbeiten zur Serie von der Absetzung erfuhr, war er zutiefst geschockt, doch er weigerte sich, einfach aufzugeben. Er fasste sich ein Herz, telefonierte mit der Präsidentin des Networks und bat sie darum, sein Glück bei einem anderen Sender versuchen zu dürfen. In einem Interview, das auf der DVD der Dokumentation *Done The Impossible: The Fan's Tale of Firefly and Serenity* von 2006 zu sehen ist, erzählt der Franchiseerfinder: »Alles, was sie sagte, war ›ja‹. Ich glaube, das war das letzte Mal, dass wir miteinander sprachen.« Als klar war, dass Whedon sein Glück anderweitig versuchen durfte, spielten er und sein Team zahlreiche Optionen durch. Noch bevor die Sets abgebaut und die Props verschrottet waren, wandte er sich an diverse Networks und Cable-Stations, zunächst aber, ohne einen Erfolg für sich verbuchen zu können. Das Interesse an einer soeben abgesetzten, hochbudgetierten Produktion wie *Firefly* erschien zu gering. Als Nächstes sprach er noch einmal mit seinem Stamm-Network Fox über einen Film oder eine Miniserie für den Direct-to-DVD-Markt. Diese Idee war durchaus realistisch, doch die Chefetage stellte sich quer und lehnte dankend ab. Als kurz darauf die Erfolgsserie *24* ein achtteiliges Spin-off in just jenem Format erhielt, keimte nochmals kurz Hoffnung auf, leider jedoch vergebens. Die Serenity war wohl reif für den Schrottplatz – für immer.

Browncoats

Doch Joss und sein Produktionsunternehmen Mutant Enemy hatten die Rechnung ohne die Fans gemacht. Kurz nach der Absetzung der Serie rief das erstarkende Fandom das ›Browncoat movement‹ ins Leben. Websites wie fireflyfans.net, die bereits im April 2002 gegründet worden war, kamen auf die verrückte Idee, ›Guerilla Marketing‹ zu betreiben. Im Einzelnen bedeutete das, unter anderem nach dem Vorbild von Bjo Trimble (die in den 60er-Jahren nicht unwesentlich an der Rettung von *Star Trek* beteiligt gewesen war) das Network mit Briefen, Postkarten und E-Mails zu bombardieren. Die technischen Möglichkeiten des Internets auslotend, starteten viele Wohnzimmerkapitäne zudem Online-Petitionen und Finanzierungskampagnen.

Die Bewegung wuchs schnell und wurde zu einem mächtigen Faktor für die weitere Geschichte der Serie. Das Wort Browncoat wurde zu einem Synonym für die kraftvollen Familienbande, die

die Community füreinander empfand. Als am 9. Dezember 2003 die DVD-Box mit zahlreichen Bonus-Features erschien, konnten viele Fans endlich die Serie so sehen, wie sie wirklich gedacht gewesen war und nicht in der Abfolge, in der Fox sie dem Publikum aufgezwungen hatte. Die Empörung über das Auseinanderreißen der Staffel war groß, und so ging das Projekt Guerilla-Marketing in die zweite Phase. Überall, wo es Tonträger zu kaufen gab, tauchten plötzlich Menschen auf, die nach der DVD-Box fragten. Wenn der entsprechende Händler sie nicht vorrätig hatte, gab man eine Bestellung auf. Wenn ja, kaufte ein Fan nicht selten den ganzen Bestand, sodass einige Browncoats in der oben bereits erwähnten Dokumentation nicht ohne Stolz berichten, bis zu 80 Kopien erworben und im gesamten Freundeskreis verteilt zu haben.

Universal schlägt zu

Die Aktivitäten dauerten bis Anfang 2004 an und sorgten unter anderem dafür, dass die Collectors-Edition auf allen relevanten Plattformen und in den Verkaufscharts auf Platz eins landete. Der finanzielle Erfolg ließ eine Fortsetzung allmählich immer wahrscheinlicher erscheinen, doch in welcher Form? Beflügelt durch seinen unbedingten Willen, *Firefly* neues Leben einzuhauchen, aber auch durch die Leidenschaft der Fans, hatte sich Joss Whedon bereits seit 2003 auf die Entwicklung eines Drehbuchs konzentriert und ein Gespräch mit dem Produzenten Barry Mendel geführt, der seinerzeit für Universal arbeitete. Dieser verwies ihn an Mary Parent, die als President of Production tätig war und der wir heute unter anderem die Neuverfilmung von *Dune* mitzuverdanken haben. Parent war ein großer Fan von Whedons Arbeit und wollte ihn unbedingt für Universal gewinnen. Die erste Frage, die sie ihm stellte, war daher nicht, ob er für sie arbeiten wolle, sondern woran. Die Antwort lautete kurz und knapp: »I want to do *Firefly*«. Die Präsidentin schlug daraufhin ohne lange Vorrede zu und gab einen Kinofilm in Auftrag. Die einzige Bedingung, die sie stellte, war folgende: ein Skript zu bekommen, das Zuschauer, die noch nie von *Firefly* gehört hatten, genauso in den Bann zog wie die Fans. Die große Frage war nun, ob Whedon in der Lage wäre, das von Mary Parent abgesegnete Drehbuch für ein angemessenes Budget zu verfilmen und ob der Streifen im Kino und über die DVD-Verkäufe genug Geld in die Kassen von Universal spülen würde.

In Pre-Produktion

Cast und Crew liebten die Serie vom ganzen Herzen und hatten ohnehin immer an das Projekt geglaubt. So überraschte es kaum jemanden, als Joss Whedon die Mannschaft schließlich zusammentrommelte und den Startschuss für die Produktion gab. Im September 2004 folgte die offizielle Ankündigung. Universal hatte kurz zuvor die Rechte von Fox erworben und freute sich nun darauf, mit dem Film einen ähnlich guten Deal zu machen wie Fox zuvor mit dem Verkauf der DVD-Box.

Whedon intensivierte seine Arbeit am Drehbuch, das auf Ideen für eine mögliche zweite Staffel der Serie basierte. Der Plot setzte sechs Monate nach der letzten Episode *Objects in Space* an, griff alle bis dato eingeführten wichtigen Handlungsstränge auf und führte sie zu einem vernünftigen Abschluss. Außerdem waren alle neun Hauptdarsteller wieder mit von der Partie. Als er das 190 Seiten starke Skript unter dem Arbeitstitel The *Kitchen Sink* Barry Mendel vorstellte, machte sich dieser mit Whedon zusammen daran, das Buch so weit zu kürzen, dass es mit einem realistischen Budget verwirklicht werden konnte. Die fertige Geschichte umfasste alle von Mary Parent gewünschten Eigenschaften plus eine weitere, die zwar aus Sicht der Dramatik des Drehbuchs notwendig, aber doch ein bitterer Wermutstropfen für die Fans wurde. Wash und Shepherd Book starben im Verlauf der Story, was natürlich bedeutete, dass Alan Tudyk und Ron Glass in einem möglichen Sequel nicht mehr zu sehen sein würden. Die entsprechenden Szenen entwickelten sich unter den Browncoats zu den meistdiskutierten des gesamten Films.

Am 2. März 2004 kam die Zusage; der Drehbeginn erfolgte schließlich im Juni, also rund drei Monate vor der offiziellen Ankündigung. Allerdings gab es gewisse Probleme, die zunächst bewältigt werden mussten. Die Sets waren inzwischen abgebaut worden, und Joss Whedon konnte keinerlei Zeichnungen oder Fotos auftreiben, um das Schiffsinnere eins zu eins nachzubauen. Glücklicherweise hatte Nathan Fillion aber zur Erinnerung Fotos des gesamten Pre-Produktionsmaterials geschossen, nachdem er von dem vorzeitigen Aus der Serie erfuhr. Fillion war dabei offensichtlich sehr akribisch vorgegangen und hatte auch die Blueprints der Schiff-Sets fotografiert. Auf diese Weise gelang es, die Serenity so nachzubauen, als hätte Mal sie nur ein paar Tage auf Higgins' Moon geparkt und würde nun seine Crew für ein neues Abenteuer einsammeln. Es dauerte vierzehn Wochen, das Interieur des Raumschiffs auf Bühne zwölf der Universal Studios exakt nachzubilden, was die Hoffnung vernichtete, durch die Wiederverwendung Geld sparen zu können.

Der Dreh

Das liebe Geld

Laut Planung sollte der Dreh 80 Tage dauern und zwölf bis 14 Arbeitsstunden täglich in Anspruch nehmen. Doch schon bald stellte sich heraus, dass Universal das veranschlagte Budget von 100 Millionen Dollar doch etwas zu hoch gegriffen erschien. Die Chefetage forderte massive Kürzungen, die unter anderem durch Dreharbeiten im Ausland realisiert werden sollten. Whedon intervenierte und bestand darauf, in den USA zu arbeiten. Im Gegenzug versprach er der Chefetage, den Dreh in wesentlich weniger Tagen und für die Hälfte der ursprünglich veranschlagten Kosten zu realisieren. Letztlich drehte er *Serenity* in nur 50 Tagen mit je 10 Arbeitsstunden pro Tag für 39 Millionen Dollar, eine recht sportliche Leistung, wenn man bedenkt, wie viele Spezialeffekte der fertige Film beinhaltet. Das Werk zählte damit nicht zu den Low-Budget-Produktionen, aber auch nicht zu den ganz kostenintensiven wie etwa *Star Wars: Episode III – Revenge of the Sith,* der die damals horrende Summe von 113 Millionen Dollar verschlang.

Alles für den Film

Die ersten Produktionswochen verbrachte das Team auf dem Templin Highway im Angeles National Forest, Kalifornien und im Sand Canyon im Anza-Borrego Desert State Park in Borrego Springs. Die Szenen auf dem Planeten Miranda entstanden in der Diamond Ranch High School und einige weitere in der Huntington Library in San Marino. Die pyrotechnischen Effekte drehte man in Mystery Mesa in Santa Clarita innerhalb von drei Tagen. Universal stellte darüber hinaus, unter anderem für viele Kampfchoreografien, zusätzlich zur Stage zwölf auch die Bühne neunzehn in Universal City zur Verfügung. Die geplanten Actionszenen erwiesen sich indes als nicht gerade einfach. Vor allem Summer Glau hatte es schwer. Um die Fights perfekt zu meistern, trainierte sie drei harte Monate lang täglich mit den beiden Stunt-Koordinatoren Chad Stahelski und Hiro Koda. Glau ist, wie mehrfach erwähnt, ausgebildete Tänzerin und außerordentlich gelenkig. Diesen Vorteil ließen die beiden Profis in die Choreografien einfließen. In der auf der Blu-ray enthaltenen Making-of-Dokumentation *Die Reise eines Filmemachers* sind einige sehenswerte, respektheischende Aufnahmen zu sehen, die Zeugnis davon ablegen, wie anstrengend die Drehs gewesen sein müssen. Das trifft übrigens auf den gesamten Cast zu, wie das Stuntteam nicht ohne Stolz berichtet. Auf die Leistung von Nathan Fillion angesprochen, sagt Stahelski zum Beispiel: »Nathan hat einige der besten Faustkampfszenen, die wir je zu sehen bekamen.« Fillion kontert wiederum, dass er sich lediglich an Harrison Ford orientiere, den er sehr bewundert. Auch Joss Whedon zeigt sich im selben Special Feature begeistert von der Einsatzfreude seiner Schauspieler, wenn er erzählt, dass sie, im Gegensatz zu seinen vorherigen Produktionen, 95% aller Stunts selbst ausgeführt hätten.

Die Special-Effects

Ein weiterer wichtiger Faktor, um den Streifen so spektakulär wie möglich zu gestalten, waren die visuellen Effekte. Wer sich nicht allzu intensiv mit dem Thema Film befasst, vermag sich kaum vorzustellen, wie viele Menschen an den Computern sitzen, um eine einzige fiktive Welt zum Leben zu erwecken. Allein in *Serenity* mit seinem relativ niedrigen Budget sind im Abspann fast 180 CGI-Künstler gelistet. Beteiligt waren z.B. die Zoic Studios (unter anderem Avengers: *Age of Ultron, The Walking Dead),* Rhythm & Hues *(The Golden Compass)* und Perpetual Motion Pictures *(Star Wars: Return of the Jedi, The Arrival).* Das Geld war knapp und daher Kreativität gefragt. Um die CGI-Effekte kostengünstig zu halten, griff das Filmteam deshalb so oft wie möglich auf physische Sets und Requisiten zurück, sodass beispielsweise lediglich Hintergründe designt werden mussten. Berühmt ist in diesem Zusammenhang die Hovercraft-Verfolgungsszene, für die das Cockpit, in dem die Serenity-Crew saß, eigens gebaut und seitwärts an ein spezielles Fahrzeug mit freihängendem Arm montiert wurde. Der Wagen fuhr, für das Auge der Kamera freischwebend, den Templin Highway entlang, während das Verfolgerfahrzeug auf Rädern fuhr, die man später digital entfernte. Weitere benötigte Teile der Bildkomposition fügten die Computerspezialisten später am Rechner ein, sodass im Endeffekt eine ähnlich rasante Szene entstand, wie sie aus *Star Wars: Episode I – The Phantom Menace* bekannt ist. Die Arbeit der einzelnen Firmen griffen wie Räder eines Uhrwerks ineinander und ließen den Film am Ende wesentlich teurer aussehen, als er in Wirklichkeit war.

Die Crew

Das Endergebnis eines ambitionierten Projekts wie diesem hängt, wie wir sehen, also mit vielen Faktoren zusammen, doch einer der Wichtigsten ist neben dem Regisseur der Kameramann. Schon in der frühen Produktionsphase entschied sich Joss Whedon für Jack N. Green, der zuvor mit Filmen wie *Rambo III, The Rookie, Speed 2: Cruise Control* und *Space Cowboys* Erfolge gefeiert hatte. Green gilt in der Branche als sehr versiert in Sachen Beleuchtung und verzichtet gerne auf Linsenaufsätze und ähnlichen Schnickschnack. Für *Serenity* leuchtete er jede Szene akribisch aus und schuf so eine Atmosphäre, die auch nach inzwischen fast 20 Jahren noch sehenswert ist. Eine weitere Eigenart Greens ist es, seine Kinder einzustellen, die alle selbst im Filmgeschäft zu Hause sind. In den Special Features der Blu-ray-Edition erzählt Whedon, wie er eines Tages zum Set kam und Green ihm mitteilte, er hätte einige Leute eingestellt, die alle ›zufällig‹ denselben Nachnamen wie er trügen. Es stellte sich heraus, dass es sich um seine Söhne Ryan und Peter handelte, die den Posten des Kameramanns für die B-Kamera sowie den des ersten Assistenten an der A-Kamera übernahmen. Tochter Heather übernahm derweil die zweite Assistenz an der B-Kamera.

Den Schnitt übernahm Lisa Lassek, die zuvor mit Joss Whedon bereits an *Buffy the Vampire Slayer* gearbeitet hatte. Anschließend wechselte sie zu *Firefly,* bevor sie mit *Serenity* ins Filmgeschäft einstieg. Die beiden entwickelten sich zu einem harmonierenden Dreamteam, daher verwundert es nicht, dass Lassek später auch die Schnittführung für *The Avengers* und *Avengers: Age of Ultron* übernahm. Ähnlich klangvoll ist auch der Name Barry Chusid, der sich seine Sporen zuvor mit *Daredevil* und dem Katastrophen-Blockbuster *The Day After Tomorrow* von Roland Emerich verdient hatte. Das Kostümdesign übernahm diesmal nicht Shawna Trpcic, sondern die studierte Lehrerin und später Oscar-prämierte (2019 für *Black Panther)* Kostümbildnerin Ruth E. Carter, deren Arbeit für den Film *Malcolm X* (1992) für Aufsehen gesorgt hatte. Zwischen 2001 und 2009 kleidete sie dann Eddie Murphy und seine Schauspielkollegen in fünf Filmen ein.

Besonders hervorhebenswert ist die Musik des Films, vor allem, weil der Firefly-Komponist Greg Edmonson nicht an Bord war. Universal bestand auf einen Komponisten, der mehr Erfahrung im Schreiben von Film- anstatt von Serienmusik hatte. Whedon entschied sich zunächst für Carter Burwell, der schon damals eine beeindruckende Karriere vorzuweisen konnte. Burwell kam aber mit dem Film nicht wirklich zurecht und fühlte sich nicht sehr wohl mit dem Projekt. Er hätte die Produktion zwar fortgesetzt, doch anderweitige Verpflichtungen ließen ihm zu wenig Zeit, sich in die Materie einzuarbeiten. Im Februar 2005 trat er schließlich zurück. Aber wer wäre in der Lage, die hochgesteckten Ziele zu erfüllen? Whedon hatte zu Beginn der Pre-Produktion notiert, dass er sich einen »sparsamen, intimen, traurigen, aber auch unermüdlichen Score« wünschte. Die Musik sollte sich an der Bildsprache des Western orientieren, ohne jedoch die typisch heroischen Anklänge einzubringen. Schließlich schlugen Universals Musikmanager David Newman vor, der unter anderem die brillanten Musiken zu *Critters, The War of the Roses, The Phantom* und *Galaxy Quest* geschrieben hatte. Er war schnell und in der Lage, sich auch auf ungewöhnlichere Anweisungen einzulassen. Das Thema zum Schiff Serenity sollte den Zuschauern ein Gefühl von Pioniergeist, aber auch Heimat vermitteln, während das für River auf einem speziellen, leicht verstimmten Klavier gespielt wurde. Wer sich den Film im Rewatch anschaut und noch nie explizit auf die Musik geachtet hat, sollte dies also unbedingt nachholen. Newman spielte die Partitur gemeinsam mit dem Hollywood Symphonie Orchester ein, und am 27. September 2005 erschien der Soundtrack auf CD.

Der Release

Am 22. August 2005 erschien der Big Damn Movie, wie er unter den Browncoats gemeinhin genannt wurde, in den USA und am 24. November desselben Jahres endlich auch in Deutschland. Zuvor startete allerdings noch eine Drei-Stufen-Marketingkampagne, die mit der Vorführung eines Rohschnitts in den Städten der USA mit den höchsten Einschaltquoten der Serie begann. Zur Einstimmung drehte Joss Whedon eigens ein Vorwort, in dem er dem Publikum stolz berichtet, dass er zusammen mit den Fans das Unmögliche geschafft hätte: nämlich eine kurzlebige, abgesetzte TV-Serie mit einem Kinofilm wiederzubeleben. Nicht ganz ernst gemeint fährt er fort, dass es nicht seine Schuld sei, wenn der Film floppen würde, denn es läge nun am Fandom, dafür zu sorgen, dass möglichst viele Menschen von dem Streifen erführen und ins Kino gingen. Die Einführung ist ebenfalls auf der DVD- und Blu-ray-Box enthalten und ist ein beeindruckender Beweis dafür, wie sehr der Autor sein Franchise liebte. Zwischen dem 5. Mai und dem 23. Juni wurde der noch unfertige Film in insgesamt 35 nordamerikanischen Städten gezeigt, zuletzt vor dem endgültigen Release auf der Comic Con San Diego.

Ein weiterer interessanter Marketing-Schachzug war *Session 416,* eine Reihe von fünf zusammengehörenden Kurzfilmen, die Aufschluss über Rivers Vorgeschichte und die Machenschaften der darin verwickelten Allianz gibt. Als virale Online-Kampagne gedacht, drehte Whedon die einzelnen Clips in körnigem schwarzweiß und aus einer Perspektive, die an eine Überwachungskamera denken lässt. Er selbst übernimmt darin die Rolle eines Allianz-Beamten der geheimen Einrichtung, in die Tamy verschleppt worden war, während Summer Glau in ihre Rolle als River schlüpft.

Teil eins mit dem vielsagenden Titel *R. Tam, Session 416, Second Excerpt* bildet eigentlich das chronologische Ende der Mini-Story, wurde aber zuerst veröffentlicht. Bis zum 7. September 2005 erschienen *Session 1, Session 22, Session 165* und *Session 416, First Excerpt,* die einen verstörenden Einblick in Rivers unfreiwillige Evolution von einem schüchternen Mädchen hin zu der gequälten Seele bieten, die wir in der Pilotfolge der Serie kennenlernten.

Ein (fast) runder Abschluss: Die Filmkritik

Serenity (Serenity – Flucht in neue Welten)

Regie und Drehbuch: Joss Whedon
Länge: 119 Minuten
Release: 22. August 2005, Edinburgh Film Festival; 30.09.2005, USA; 14.11.2005, DE
Budget: 39 Millionen US-Dollar; Box Office weltweit: 40 Millionen US-Dollar

Wenn im Verse wahnsinnige Kannibalen ihr Unwesen treiben, sollte man sich eigentlich weit von ihnen fernhalten; es sei denn, man heißt Malcolm Reynolds.

Inhalt
Einige Monate nach den Ereignissen *in Objects in Space* hat sich die Crew der Serenity merklich verkleinert. Inara unterrichtet angehende Companions auf einer ruhigen Welt, und Shepherd Book hat sich auf Haven niedergelassen, um die Menschen in ihrem Glauben zu unterstützen. Als Malcolm und der Rest der Crew einen Job annehmen, der sie auf einen abgelegenen Mond führt, geraten die Dinge außer Kontrolle. Zwar gelingt es ihnen, ihren Auftrag zu erfüllen und eine Bank auszurauben, doch der Planet wird von Reavers überfallen; fast alle Einwohner werden bestialisch abgeschlachtet. Nur dank Rivers telepathischen Fähigkeiten gelingt der Serenity die Flucht nach Beaumonde, wo Mal das Schiff notdürftig reparieren lässt, um seine Belohnung einzutreiben. Doch es kommt noch schlimmer: Die Allianz hat einen Attentäter, einen Operative, auf die Crew angesetzt, um River gefangen zu nehmen, in deren Kopf ein schreckliches Geheimnis implantiert wurde. Wieder können Mal und die anderen knapp entkommen. Bald schon liegt es an ihnen, herauszufinden, was es mit der Welt Miranda auf sich hat, die River immer wieder erwähnt. Doch um dorthin zu gelangen, muss die Serenity mitten durch das Territorium der Reavers fliegen. Der Super-GAU ist vorprogrammiert.

Das Wiedersehen
Die Freude unter den Fans war riesig, als am 30. September 2005 endlich der fertige Film in den US-amerikanischen Kinos anlief. Drei Jahre hatten die Browncoats darauf hingearbeitet, dieses Abenteuer Wirklichkeit werden zu lassen und zumindest einen runden Abschluss für ihre Lieblingsserie zu bekommen. Im Nachhinein muss man resümieren, dass dies nicht in allen Belangen geglückt ist, obwohl Serenity ein überaus spannender Space-Western

ist. Allerdings beginnen die Probleme schon mit der Tatsache, dass die Geschichte nur einige Monate nach den Ereignissen aus *Objects in Space* spielt, der letzten Episode der Serie. In Wirklichkeit lagen indes drei Jahre zwischen beiden Werken, was man vor allem Summer Glau, Jewel Staite und Sean Maher anmerkt. Ein weiterer Fehler betrifft weniger den Streifen an sich als vielmehr die Synchronisation. Obwohl die Hauptfiguren von denselben Sprechern interpretiert werden, was natürlich erfreulich ist, siezen sich Kaylee und Simon plötzlich, ein Umstand, der nicht im Geringsten zum Ton der Serie passt. Beides im Verbund raubt dem Start ein wenig das Gefühl, endlich wieder zu Hause zu sein und mit der coolsten Raumschiffmannschaft des Verse ein neues big damned Abenteuer erleben zu dürfen.

Geschichtsunterricht

Es sei an dieser Stelle allerdings zugegeben, dass die oben angebrachte Kritik durchaus ein wenig kleinlich wirken könnte, und tatsächlich gelingt der Einstieg in die Story – abgesehen von dem Synchron-Fauxpas – recht gut. Zunächst einmal lernen wir etwas über die Geschichte der Erde, das so in der Serie nie thematisiert worden war. In einem Traum erfährt River als Kind von ihrer Lehrerin, dass die Menschheit einst die ausgelaugte Erde verließ, um in einem fernen Sternensystem neu anzufangen. Dank einer weit fortgeschrittenen Terraforming-Technologie gelang es, zahlreiche Monde und Planeten bewohnbar zu machen, doch noch immer sind die Menschen machthungrig, besitzergreifend, gierig und herrschsüchtig. Daran hat sich auch im Jahr 2517 nicht viel geändert.

Plötzlich folgen in schneller Schnittfolge albtraumartige Sequenzen, die die Vorzeichen komplett ändern und aus dem erwarteten humorvollen Abenteuer einen Schocker machen. Die Albträume manifestieren sich in einer Rückblende, in der Simon seine gequälte, gefolterte und für fürchterliche Experimente missbrauchte Schwester vor dem skrupellosen Doctor Mathias (unauffällig: Michael Hitchcock) rettet und sie aus den Klauen der Allianz befreit. Die Szene ist ohne Frage düsterer als alles, was man in der gesamten Staffel von *Firefly* je zu Gesicht bekommen hat, und sie wirkt, als wollte Joss Whedon seiner Show endlich die Attitüde verleihen, die er immer schon geplant hatte.

Killer

Damit nicht genug. Die Allianz setzt einen Operative, einen kaltblütigen Killer, auf die Crew an, um River davon abzuhalten, sich an ein schreckliches Ereignis zu erinnern, das die Regierung gerne verschleiern möchte. Wenn schon in der Serie klar war, dass die

Systemregierung von Machtgier und Korruption beherrscht wird, wird diese Tatsache jetzt noch einmal umso deutlicher, denn der Operative scheut nicht davor zurück, kaltblütig Mathias zu töten sowie jeden weiteren, der sich ihm in den Weg stellt. Der von Chiwetel Ejiofor (neuerdings als Faraday in *The Man Who Fell to Earth* zu sehen) wie ein religiöser Fanatiker gespielte Attentäter verfolgt sein Ziel ohne jegliche Gewissensbisse, weil er davon überzeugt ist, mit seinen Taten das Verse zu einem besseren Ort machen. Das ist ebenso trügerisch wie leider nur zu gut auf die Realität übertragbar. Weltweit fallen die Menschen auf vollmundige Versprechen, Populismus, Hassreden und das Zuckerbrot-und-Peitsche Prinzip herein und glauben fest daran, ihr Herrscher würde all seine Gräueltaten nur für sie verüben. Wie im Demokratieindex der Economist-Gruppe 2022 zu lesen ist, leben derzeit nur noch 45,7% aller Menschen in Demokratien. Die anderen Regierungsformen rekrutieren sich aus Scheindemokratien, Monarchien, Diktaturen und autokratischen Regimes. Dieser Trend war bereits 2004 absehbar, als Joss Whedon das Drehbuch zum Film schrieb. Insofern erscheint es durchaus denkbar, dass er hier eine recht offene Kritik in Richtung jener undemokratischen Regierungsformen schickte, vor allem derjenigen, die sich als Demokratien ausgeben. Der Operative fügt sich in dieses Gedankenspiel gut ein, da er ein wahrer Gläubiger ist, dem die Lügen seiner Vorgesetzten zwar bewusst sind, der aber wie ein Esel, dem man eine Karotte vor die Nase hält, einem großen, aber letztlich unerreichbaren Ziel hinterherhechelt. Das ist toll geschrieben.

Reaver!

Noch intensiver wird das Filmerlebnis, als Malcolm; Zoë, Jayne, Simon, River, Hoban und Kaylee auf einem Planeten landen, um einen schmutzigen Job zu erledigen. Zwar gelingt der Coup, doch bevor sich das Team absetzen kann, wird der Planet von Reavers überfallen. Zum ersten Mal sehen wir mehr als einen dieser wahnsinnigen Menschenfresser auf einmal und erleben eine blutige Ernte mit, die eine ganze Stadt innerhalb weniger Stunden das Leben kostet. Zum Glück hat River, die auf mysteriöse Art telepathisch mit den Kannibalen verbunden zu sein scheint, ihr Kommen vorausgeahnt, sodass im letzten Moment die Flucht nach Beaumonde gelingt.

Das erste Bauernopfer

Auf Beaumonde werden wir Zeuge davon, welch gefährliche und unberechenbare Kampfmaschine River ist, die durch das Wort »Miranda« getriggert wird und eine ganze Bar samt Gästen auseinandernimmt. Die Serenity-Crew, ohnehin immer unter dem

Radar der Allianz fliegend, flieht daraufhin nach Haven, wo sich Shepherd Book niedergelassen hat. Das Wiedersehen zwischen ihm und den anderen Helden der Geschichte fällt leider denkbar knapp aus. Ein wenig mehr hätte Ron Glass hier sicherlich verdient gehabt, doch Joss Whedon hatte ohnehin entschieden, die Figur dem Voranschreiten des Plots zu opfern. Nachdem Mal dem Operative erstmalig begegnet und ihm nur knapp entkommen ist, lässt dieser die gesamte Bevölkerung Havens, inklusive Shepherd, ermorden. Zumindest ist das Opfer nicht ganz sinnlos. Erstens hat Book die A.V. Sparrow, die die Siedlung angriff, abgeschossen, und zweitens ist es sein Tod, der Mal dazu veranlasst, herauszufinden, was auf Miranda (inzwischen erinnerte sich River und hat ihr Wissen um die geheime Welt offenbart) geschah.

Es war klar, dass es zumindest ein Crewmitglied treffen müsste; insofern lag es auf der Hand, dass Shepherd seinem Schöpfer begegnen würde. Bereits in der Serie war seine Screentime leider relativ knapp bemessen gewesen, obwohl um ihn herum ein starkes Spannungsfeld aufgebaut worden war, dem zu folgen sicherlich Spaß gemacht hätte. Noch einmal: Ja, die Comics und Romane sind Kanon, doch man darf davon ausgehen, dass sich dennoch vieles anders entwickelt hätte, wenn der Show mehrere Staffeln beschieden gewesen wären.

Action!

Was nun folgt, ist düstere Action pur. Mal befiehlt seiner Crew, die Serenity in ein Reaver-Schiff zu verwandeln, um sich mitten durch das Territorium der Menschenfresser nach Miranda zu schleichen. Dies gelingt ohne Zwischenfälle, doch auf der einst blühenden Welt erwartet die Helden das pure Grauen. Millionen Tote pflastern die Wege und Straßen; sie alle sind an den Experimenten mit dem chemischen Stoff G-23 Paxilon Hydrochlorate gestorben. Das heißt, fast alle. Denn zehn Prozent der Bevölkerung überlebten und verwandelten sich, im Gegensatz zur gewollten Wirkung, in kannibalische Bestien, die Reavers. Und genau die scheucht »Wash« auf, als er die Serenity zur Welt des Wave-Nerds »Mr. Universe« (David Krumholtz, bekannt als Charlie Eppes in *Numb3rs)* fliegt, der allerdings bereits vom Operative aus dem Weg geräumt wurde. Nun wartet er mit einer ganzen Armada von Kriegsschiffen auf das Eintreffen der (in seinen Augen) Dissidenten, um sie auszulöschen, doch er hat die Rechnung ohne Mals geschickte Guerilla-Taktik gemacht. Denn er lässt Hoban dafür sorgen, dass ihn die Reavers mit allem verfolgen, was sie haben. So tritt das Unvermeidliche ein: Eine gigantische Raumschlacht entbrennt, die fantastisch anzusehen ist und das Finale einläutet.

Das zweite Bauernopfer
Als »Wash« die Serenity auf Mr. Universes Planeten notlandet und sich gerade abschnallen will, durchbohrt ihn ein riesiger Enterhaken. Der Tod eines prominenten Crew-Mitglieds war ein Wunsch seitens Universal, doch es bleibt vollkommen unverständlich, warum Hoban so sinnlos sterben musste. Als Fan findet man sich damit ab, dass auch liebgewonnene Figuren kommen und gehen, doch wenn man einen so beliebten Sidekick schon draufgehen lässt, dann bitte doch erinnerungswürdig. Hier hat Joss Whedon eine Chance vertan, einer tollen Figur einen würdigen Abgang auf den Leib zu schreiben, was viele Fans bis heute bedauern. Zumindest löst die Szene aber nach wie vor einen Schock beim Zuschauen aus, denn sie kommt, inszenatorisch betrachtet, wie aus heiterem Himmel und ohne das Publikum auch nur im Ansatz darauf vorzubereiten.

Finale
Das folgende Finale hat es allerdings in sich. In einem Gang kämpfen die nun zur Witwe gewordene Zoë, Jayne, Kaylee, Simon und River einen dramatischen Kampf gegen eine erdrückende Kannibalen-Übermacht, während Malcolm versucht, ein Tape, das er von Miranda mitgehen lassen hat, durch den Äther zu jagen. Der Versuch mündet in einem actionreichen Kampf zwischen ihm und dem Operative, der besser nicht hätte choreografiert werden können. Dasselbe trifft auf den Stellungskampf der restlichen Crew zu, in dem alle außer River verletzt werden, die der gesamten Menschenfressermeute letztlich den Garaus macht. Das alles ist toll anzuschauen und mitreißend fotografiert, sodass Hobans Tod fast in Vergessenheit geraten könnte. Der Abschluss gerät dann versöhnlich. Wir erleben die Beerdigung von Shepherd, »Wash« und »Mr. Universe« mit und erfahren in einem fast schon intimen Gespräch zwischen Inara und Mal, dass diese gerne wieder auf dem Schiff leben würde, worüber er sich sehr freuen würde. Wenn sich da nicht endlich zarte Liebesbande andeuten!

Fazit
Insgesamt ist *Serenity* ein runder Abschluss, auch wenn sicherlich viele Frage offenbleiben. Wenn sich Whedon schon in den Kopf gesetzt hatte, River in den Fokus zu rücken, warum dann nicht mit einem Plot um die Blue Gloved Men? Viele Zuschauer hätten bestimmt zu gerne erfahren, was es mit der Blue Sun Corporation auf sich hatte, obwohl die Reavers andererseits mehr Action versprachen. Letztlich macht der Film so oder so großen Spaß. Die Geschichte fühlt sich rund an, die Action passt, Summer Glau ist eine Augenweide, und Nathan Fillion noch einmal als Captain Reynolds erleben zu dürfen, ist genial. Noch schöner wäre das endgültige

Ende von *Firefly* aber gewesen, wenn Hoban Washburne das Abenteuer überlebt hätte, und entsprechend ist heute längst bekannt, dass er, wenn die Serie weitergelaufen wäre, wohl noch heute unter uns weilen würde. Schade um die vertane Chance – doch gut, dass es überhaupt ein spannend und routiniert in Szene gesetztes Ende gibt.

Dies und das

Serenity bildete Joss Whedons Regiedebüt für einen Kinofilm.

Das Ende des Films ist bewusst offengehalten, weil Joss Whedon auf einen Drei-Filme-Deal hoffte, der aber aufgrund der schlechten Einspielergebnisse nicht zustande kam.

Chiwetel Ejiofor, Nathan Fillion und Summer Glau performten viele ihrer Stunts selbst.

Note: 2

TEIL 3 / NACHWEHEN

Keine Karriere eines der Darsteller aus *Firefly* endete mit dem endgültigen Aus der Serie nach dem 2005 entstandenen Kinofilm – im Gegenteil: Ein paar von ihnen starteten jetzt erst richtig durch und wurden zu ausgesprochenen Fernseh- und teilweise auch Filmstars, wobei zumindest teilweise *Firefly* das hierfür nötige Sprungbrett gewesen sein dürfte. Betrachten wir nunmehr also das, was nach der Serie kam.

Die Stars und die Macher

Joss Whedon

Joss Whedon arbeitete an mehreren TV-Projekten wie der tragikomischen Musical-Mini-Webserie *Dr. Horrible's Sing-Along-Blog* (2008), der glücklosen Science-Fiction-Mystery-Serie *Dollhouse* (2009) oder der Produktion und Regie der Kinofilme *Much Ado About Nothing* sowie *The Cabin In The Woods* (beide aus 2012), ehe er noch im gleichen Jahr mit *Marvel's The Avengers* in das berühmte MCU einstieg und damit seinen kommerziell betrachtet bisher größten Erfolg erzielen konnte. Genaueres über Whedons Schaffen nach *Firefly* findet sich in dem vorhergehenden separaten Kapitel über ihn.

Nathan Fillion

Der männliche Serienhauptdarsteller aus *Firefly* gehörte zu den eingangs erwähnten Schauspielern, deren Karriere nach dem Ende erst richtig ins Rollen kam. Schon zu Serienzeiten hatte der gutaussehende Fillion einen großen Eindruck insbesondere bei den weiblichen Zuschauern hinterlassen, und er blieb nicht sehr lange arbeitslos. Schon kurz nach *Firefly* war Fillion in der Rolle des Adam Logan in der kurzlebigen Dramedy-Serie *Miss Match* (2003) zu sehen gewesen. Noch im gleichen Jahr folgte der fünf Folgen umfassende Gastauftritt als Caleb in der siebten Staffel von *Buffy the Vampire Slayer.*

2005 sah man ihn als Glen Collins in drei Folgen der Soap *Pasadena,* 2006 folgte ein Gastauftritt als Kevin Callis in einer Episode der seinerzeit ungemein erfolgreichen Serie *Lost.*

In diesem Jahr war Nathan Fillion dann nach dem *Firefly*-Kinofilm erstmals auch wieder im Kino zu sehen: In der Science-Fiction/Horror-Komödie *Slithers,* den James Gunn inszeniert hatte (*Guardians Of The Galaxy 1* und *2),* spielte Fillion die männliche Hauptrolle als Sheriff Bill Pardy, der sich mit einer überaus ekligen Bedrohung aus dem Weltraum auseinandersetzen muss – *Slithers* mit seinen vielen parodistischen Anspielungen auf Genre-Klassiker wie *Invasion Of The Body Snatchers* wurde zu einem Kultfilm im Space-Horror-Bereich. 2007 folgte die Hauptrolle als Alex Tully in der sechsteiligen Action-Drama-Serie *Drive,* die im Milieu der illegalen Autorennen spielt und diesbezüglich ähnlich glücklos war wie *Firefly:* Zwei bereits produzierte Folgen wurden nach der frühzeitigen Absetzung der Serie erst später veröffentlicht.

Wesentlich erfolgreicher gestaltete sich hingegen Fillions elf Episoden umfassender Gastauftritt als Dr. Adam Mayfair in der vierten Staffel der damaligen Hitserie *Desperate Housewives,* die zwischen 2007 und 2008 entstanden. Ebenfalls noch 2007 wirkte Nathan Fillion als der eine Nahtoderfahrung machende Abe Dale im für die Heimkinoveröffentlichung produzierten Mystery-Gruselthriller *White Noise 2: The Light* mit, der eine Fortsetzung des 2005 entstandenen erfolgreichen Streifens *White Noise* war. Seine Filmpartnerin war hier übrigens Katee Sackhoff, die man damals als den nunmehr weiblichen Starbuck aus dem Reboot von *Battlestar Galactica* (2004 bis 2009) kannte und die Science-Fiction-Fans heute als Kriegerin Bo-Katan Kryze aus *The Mandalorian* ein Begriff ist.

Ebenfalls aus 2007 stammt die Lovestory *Waitress,* in dem Nathan Fillion neben Keri Russell (Zorii Bliss, *Star Wars: The Rise Of Skywalker)* den verliebten Frauenarzt Dr. Jim Pomatter gab.

2008 hingegen spielte er wie schon erwähnt den überdrehten Superhelden Captain Hammer in Joss Whedons Musical-Mini-Webserie *Dr. Horrible's Sing-Along-Blog.*

Ab 2009 übernahm Nathan Fillion schließlich seine bis dahin erfolgreichste Rolle, die er bis 2016 in insgesamt 173 Episoden in acht Staffeln spielte: In *Castle* verkörperte er die Titelrolle des erfolgreichen Krimi-Autors Richard Castle, der an der Seite der Polizistin Detective, später Captain Kate Beckett (Stana Katić) Erfahrungen in der realen Verbrechensbekämpfung sammeln will, um diese in seiner Bestseller-Roman-Serie *Heat* zu verwenden. Im Zuge des Erfolgs dieser Show erschienen gar zwischen 2009 und 2011 unter dem Pseudonym Richard Castle drei von Ghostwritern verfasste Romane, von denen die beiden ersten in deutscher Übersetzung beim Cross Cult-Verlag erschienen. Die Serie mit ihrer Kombination aus Krimi-Elementen mit solchen der Dramedy wurde ein riesiger Zuschauererfolg und fand in Deutschland ihre Heimat zunächst bei Kabel Eins, später bei Sat.1. In der an Halloween spielenden Folge *Vampire Weekend* aus der zweiten Staffel der Serie ist Nathan Fillion als Castle zu Beginn in seinem Kostüm aus *Firefly* zu sehen, das er darin als »Verkleidung als Space-Cowboy« bezeichnet. Auch sonst gab es im Verlauf der Serie (meist kleinere) Anspielungen auf *Firefly.*

Auch während seiner siebenjährigen Dauerverpflichtung für *Castle* war Nathan Fillion in anderen Rollen zu sehen: 2010 erneut unter der Regie von James Gunn als christlicher Superheld »Der Heilige Rächer« in der brachialen Comic-Parodie *Super,* 2011 in zwei Folgen der Webserie *The Guild* als er selbst, 2012 als Dogberry in Joss Whedons *Much Ado About Nothing* sowie 2013 als griechischer Götterbote Hermes in der Romanverfilmung *Percy Jackson: Sea Of Monsters.*

2014 und 2015 spielte Nathan Fillion in zwei Folgen aus der fünften und der sechsten Staffel der Sitcom *Community* den befehlsgewohnten Bob Waite, während er in der achten Staffel von *The Big Bang Theory* einen weiteren Gastauftritt als er selbst hatte. In James Gunns Einstieg in das MCU, *Guardians Of The Galaxy* (gleichfalls 2014) war er zwar nicht selbst zu sehen, dafür aber zu hören: Er lieh einem blauhäutigen Alien seine Stimme.

Zwischen 2015 und 2017 wirkte er ferner in 25 Folgen der Webserie *Con Man* (übrigens neben seinem *Firefly*-Kollegen Alan Tudyk) als Jack Moore mit, während er 2016 einen kleinen, später jedoch nicht im Film verwendeten Gastauftritt in dem schrägen Marvel-Film *Deadpool* hatte.

Auch nach dem Ende von *Castle* 2016 blieb Nathan Fillion gut im Geschäft. Bis 2018 erhielt er für sieben Episoden der achten Staffel der Comedy-Serie *Modern Family* den Gastpart des Rainer Shine und zwar zwischen 2017 und 2018 in vier Folgen der Horror-Comedy *Santa Clara Diet* als Gary West zu sehen. Nach einem einmaligen Auftritt als Mark Devereaux in Staffel 4 der Polizei-Sitcom *Brooklyn Nine-Nine* ebenfalls 2017 übernahm er schließlich ab 2018 in neun Folgen der Mystery-Drama-Serie *A Series Of Unfortunate Events* den Part des Jacques Snicket.

Im Kino sah man Nathan Fillion danach noch im 2018 entstandenen Thriller *Night Hunter,* in dem er neben *Gandhi* Sir Ben Kingsley und *»The Witcher«* Henry Cavill die Rolle des Quinn spielt, sowie als glücklosen Superheld T.D.K. erneut unter der Regie seines Freundes James Gunn in dessen *The Suicide Squad* von 2021.

Bereits seit 2018 hat Nathan Fillion auch wieder eine neue Serienhauptrolle: In *The Rookie* spielt er den bereits über 40-jährigen ehemaligen Bauunternehmer John Nolan, der ein neues Leben als Polizist beginnen will und dadurch zum ältesten Polizeineuling beim Los Angeles Police Department wird. Bisher wurden vier erfolgreiche Staffeln mit über 70 Episoden der erfolgreichen, fortlaufenden Serie produziert.

Trotz seiner Erfolge auch nach dem Ende von *Firefly* wird Nathan Fillion nicht müde zu versichern, dass er bei einer Fortsetzung oder Neuauflage der Serie jederzeit wieder mit dabei wäre.

Gina Torres

Auch Gina Torres blieb nach dem Aus von *Firefly* bestens im Geschäft und ist bis heute vorwiegend im Fernsehen nach wie vor präsent.

Im Anschluss an *Firefly* sah man sie noch 2003 in fünf Folgen von Joss Whedons *Angel* in der Rolle der Jasmine, als Dacia Banga in einer Folge von *The Agency* sowie als Sadie Harper in einer Episode von *The Guardian* und dem TV-Film *The Law And Mr. Lee,* in dem sie als Vicki Lee mitwirkte. Ebenfalls 2003 konnte man die Aktrice auch wieder auf der großen Leinwand bewundern, wenn auch nur in einer kleinen Rolle: In *The Matrix Reloaded* spielte sie die Rolle der Cas.

Zwischen 2004 und 2006 lieh sie in fünf Folgen der DC-Zeichentrickserie *Justice League* der Figur Mari McCabe ihre ausdrucksstarke Stimme, 2004 wirkte sie im Fernsehfilm *Gramercy Park* als Mrs. Hammond mit, in sieben Folgen von Staffel 3 der Echtzeit-Thrillerserie *24* als Julia Miliken sowie einer Episode von *CSI: Crime Scene Investigation* als Gefängniswärterin Hutton, ferner der unabhängig produzierte Komödie *Hair Show,* in der man Gina Torres als Marcella sah. Die Filme *Soccer Moms* und *Fair Game* (beide von 2005) waren eine TV-Produktion sowie eine Kino-Romanze; in ersterem war Gina Torres als Jamie Cane zu sehen, im zweitgenannten als Stacey.

Von 2006 bis 2007 folgte mit der Rolle der Cheryl Carrera in der Serie *Standoff*, in der es um die Krisenintervention beim FBI ging, ein weiterer fester TV-Part für Gina Torres. Allerdings erzielte die Serie nur schwache Quoten und wurde nach einer 18 Folgen umfassenden Staffel wieder eingestellt.

Ebenfalls 2006 war sie im Thriller *Five Fingers* als Aicha neben ihrem damaligen Ehemann Laurence Fishburne zu sehen sowie als Lilac im Streifen *Jam* sowie Folgen der beiden Serien *The Shield* als Sadie Kavanaugh sowie *Without A Trace* als Tyra Hughes. Ab 2007 folgten diverse Auftritte, unter anderem in der Serie *Dirty Sexy Money,* den Kinofilmen *I Think I Love My Wife* und *South Of Pico,* sowie den weiteren Serien *Stone, Bones, Boston Legal* und *Criminal Minds.*

2009 folgte nach zwei unabhängigen Produktionen der TV-Film *Washington Field,* der eigentlich als Pilotfilm zu einer später nicht realisierten Serie gedacht war. Hier gab sie die Spezialagentin Jackie Palmer, ehe sie erneut als Princess Ama in *Dirty Sexy Money* zu sehen war. Kurz darauf durfte man sie noch in *Drop Dead Diva, FlashForward, Gossip Girl,* zwei Folgen von *Pushing Daisies* sowie als Lt. Natasha Andrews in *The Unit* erleben.

2010 erhielt sie mit der tragenden Nebenrolle der Dorothy Rand eine neue feste Serienrolle, diesmal im Drama *Huge,* das jedoch erneut kein großer Erfolg wurde und nach lediglich zehn Folgen eingestellt wurde. Im selben Jahr lieh sie ihre Stimme sowohl der Figur der Superwoman im Zeichentrickfilm *Justice League: Crisis On Two Earths* als auch Ebony Brown in der Zeichentrick-Sitcom *The Boondocks* und spielte die Rolle der Bree in einer Folge von *The Vampire Diaries.*

Auch in acht Folgen von *Transformers: Prime* lieh sie von 2011 bis 2012 ihre Stimme einer Zeichentrickfigur, und zwar der Wissenschaftlerin Airachnid.

Ab 2011 war Gina Torres in einer weiteren Rolle in einer diesmal wieder erfolgreichen Fernsehserie zu sehen: In 94 Folgen der Anwaltsserie *Suits* sah man sie bis 2018 in der Rolle der Kanzleimitbegründerin Jessica Pearson.

Doch blieb Gina Torres auch während ihrer Zeit bei *Suits* anderweitig bestens beschäftigt. 2012 spielte sie die Rolle der Janice Waters im Film *Mr. Sophistication,* 2013 neben ihrem einstigen *Serenity*-Serienpartner Nathan Fillion Samantha Foster in *Castle,* zwischen 2013 und 2015 in fünf Folgen der Serie *Hannibal* hingegen die Rolle der Phyllis Crawford. 2015 folgte der sich über drei Folgen von *Revenge* erstreckende Gastpart als Natalie Waters sowie seit 2016 der der bislang in drei Folgen von *Westworld* in Erscheinung tretenden Lauren. 2017 wirkte Gina Torres in zwei Folgen von *The Catch* als Justine Diaz mit, im gleichen Jahr als Sally Bates in der Serie *Claws.* 2018 schließlich folgte die Rolle der Gillian Kayhill in *Angie Tribeca* sowie erneut Arbeit an einer Zeichentrickserie, diesmal *Final Space,* wo sie in 6 Folgen der Figur Hula ihre Stimme lieh.

2019 kehrte Gina Torres für eine zehnteilige Staffel von *Pearson* in ihre gleichnamige Rolle aus *Suits* für das Spin-Off zurück, das es in Sachen Erfolg jedoch nicht mit der Hauptserie aufnehmen konnte.

2021 schließlich stieg Gina Torres in der Rolle der Captain Tommy Vega ab deren zweiter Staffel in die erfolgreiche Serie *9-1-1: Lone Star* ein, in der sie seitdem wieder regelmäßig im amerikanischen und auch hiesigen Fernsehen zu sehen ist. Auch Gina Torres könnte jederzeit bei einer Fortsetzung oder auch Neuauflage von *Firefly* mit an Bord der Serenity sein.

Alan Tudyk

Alan Tudyk, der im *Firefly*-Abschlusskinofilm *Serenity* in seiner Rolle als Wash den Heldentod gestorben war, blieb der TV- und auch Filmbranche ebenfalls auch danach erhalten und ist mittlerweile für seine Mitwirkung in gleich zwei weiteren Genre-Franchises bekannt, eines davon gar eins der erfolgreichsten aller Zeiten. Aber immer schön der Reihe nach.

Eine von Alan Tudyks ersten Rollen nach dem Aus von *Firefly* war die des Piraten Steve in der durchgeknallten Sportkomödie *Dodgeball: A True Underdog Story* aus dem Jahr 2004. Im gleichen Jahr war er an der Seite der heutigen Skandalnudel Will Smith in der Isaac Asimov-Verfilmung *I, Robot* als Sonny zu sehen.

2005 wirkte er erstmals als Terry Veal in der Comedy-Serie *Arrested Development* mit (bis 2013 spielte er die Rolle noch in zwei weiteren Episoden). Im selben Jahr sah man ihn auch als Pepe im Crime-Drama *Simple Lies* sowie als Nathan Wheeler in der Pilotepisode der Historienserie *Into The West.*

2006 bis 2008 folgten Gastauftritte in der siebten Staffel von *CSI: Crime Scene Investigation* als Carl Fisher, die britische Komödie *Death At A Funeral,* die Rom-Com *Knocked Up,* der Neo-Western *3:10 To Yuma* sowie sein Part als Danny in der Romanze *Meet Market.*

Zurück ins Science-Fiction-Genre ging es für Alan Tudyk im Jahr 2009. In drei Episoden des Serien-Reboots *V* spielte er Dale Maddox und übernahm die Rolle des Alpha in *Dollhouse.* Im Anschluss wirkte er in einer der beiden Titelrollen als Tucker in der Horrorkomödie *Tucker And Dale Vs. Evil* sowie als Eric im Drama *Beautiful Boy* mit.

2011 folgte die Rolle des Dutch im Sci-Fi-Actioner *Transformers: Dark Side Of The Moon* sowie die des Mark in der Liebeskomödie *Conception,* ehe er eine neue Serien-Dauerrolle in 44 Episoden der Comedy-Serie *Suburgatory* ergatterte. Zwischenzeitlich hatte er eine kleine Rolle in der Horror-Groteske *Abraham Lincoln: Vampire Hunter* (2012), spielte Ben Chapman im Sportlerdrama *42* (2013) sowie 2014 Jack Roth in der Jugendkomödie *Premature* sowie Ted Thurber in der Dramedy *Welcome To Me.*

2015 folgte ein weiterer Auftritt in einem Science-Fiction-Film: In der Romanadaption *Maze Runner: The Scorch Trials* wirkte er als Marcus mit. Gleichermaßen Science-Fiction- als auch Medienparodie war die ebenfalls 2015 gestartete und bis 2017 produzierte Webserie *Con Man,* in der es um die Darsteller einer abgesetzten Science-Fiction-Serie ging – mit Alan Tudyk als glücklosem Wray Nerely. Tudyk hatte die Webserie auch geschrieben. Ebenfalls 2015 wirkte er als Ian McLellan Hunter im Biopic *Trumbo* mit.

2016 folgte Alan Tudyks bereits erwähnter Einstieg in ein erfolgreiches Science-Fiction-Großfranchise: Im Anthologienfilm *Rogue One: A Star Wars Story* fungierte er als Motion-Capture-Stand-In-Darsteller und Sprecher für den später großteils computeranimierten umprogrammierten imperialen Sicherheitsdroiden K-2SO, der wie alle anderen Charaktere den höchst pessimistischen Streifen nicht überlebt. Allerdings wird Alan Tudyk den arroganten Blechkameraden im Serienprequel des Films, *Star*

Wars: Andor (Start Ende September 2022) in dessen zweiter Staffel erneut verkörpern.

2017 folgte die männliche Hauptrolle als Van Wayne in der DC-Superhelden-Comedyserie *Powerless,* die allerdings nach lediglich neun Episoden wieder eingestellt wurde. Anschließend folgte die Rolle in der auf den Romanen von Douglas Adams *(The Hitchhiker's Guide To The Galaxy)* basierenden Serie *Dirk Gently's Holistic Detective Agency* als Mr. Priest und Auftritte in der Marvel-Comicverfilmung *Deadpool 2* (2018) als Redneck Luke, in *Doom Patrol* (als Eric Morden alias Mr. Nobody) und in *The Rookie* als Ellroy Basso (beide von 2019).

Seit 2021 ist Alan Tudyk in einer weiteren festen Serienrolle zu sehen: In der kultigen Science-Fiction-Comedy-Serie *Resident Alien* spielt er ein eigentlich mörderisches reptiloides Alien, das den Körper des toten Dr. Harry Vanderspeigle als Tarnidentität nutzt, um die Menschheit zwecks ihrer späteren Auslöschung besser kennenzulernen. Allerdings entwickelt er dabei Sympathien für die Bewohner der Erde.

Last but not least ist Tudyk auch ein gern gebuchter Voiceactor. Neben *Ice Age* (2002), *Ice Age 2: The Meltdown* (2006) und *Ice Age: Continental Drift* (2012), ist seine Stimme in so bekannten Werken wie *Astro Boy* (2009), *American Dad* (seit 2011), *Alvin And The Chipmunks: Chipwrecked* (2011), *Wreck-It Ralph* (2012), *Frozen* (2013), *Star Vs. The Forces Of Evil* (2015 bis 2019), *Zootopia* (2016), *Moana* (2016), *The Tick* (2017 bis 2019), *Aladdin* (2019) oder als Joker in *Harley Quinn* (2019) zu hören. Hinzu gesellen sich neben *Rick and Morty* die Disney-Filme *Raya And The Last Dragon* (als Tuk Tuk) sowie der Part des Pico in *Encanto* (beide aus 2021).

Eine eventuelle Rückkehr von Alan Tudyk in einer Fortsetzung oder Neuauflage von *Firefly* würde durch den Tod seines Serien- und Filmcharakters erschwert – aber was soll's – that's Science-Fiction!

Adam Baldwin

Auch der Darsteller des ironischen Serienmachos Jayne Cobb verschwand nach dem Serienende von *Firefly* keineswegs in der Versenkung. Er blieb seinen Fans in etlichen Rollen in Kinofilmen und Fernsehproduktionen erhalten – nicht immer, aber zumindest meistens als harter Mann vom Dienst.

2002 kurz nach Ende der Serie spielte Baldwin den toughen Starfighter-Rennpiloten Christopher Bannon im Flieger-Actiondrama *Hyper Sonic,* gefolgt vom 2003 entstandenen Science-Fiction-TV-Film *Control Factor* als Lance Bishop sowie dem auf Tatsachen basierenden Psychothriller *Gacy,* in dem er den Vater des titelgebenden (realen) Serienmörders spielte. Ebenfalls aus 2003 stammen *Monster Makers,* ein ebenfalls fürs Fernsehen inszenierter Fantasy-Film für junge Zuschauer, in dem er als Jay Forrest zu sehen war, sowie der Thriller *Betrayal* mit Baldwin als Mark Winston.

Im Jahr 2004 wirkte Adam Baldwin zunächst in der Rolle des Commander Michael Rainer in einer Episode der neunten Staffel der Erfolgsserie *JAG* mit, ehe man ihn in einer Doppelfolge von *Stargate SG-1* als David Dixon sah. Es folgten der insgesamt fünf Folgen umfassende Gastauftritt als Marcus Hamilton in Joss Whedons *Angel* ebenfalls 2004, außerdem Gastauftritte in Episoden von *CSI: Miami*, *NCIS* erneut als Commander Rainer, den er bereits in *JAG* gespielt hatte, sowie die Rolle des Dr. Viades im Abenteuerdrama *The Freediver* und die des Jeff Stenn im Horrorfilm *Evil Eyes.*

2005 verkörperte er die Hauptrolle als Mike Rogo im TV-Katastrophenfilm-Remake *The Poseidon Adventure,* 2006 den Part des Jamie Kenton in einer Folge der Serie *Bones.*

2007 folgte der fürs Fernsehen produzierte Abenteuer-Horrorfilm *Sands Of Oblivion* sowie bis 2012 eine neue Serien-Dauerrolle in 91 Folgen der parodistischen Agentenserie *Chuck,* in der Adam Baldwin den undurchsichtigen NSA-Agenten John Casey beziehungsweise Alexander Coburn darstellte. Zwischen trat er im Film *Gospel Hill* in der Hauptrolle des Carl Herrod, einer Folge von *CSI: NY* sowie 2009 in der schwarzhumorigen Komödie *Frenemy* auf. 2010 lieh er neben vielen anderen prominenten Kollegen seine Stimme einer ganzen Reihe von Charakteren im erfolgreichen Videospiel *Mass Effect 2* sowie zwischen 2011 und 2012 dem bösen Roboterkrieger Breakdown in zehn Folgen der CGI-Serie *Transformers: Prime.*

Ebenfalls 2012 folgten der für das Fernsehen produzierte Feiertagsfilm *Christmas With Holly,* in dem man Baldwin als namentlich nicht genannten Musikanten sah, zwei Folgen der Krimiserie *Leverage,* drei Episoden von *Law & Order: Special Victims Unit* als Captain Steven Harris sowie erstmals (ein zweites Mal im Jahr 2015) neben seinem *Firefly*-Kollegen Nathan Fillion in dessen Serie *Castle* als Detective Ethan Slaughter. Ab 2014 übernahm er in der Militär-Drama-Serie *The Last Ship* die Rolle des aufsteigenden Marineoffiziers Mike Slattery, der vom Commander bis zum Admiral aufsteigt. 2019 schließlich folgte die Rolle des Bob Olinger im Neo-Western *The Kid.* Zuletzt war Adam Baldwin 2021 als Terry Allen im Sportler-Biopic *American Underdog* zu sehen.

Auch einer Rückkehr von Jayne Cobb würde wenig bis gar nichts entgegenstehen.

Jewel Staite

Wie ihre Kollegen ist auch Jewel Staite bis heute ein gern und oft gesehenes Gesicht im TV.

Bereits 2004 ergatterte sie einen vier Episoden umfassenden Gastauftritt als Heidi Gotts in der hierzulande nicht gezeigten Mystery-Dramedy *Wonderfalls.* 2005 folgte der auf wahren Begebenheiten beruhende TV-Thriller *Widow On The Hill,* in der Jewel in der Nebenrolle der Jenny Cavanaugh mitwirkte. Mit der TV-Dauerrolle (33 Episoden) als junge Ärztin Dr. Jennifer Keller in *Stargate: Atlantis* landete sie schließlich einen Volltreffer und übernahm nach ihrem letzten Auftritt in der Hitserie 2009 die Hauptrolle als Liz im B-Horrorfilm *The Tribe.*

2010 wirkte sie als Loretta in einer Folge der Mysteryserie *Warehouse 13* mit (übrigens zusammen mit ihrem *Firefly*-Kollegen Sean Maher), stellte Katherine Grant in der eher auf »SchleFaZ«-Niveau befindlichen Filmfortsetzung *Mothman* dar und verkörperte Holly in der TV-Feiertagskomödie *Call Me Mrs. Miracle.*

2011 kam es zu einem Auftritt als Emma Grabinsky aka Amy Pond in der siebten Staffel des Dauerbrenners *Supernatural;* anschließend castete man sie für die Hauptrolle der Brook Calvin im TV-Katastrophenfilm *Doomsday Prophecy.*

Ab 2012 war Jewel Staite in gleich zwei neuen Serienrollen zu sehen: In den 19 Folgen der ebenfalls kurzlebigen kanadischen Dramaserie *The L.A. Complex* wirkte sie als Raquel Westbrook mit, in zehn Episoden sah man sie zwischen 2013 und 2014 in der Nebenrolle der Caroline Swift in der Krimiserie *The Killing*

2015 übernahm sie den Part der Cassie Cranston in der Komödie *How To Plan An Orgy In A Small Town,* bevor sie 2016 vielen ihrer Kollegen nachfolgte und einen Gastauftritt in *Castle* hinlegte. Im selben Jahr absolvierte Staite zwei weitere Serien-Gastauftritte – in der DC-Comicserie *Legends Of Tomorrow* und in der Krimiserie *Motive.* 2017 schlossen sich die Mystery-Serie *Blindspot,* 2018 *The Good Doctor, Take Two* sowie die Rolle der Detective Penny Hart in *Real Detective* an.

2019 folgten zwei Folgen der Dramaserie *The Order* als Reneé Marand, 2021 Gastauftritte als Phyllis in der Fantasy-Serie *The Magicians* sowie als Schwester Anna in der Folge *The Discovery Of Insulin* der Dokuserie *Heritage Minutes.* Ebenfalls seit 2021 ist Jewel Staite auch wieder in einer neuen Serienhauptrolle zu sehen: In der Anwaltsserie *Family Law* spielt sie die durchsetzungsfähige Abigail Bianchi. Eine ihrer nächsten Serienrollen könnte somit zumindest theoretisch erneut die der Kaylee sein.

Morena Baccarin

Für Morena Baccarin war *Firefly* ein ausgesprochenes Karriere-Sprungbrett, in dessen Folge sie zum bis heute gefragten TV- und auch Kinofilmstar avancierte und einige bei Fans nicht wesentlich weniger beliebte Rollen spielte, doch ließ es die Aktrice zunächst eher langsam angehen.

Einer ihrer ersten Jobs nach *Firefly* war die sechs Folgen umfassende Rolle der Maggie Jones in der kurzlebigen Dramaserie *Still Life* von 2003 bis 2004 sowie nach dem *Firefly*-Kinofilm von 2005 bis 2006 die Sprechrolle der Superheldin Black Canary in drei Folgen der DC-Comic-Zeichentrickserie *Justice League Unlimited.* Ebenfalls 2006 sah man Morena in drei Episoden aus der dritten Staffel der Teenie-Serie *The O.C.,* in denen sie als Maya Griffin mitwirkte. Weiter ging es mit einer Folge der Sitcom *How I Met Your Mother,* ehe sie eine wichtige Gastrolle in *Stargate-SG-1* übernahm: Bis 2007 war sie in fünf Episoden in der Rolle der geheimnisvollen Adria zu sehen, welche sie 2008 im auf der Serie basierenden TV-Film *Stargate: The Ark Of Truth* ein weiteres Mal verkörperte. Zwischenzeitlich wirkte sie als Alice Carter im TV-Abenteuer-Horrorfilm *Sands Of Oblivion* mit – in dem ihr *Firefly*-Kollege Adam Baldwin übrigens an ihrer Seite die männliche Hauptrolle spielt.

Dem folgten Auftritte in der Erfolgsserie *NUMB3RS,* die Rolle der namenlosen Schönheit im Antikriegs-Drama *Death In Love,* ein Gastspiel in der Mystery-Crime-Show *Medium* und der Part der Rose Montgomery im Thriller-Drama *Stolen Lives.* Gleichfalls ab 2009 durfte man sie als neue Anführerin der außerirdischen Besucher namens Anna im Serienreboot der Kult-Show *V* erleben, das dem Original allerdings kaum das Wasser reichen konnte.

2011 folgte Morenas Rolle als Allison in einem weiteren Krimidrama mit dem Titel *Look Again* sowie der erste Auftritt als Erica Flynn in der Mystery-Krimiserie *The Mentalist,* die sie bis 2014 noch zwei weitere Male spielte.

Nach dem Serien-Aus für *V* folgte eine neue Serienrolle für Morena Baccarin, die zu einer ihrer bekanntesten wurde: In der Spionageserie *Homeland* spielte sie bis 2013 29mal die undurchsichtige Jessica Brody.

Nach der Komödie *Back In The Day* im gleichen Jahr übernahm sie von 2014 bis 2021 in 24 Folgen die Sprechrolle als K.I. Gideon in der DC-Comic-Serienadaption *The Flash* und war zudem 2014 in zwei Folgen der auf Motiven des Alten Testaments basierenden Historienserie *The Red Tent* in der Rolle der Rachel zu sehen.

2015 unternahm Baccarin einen ersten Sprung auf die große Leinwand, wenn auch in einer zunächst eher kleineren Rolle. In *Spy* spielte sie die Nebenrolle der Karen Parker, zeigte dabei jedoch, dass sie auf dem Silver Screen eine ebenso gute Figur machte wie im Pantoffelkino.

Dafür stieg sie zur zweiten Staffel als Dr. Leslie »Lee« Thompkins in die im Batman-Universum spielende düstere Krimiserie *Gotham* ein, der sie bis zu deren Einstellung erhalten blieb – doch begegnete sie zwischenzeitlich noch einem weiteren Comichelden, diesmal aus dem konkurrierenden Marvel-Kosmos, zudem einem von ganz anderer Art. In *Deadpool 1* (2016) und *2* (2018) verkörperte sie als Vanessa Carlysle die Freundin des titelgebenden und ebenso zynischen wie verunstalteten Superhelden wider Willen. 2017 lieh sie außerdem im Feiertagsanimationsfilm *Elliot The Littlest Reindeer* der Reporterin Corkie ihre Stimme.

2019 wirkte Morena Baccarin in drei Folgen der dritten Staffel der skurrilen Fantasy-Serie *A Series Of Unfortunate Events* als Beatrice mit (im Vorjahr hatte auch Nathan Fillion einen Gastauftritt in der Serie gehabt). Im selben Jahr schlossen sich die Liebeskomödie *Ode To Joy* (zusammen mit der als Bernadette aus *The Big Bang Theory* bekannten Melissa Rauch und »Bilbo Beutlin« Martin Freeman) und die brasilianische Dramaserie *Sessão de Terapia* an, ehe sie 2020 einen Gastauftritt im neuesten Remake der berühmten *The Twilight Zone* als Michelle Weaver sowie einen weiteren im Katastrophenfilm *Greenland* hinlegte.

2021 folgten die Dramedy *The Good House,* in der sie neben Hauptdarstellerin Sigourney Weaver *(Alien*-Filmreihe) als Rebecca McAllister zu sehen ist, die Science-Fiction Serie *Home Invasion,* in der Morena die Hauptrolle der Casie spielt, sowie die Krimiko mödie *Last Looks,* in der sie als Lorena Nascimento neben ihren beiden männlichen Co-Stars Charlie Hunnam *(Sons Of Anarchy)* und Mel Gibson *(Lethal Weapon)* brilliert.

Morenas neuestes Projekt ist die 2022 gestartete Krimiserie *The Endgame,* in der sie als Verbrechensgenie Elena Federova gegen die Vorzeige-FBI-Agentin Val Turner (Ryan Michelle Bathé, bekannt aus *Sylvie's Love)* antritt.

Sean Maher

Nicht ganz so zahlreich wie die Auftritte mancher seiner Kollegen war das Schaffen von Sean Maher, als *Firefly* nach dem Kinofilm *Serenity* endgültig beendet worden war, doch sah man auch ihn in einer ganzen Reihe von Neben- und Hauptrollen, sowohl in kompletten Reihen als auch in Einzelepisoden verschiedener Fernsehserien und TV-Filmproduktionen.

So war er 2003 in einer Episode aus der ersten Staffel von *CSI: Miami* zu sehen, in der er 2003 eine Figur namens Carson Mackie spielte. Weiter ging es zwei Jahre später, 2005, mit dem TV-Film *Halley's Comet,* der nichts mit dem gleichnamigen titelgebenden astronomischen Phänomen zu tun hatte, sondern als Pilotfilm für eine später nicht realisierte neue Krankenhausserie gedacht war. Sean Maher übernahm darin als Bret Fennow eine weitere Arztrolle. Im selben Jahr sah man ihn im ebenfalls für das Fernsehen produzierten Drama *The Dive from Clausens Pier* als Kilroy sowie nach dem *Firefly*-Kinofilm *Serenity* in einer Episode aus der ersten Staffel der Mystery-Serie *Ghost Whisperer,* in der er die Rolle des Conor Donovan verkörperte. Ebenfalls aus 2005 stammt die Romanze *Living 'til the End.* 2006 folgte mit *Wedding Wars* eine weitere Romanze, allerdings als Fernsehfilm, in dem Sean Maher die Rolle des Ted Moore verkörperte.

Danach wurde es eine Weile still um den Darsteller. Erst 2009 tauchte er als Marcus Newsome in der Pilotepisode zur Serie *Drop Dead Diva* wieder auf und war 2010 dreimal in der zweiten Staffel von *The Mentalist* als Jaspis beziehungsweise Wilson zu sehen. In einer Folge der ersten Staffel der auf einer Comicvorlage basierenden Actionserie *Human Target* spielte er die Rolle des Aaron Cooper und war außerdem als Sheldon in einer Episode aus Staffel zwei von *Warehouse 13* mit dabei.

2011 folgten dann zwei feste Rollen in Fernsehserien: zunächst die Hauptrolle des Sean Beastly in der Drama-Serie *The Playboy Club,* die das Thema der Homosexualität im Amerika der 60er-Jahre thematisierte (und durch die Maher auch sein eigenes Coming-Out öffentlich machte), danach die wiederkehrende Gastrolle als Marcus in der zweiten Staffel der in Athletik-Kreisen spielenden Serie *Make it or Break it.*

2012 wirkte er in Joss Whedons bereits angesprochener moderner Shakespeare-Adaption *Much Ado About Nothing* als geckenhafter Don John mit und übernahm die Rolle des Sean in der schwarzhumorigen Komödie *Best Friends Forever.* 2013 war er weiterhin in drei Folgen der Web-Serie *EastSiders* als Paul mit dabei.

Dem schloss sich 2013 und 2014 für zwei Folgen der zweiten Staffel der auf den gleichnamigen DC-Comics basierenden Serie *Arrow* die Rolle des Mark Scheffer an, dessen Geheimidentität der schurkische Schrapnell ist, sowie ebenfalls 2014 *BFFs,* eine Dramedy, in der Maher die Nebenrolle des J.K. darstellte.

Im selben Jahr begann sich Sean Maher auch zunehmend als Sprecher für Figuren in Animationsfilmen zu betätigen. So lieh er Nightwing, dem erwachsen gewordenen einstigen Eleven Dick Grayson/Robin des berühmten Batman, in den Zeichentrickabenteuern *Son of Batman* (2014), *Batman vs. Robin* (2015), *Batman: Bad Blood* (hier auch als der Fledermausmann selbst), *Justice League vs. Teen Titans* (beide aus 2016), *Teen Titans: The Judas Contract* (2017), *Batman: Hush* und *Teen Titans Go! vs. Teen Titans* (beide aus 2019) seine Stimme.

Als Schauspieler konnte man ihn 2015 als Jake in einer Episode der zweiten Staffel der auf ein queeres Publikum zugeschnittenen Dramedy-Serie *Looking* sowie in der Hauptrolle des Joe in der Tragikomödie Film *People You May Know* erleben. 2017 schloss sich mit *Beyond the Edge,* in dem er als Dr. Abe Anderson eine der Hauptrollen verkörperte, ein weiterer Science-Fiction-Film an. Außerdem spielte er in einer Folge der ersten Staffel von *9-1-1* sowie zuletzt 2019 eine Gastrolle neben Nathan Fillion in der zweiten Staffel von dessen Serie *The Rookie* als Kaleb Jost.

Summer Glau

Summer Glau wirkte nach *Firefly* ebenfalls in mehreren neuen Serien-Haupt- und Gastrollen sowie in Kinofilme mit.

Kurz nach dem Serienende 2003 spielte Glau in der sechsten Folge der ersten Staffel der Krimiserie *Cold Case* die ermordete Teenagerin Paige Pratt. 2004 folgte eine Episode aus der fünften Staffel von *CSI: Crime Scene Investigation* als Mandy Cooper sowie eine kleine namenlose Rolle in der Kino-Komödie *Sleepover.* Zwischen 2005 und 2007 spielte sie ihre sieben Folgen umfassende Gastrolle als Tess Doerner in der Mystery-Serie *The 4400.* Noch während dieser Zeit im Jahr 2006 hatte sie eine weitere, ebenfalls sieben Episoden umfassende Gastrolle, nämlich die der Crystal Burns in Staffel zwei der Serie *The Unit.* Auch wirkte sie in dem TV-Horrorfilm *The Inititation of Sarah* sowie dem SchleFaZ-igen, ebenfalls für die TV-Ausstrahlung realisierten Monsterheuler *Mammoth* mit.

2008 folgte schließlich die Hauptrolle in der auf den gleichnamigen Kinofilmen basierenden Serie *Terminator: The Sarah Connor Chronicles* als umprogrammierter Terminator Cameron Phillips beziehungsweise Allison Young. 2009 war sie als sie selbst in einer Folge aus der zweiten Staffel der berühmten *The Big Bang Theory* zu sehen und sorgte für einen in Fan-Kreisen bis heute zitierten Running Gag: Serienblödel Howard Wolowitz, gespielt von Simon Helberg, sinniert in der Folge darüber, dass ihr Name »Summer Winter« lauten würde, wenn sie nur den Blues-Sänger Johnny Winter heiratete …

Einen weiteren, diesmal vier Folgen langen Gastpart hatte Summer Win… Verzeihung, Glau dann zwischen 2009 und 2010 in Joss Whedons wenig erfolgreichem damaligen neuen Serienprojekt *Dollhouse,* wo sie als Bennett Halverson mitspielte. 2010 wurde ein erfolgreiches Jahr für die Schauspielerin: Zunächst sah man sie als Greta neben ihrem *Firefly*-Kollegen Adam Baldwin in der vierten Staffel der Agentenserie *Chuck,* danach in einer weiteren neuen Serien-Dauerrolle als Orwell in den zehn Folgen der nur kurzlebigen Science-Fiction-Actionserie *The Cape.* Die Hauptrolle der Lindsey Ross Forrest spielte sie im für das Fernsehen produzierten

Mystery-Drama *Deadly Honeymoon* sowie die der Maggie Moon im Independent-Western *The Legend of Hell's Gate: An American Conspiracy.* Zu guter Letzt lieh sie dem künftigen Supergirl Kara im Animationsfilm *Superman/Batman: Apocalypse* ihre Stimme.

Einen immerhin vier Folgen umfassenden Gastauftritt hatte Summer Glau von 2011 bis 2012 in der Science-Fiction-Serie *Alphas,* in der sie eine Figur namens Skylar Adams darstellte. Anschließend gab sie die Emily Kovach in zwei Episoden der achten Staffel von *Grey's Anatomy* und die Weihnachtselfe Christine im Festtagsfilm *Help for the Holidays.*

2013 wirkte sie in einer Folge von *Hawaii Five-O* als Maggie sowie als Gwen im Kinofilm *Knights of Badassom* mit, bevor sie eine neue Gastrolle (neun Folgen lang bis 2014) in der Comic-Serienadaption *Arrow* erhielt.

In einer Folge von Staffel drei der (wohl absichtlich) mit dem etwas sperrigen Titel *NTSF:SD:SUV::* bedachten Action-Parodie war sie 2013 noch als Olivia Frampton zu sehen, ehe nach ihrer Gastrolle in *Arrow* 2014 eine weitere feste TV-Rolle in der Serie *Sequestered* folgte: die Hauptrolle der Anna Brandt nämlich, die sie in neun Folgen spielte.

Neben ihrem *Firefly*-Kollegen und Serienbruder Sean Maher war sie 2015 ferner in zwei Folgen der Webserie *Con Man* dabei, 2016 wiederum neben Nathan Fillion in der achten Staffel der Serie *Castle* als Kendall Frost. Zuletzt ist es ein wenig ruhiger um Summer Glau geworden. Seit ihrem Auftritt als Miss Jones in zwei Folgen der Actionserie *Wu Assassins* von 2019 gibt es keine aktuellen Projekte von ihr.

Ron Glass

Ron Glass schließlich, der, wie schon in seiner Kurzbiografie erwähnt, am 25. November 2016 71-jährig verstarb, war nach dem Ende von *Firefly* nicht mehr in vielen Serien oder Filmen zu sehen.

2004 wirkte er als Barry in einer Episode aus der vierten Staffel der Serie *The Division* mit, vom gleichen Jahr an bis 2008 lieh er in zwölf Folgen der Kinder-Zeichentrickserie *All Grown Up!* der Figur Randy Carmichael seine wohlklingende Stimme, moderierte die beiden US-TV-Dokumentationen *Secret History Of Religion: Doomsday – Book of Revelation* und *Secret History Of Religion: Knights Templar* (beide aus 2006) und wirkte ebenfalls 2006 und 2007 in vier Episoden der kurzlebigen Anwaltsserie *Shark* als Richter Stewart Fenton mit. 2008 folgte die Rolle des Staatsanwaltes Dennis Ford in zwei Folgen der zweiten Staffel der Politserie *Dirty Sexy Money;* im gleichen Jahr spielte er Harold Perreau im Thriller *Lakeview Terrace.*

2010 war Glass in der Komödie *Death at a Funeral* als Duncan Barnes zu sehen, 2011 als Colby Glass in einer Folge aus Staffel 8 von *CSI: NY*. 2012 folgte mit der Rolle des Philo D. Grenman im Sci-Fi-Musikfilm *Strange Frame: Love & Sax* sein letzter Auftritt in einem Kinofilm, übrigens zusammen mit seinem *Firefly*-Kollegen Alan Tudyk sowie verschiedenen anderen Stars des Genres wie Claudia Black *(Farscape)*, »Mr. Sulu« George Takei, Claudia Christian *(Babylon 5)* oder Tim Curry *(The Rocky Horror Picture Show)*.

2013 und 2014 wirkte er als der Arzt Dr. Streiten im Pilotfilm und einer weiteren Folge von *Agents of S.H.I.E.L.D.* mit, 2013 als Clayton Carter in einer Folge in der ersten Staffel der Krimiserie *Major Crimes*. Ron Glass' letzte Rolle wurde die des Paul Lomax in einer Staffel-14-Folge von *CSI: Crime Scene Investigation* im Jahre 2014 – danach beendete der tiefgläubige Buddhist offiziell seine langjährige Schauspielkarriere und verstarb 2016 durch einen Atemstillstand. Er ist somit der erste und bisher einzige Darsteller aus *Firefly*, der nicht mehr unter uns weilt.

Der Erfolg im Nachhinein

Verschrottet und vergessen? Weder noch!

Wie Fans in aller Welt bestens wissen, endete das Kapitel *Firefly* keineswegs mit der frühzeitigen Absetzung der Serie nach Ausstrahlung der eigentlich als Pilotfolge gedachten Episode Nummer eins, *Serenity*, die man beim Sender Fox aus unerfindlichen Gründen an das Ende der auch ansonsten nicht chronologischen Ausstrahlungsreihenfolge gesetzt hatte. Trotz der großen Schwierigkeiten, die die Senderverantwortlichen der Serie machten, hatte sie nämlich in den drei Monaten ihrer viel zu kurzen Laufzeit große Scharen an Fans gewonnen.

Kampagne zur Rettung

Aufgrund des mangelnden Erfolges der Serie bei ihrer Erstausstrahlung hatte man lediglich elf der insgesamt 14 produzierten Folgen bei Fox gesendet; die drei restlichen erlebten ihre TV-Premieren erst im Verlauf der Ausstrahlung der Serie beim britischen Sci Fi Channel (heute SYFY) seit Mai 2003.

Bereits während der ursprünglichen Ausstrahlung in den USA hatte eine Fan-Vereinigung namens Firefly Immediate Assistance Campaign mit harten Bandagen darum gekämpft, die Fortsetzung der Serie zu erreichen. Wie im Kapitel zur Entstehungsgeschichte des Films bereits erwähnt, wies das Engagement der Fans durchaus Ähnlichkeiten zu dem von Bjo und John Trimble für *Star Trek* fast 40 Jahre zuvor auf. Nachdem Fox den Fans kommunizierte, dass man *Firefly* nach wie vor einzustellen gedachte, bemühte sich die Firefly Immediate Assistance Campaign nunmehr, einen anderen Sender für eine Fortsetzung ihrer Serie zu gewinnen – einer der Kandidaten war UPN (United Paramount Network), wo man einige Jahre zuvor auch trotz ebenfalls wechselhafter Quoten die Serie *Star Trek: Voyager* am Leben erhalten hatte. Doch auch dieses Unterfangen scheiterte: Es blieb beim Aus für *Firefly* kurz vor Weihnachten 2002.

Erfolg im Heimkino

In den frühen 2000er-Jahren brach der bis dahin erfolgreiche Videomarkt zugunsten eines neuen verbesserten Mediums mehr und mehr ein: Die DVD (Digital Versatile Disc) hatte ihren Siegeszug angetreten. Die Bild- und Tonqualität der silbernen Scheiben im bereits länger gebräuchlichen CD-Format überragte die der analogen VHS-Kassetten um ein Vielfaches, obwohl man damals von den heutigen Flachbildschirmen und deren immenser Bildschärfe nur träumen konnte und die neuen Filmscheiben mit den damals gängigen Röhrenfernsehapparaten nutzte. Neben diversen älteren und neueren Kinofilmen erschienen auch zunehmend komplette Fernsehserien auf dem neuen Medium, darunter auch das schon genannte *Star Trek* sowie neuere Serien wie *The X-Files.*

Da *Firefly* trotz des geringen allgemeinen Zuschauererfolges eine sehr hochwertig produzierte Serie gewesen war, sann man beim Rechteinhaber 20th Century Fox darüber nach, die Kosten im Nachhinein durch die Heimkinoverwertung wieder hereinzuholen. Lange Rede, kurzer Sinn: Wie wir bereits ausführten, erschien die Serie am 9. Dezember 2003, pünktlich zum Weihnachtsgeschäft, in einer Komplettedition auf DVD und auf VHS, da noch lange nicht jeder Fan zu dieser Zeit bereits einen DVD-Player besaß. Großbritannien zog wenig später ebenfalls nach. Die britischen DVDs und Videokassetten, die im Gegensatz zu den amerikanischen Scheiben und Tapes dasselbe Format wie die hiesigen Veröffentlichungen besaßen und auch bei uns problemlos abgespielt werden konnten, hatten übrigens einen großen Einfluss darauf, dass *Firefly* auch in Deutschland und dem restlichen Europa seine ersten Fans lange vor einer TV-Ausstrahlung gewinnen konnte (»Import« lautete das entsprechende Zauberwort).

Die Veröffentlichung der Serie in deutscher Synchronisation auf DVD erfolgte übrigens am 11. November 2005, drei Jahre später; am 21. November 2008 folgte dann die Blu-ray. Danach dauerte es noch fast ein Jahr, bis *Firefly: Der Aufbruch der Serenity,* wie die Serie hierzulande betitelt wurde, seit dem 12. September 2009 erstmals beim Kabelsender Super RTL im deutschen Fernsehen gezeigt wurde. Zu dieser Zeit hatte sich auch hierzulande eine zwar eher kleine, aber feine Gemeinschaft von Browncoats gebildet, die sich nichts sehnlicher als eine Fortsetzung der Serie wünschten.

Firefly – Die neuen Abenteuer?

Allerspätestens dadurch und seitdem hat *Firefly* seine treue Fangemeinde, die bereits seit etlichen Jahren für eine Neuauflage, Fortsetzung oder ein Reboot kämpft und dabei eine ähnliche Beharrlichkeit bezüglich Joss Whedons Serienuniversum an den Tag legt, wie es die Trekkies tun, wenngleich sie sich zahlenmäßig nicht mit den Anhängern deren mittlerweile elf Serien umfassenden Groß-Franchises messen können. Immer wieder einmal war in der Vergangenheit von einer Weiterführung der Serie zu lesen, was in großen Teilen jedoch dem Wunschdenken der Fans entspringt (den konkreten Plänen und Möglichkeiten hierfür ist ein späteres Kapitel in diesem Buch gewidmet). Dafür jedoch gibt es Bücher und Comics (auch hierüber ein eigenes Kapitel in diesem Buch) sowie mittlerweile mehrere von Fans realisierte Amateurfilm-Produktionen, eine große Anzahl an Fanfiction-Geschichten, die die Abenteuer von Captain Reynolds und der Crew der Serenity weiterspinnen. Mit schöner Regelmäßigkeit sind in zumeist selbstgeschneiderte Nachbildungen der Serienoutfits gekleidete Fans auf den Science-Fiction-Conventions und anderen Fan-Veranstaltungen zu sehen, die teilweise zu den offiziellen Serienhelden hinzuerfundene Charaktere verkörpern (so hat Captain Reynolds beispielsweise gleich mehrere unkanonische Brüder).

Auch die Stars der Serie selbst, allen voran Nathan Fillion, machen keinen Hehl daraus, dass zumindest der größte Teil von ihnen jederzeit zu einer Rückkehr in das Serienuniversum bereit wäre. Allein in Fillions erfolgreicher Nachfolgeserie *Castle* (2009 bis 2016) wimmelt es geradezu von Referenzen und Anspielungen auf *Firefly*.

Serienmacher Joss Whedon hat ebenfalls wiederholt geäußert, dass er einer Serien-Fortsetzung durchaus nicht abgeneigt wäre.

Abschließend kann man mit Fug und Recht sagen, dass »Verschrottet und vergessen« sicherlich nicht auf das zwar ruhende, aber durchaus lebendige *Firefly*-Franchise zutrifft. Warten wir einfach ab, was die Zukunft bringt!

Rumgesponnen: Was wäre, wenn?

Die Frage, was aus *Firefly* hätte werden können, wenn die Show nicht einen so frühzeitigen Serientod gestorben wäre, wird unter Fans inzwischen seit 20 Jahren heiß diskutiert. Im Lauf der Zeit entstanden abseits des Films, der bekanntermaßen einige Ideen für eine mögliche zweite Staffel aufgriff, zahlreiche Fanfictions, aber auch kanonische Comics und seit einigen Jahren sogar Romane. Es ist bekannt, dass in den textlichen und zeichnerischen Fortsetzungen auch einige nicht verfilmte Pitches verarbeitet wurden. Dennoch darf man durchaus davon ausgehen, dass die Serie selbst womöglich einen ganz anderen Verlauf genommen hätte, wenn sie sich über einige Jahre hingezogen hätte.

Das Spekulieren darüber ist einerseits vielleicht müßig, macht aber auch Spaß, vor allem wenn man das Vergnügen hat, sich mit anderen Fans die Köpfe heiß zu diskutieren. Deshalb haben die Autoren dieses Buches sich dazu entschieden, genau das zu tun und Ihnen, liebe Leser, ihre Ideen in Form eines Gespräches zu präsentieren, das sie eines Morgens spontan miteinander führten.

Prahl: Thorsten, lass uns ein wenig darüber philosophieren, was noch auf uns zugekommen wäre, wenn *Firefly* über mehrere Staffeln gelaufen wäre. Wie hätte sich die Serie möglicherweise entwickelt? Was sind unsere Ideen dazu? Wie wir heute wissen, sind die Folgen damals ziemlich durcheinander gelaufen, sodass man erst während der Sichtung der DVD-Box überhaupt eine Ahnung davon bekam, was Joss Whedon im Hinterkopf hatte. Einige Entscheidungen, die im Kinofilm getroffen wurden, stießen wiederum bei manchen Fans auf wenig Gegenliebe. Ich persönlich glaube, dass sich die Serie ohne Film in eine andere Richtung entwickelt und der Arc um die Blue Gloved Men den Meta-Plot gebildet hätte. Was denkst du?

Walch: Der Kinofilm macht nach meinem Empfinden eine neue Tür auf, und ich frage mich ständig, ob die Ereignisse des Kinofilms nicht tatsächlich in dieser Form eine große Rolle in den kommenden Staffeln gespielt hätten, nur eben wesentlich ausführlicher. Wir haben in den 14 Episoden viel zu wenig über River erfahren, zumal sie nicht die Einzige ihrer Art war. Die Geschichte um die anderen Kinder, die diesen schrecklichen Versuchen ausgesetzt wurden, wäre also ganz sicher innerhalb des übergreifenden Handlungsbogens thematisiert worden.

Prahl: Du glaubst also auch, dass der Plot um die Blue Sun Corporation und die Blauhandschuhe sich über mehrere Staffeln oder sogar die ganze Serie gezogen hätte?

Walch: Über alle Staffeln vielleicht nicht, über die zweite aber auf jeden Fall. Vielleicht auch über die dritte, aber dann hätte Joss Whedon es auch gut sein lassen, um Raum für andere Ideen zu schaffen. Wenn es nach der Auflösung um Rivers Schicksal mit den Blue Gloved Men weitergegangen wäre, dann wohl eher unterschwellig, ähnlich wie der Plot über den Raucher in *The X-Files*. Wie der Kinofilm gezeigt hat, ist die Geschichte an sich relativ schnell auserzählt. Deshalb glaube ich eben, dass hier und da ein Häppchen die bessere Alternative gewesen wäre, zumal nicht bekannt ist, welche Staffellängen Whedon im Kopf hatte.

Prahl: Bei *Buffy* und *Angel* waren es in der Regel 22. Bei *Marvel's Agents of S.H.I.E.L.D.* ebenfalls. Ich glaube, im Großen und Ganzen wäre er seinem angestammten Konzept treu geblieben. Du erwähntest übrigens gerade neue Ideen. Welche zum Beispiel?

Walch: Die Erde natürlich, weil sie in *Firefly* nur ein ferner Mythos ist. Man weiß, es gab sie einmal, aber wo sie liegt und ob sie vielleicht wieder bewohnbar ist und dort Menschen leben, ist völlig unbekannt. Insofern wäre es sehr spannend geworden, dieses Themenfeld über eine Staffel hinweg näher zu beleuchten.

Prahl: Ich kann mir vorstellen, dass es ziemlich schwierig geworden wäre, einen staffelübergreifenden Plot um die Erde zu stricken. Im *Firefly*-Universum gibt es nun einmal keinen FTL-Antrieb, mit dem man »mal eben« durch das Weltall »huschen« kann. Die Menschen kamen, wie wir wissen, mit riesigen Generationenraumschiffen ins System. Ich glaube nicht, dass Joss Whedon sich auf eine Änderung dieser Prämisse eingelassen hätte. Wenn, hätte man also die Geschichte quasi auslagern müssen, um sie in Rückblenden zu erzählen.

Walch: Ich sage nur Wurmlöcher. Anfang der 2000er gab es überspitzt ausgedrückt in so ziemlich jeder Serie mindestens eines. Die Einstein-Rosen-Brücke war in jenen Tagen in der Wissenschaft ein großes Thema, ständig konnte man irgendwelche Artikel in diversen Zeitschriften und im Netz lesen. Es war also kein Wunder, dass sie auch in der SF-Literatur sowie in Film und Fernsehen auftauchte, nur eben unter der Bezeichnung Wurmloch. Ich könnte mir sogar vorstellen, dass in *Firefly* der Fachbegriff verwendet worden wäre, gerade weil dieser in der Popkultur relativ wenig bekannt war.

Prahl: Soweit ich mich erinnere, wollte Joss Whedon derartige Elemente allerdings explizit nicht haben, weil sich *Firefly* »geerdet« anfühlen sollte, wie er es in einem Interview einmal ausdrückte.

Walch: Roddenberry wollte bei *Star Trek* auch vieles zunächst nicht. Wenn *Firefly* ein Erfolg geworden wäre, denke ich, dass Whedon mit der Zeit einiges aus den Händen genommen worden wäre oder er sich vielleicht ein wenig aus dem Projekt zurückgezogen hätte, um sich anderen Dingen zu widmen.

Prahl: Ich gebe dir insofern recht, als dass die Ideen in *Buffy* über die Jahre hinweg ja auch immer größer wurden. Warum hätte *Firefly* sich im Lauf der Jahre nicht auch in eine Richtung entwickeln können, die ursprünglich nie angedacht war?

Walch: Eben. Denn seien wir einmal ehrlich: Space Operas haben die Neigung, irgendwann in einer Sackgasse zu enden, wenn sich die Autoren festfahren. Will man sie am Leben erhalten, muss das Produktionsteam irgendwann anfangen, etwas zu riskieren. Deshalb glaube ich, dass auch Aliens auf Dauer nicht tabu gewesen wären.

Prahl: Das glaube ich nun nicht. Whedon hat gerade Aliens immer kategorisch ausgeschlossen.

Walch: Warum nicht? Man hätte das wunderbar in den Handlungsbogen um River und die Blue Gloved Men integrieren können. Letztlich wollte die Organisation Supersoldaten erschaffen. Warum dann nicht mit außerirdischen Genen?

Prahl: Das klingt interessant. Wie stellst Du Dir das genau vor?

Walch: Ich glaube gar nicht mal unbedingt, dass wirklich eine Alien-Invasion über das System hereingebrochen wäre. Ich könnte mir aber gut vorstellen, dass die Blauhandschuhe auf irgendeinem abgelegenen Mond Ruinen einer untergegangenen Zivilisation gefunden hätten und dort auf fremdartiges Genmaterial gestoßen wären, das dem menschlichen weit überlegen ist. Rivers Fähigkeiten wären dann das Ergebnis der schrecklichen illegalen Experimente gewesen, denen sie ausgesetzt war. Vielleicht wäre es sogar Simon gewesen, der das Geheimnis letztlich aufdeckt. Das wäre bestimmt toll geworden. Wie dem auch sei, ich bin überzeugt davon, dass die Serie auf lange Sicht nicht ohne Aliens ausgekommen wäre.

Prahl: Ich finde es spannend, in welch unterschiedlichen Ideenwelten wir leben. So weit wie Du habe ich gar nicht gedacht. Was mich zunächst einmal interessiert hätte, ist die Hintergrundgeschichte zu Shepherd Book. Ich denke, dass wir spätestens in Staffel zwei mehr über ihn erfahren hätten. Er war ein Waffenexperte, ein gefährlicher Nahkämpfer, und er muss innerhalb der Allianz eine wichtige Persönlichkeit gewesen sein. Meine Idee ist, dass Shepherd in Wirklichkeit ein Ex-Agent der Blue Sun Corporation war, der aber ausstieg, als die Blauen sich immer mehr zu einer menschenverachtenden, skrupellosen Organisation entwickelten. Er wurde dann Priester, um Buße zu tun. Die Erkenntnis seitens der Crew, dass Shepherd einst der Feind war, hätte auf der Firefly eine Schockwelle verursacht, die sich gut und gerne über mehrere Folgen hätten ziehen können, findest du nicht?

Walch: Ja, auf jeden Fall! Er war ein ehemaliger Killer. Woher hat ein Priester das Wissen, jegliche Waffen auf den ersten Blick zu erkennen und vor allem auch bedienen zu können? Da wäre sicherlich noch einiges gekommen, obwohl es auf Dauer vielleicht auch schwierig geworden wäre. Ron Glass erkrankte schon recht früh und zog sich später immer mehr aus dem Filmgeschäft zurück. Es mag also sein, dass man ihn nach einigen Staffeln aus der Serie hätte schreiben müssen, allerdings nicht so – und vor allem nicht so früh – wie es in *Serenity* geschah. So oder so war er letztlich eine positive Figur, wobei meiner Meinung nach auch nie wirklich klar wurde, ob die Blue Gloved Men böse im eigentlichen Sinne waren.

Prahl: Ein weiteres Thema, das unterschwellig stets wie ein Damoklesschwert über der Serie schwebte, war der Bürgerkrieg zwischen der Allianz und den Browncoats. Für mich fühlte sich der Konflikt alles andere als beendet an, zumal immer wieder durchschien, wie unzufrieden die Menschen im Rim mit der Allianz und ihren Methoden waren. Vielleicht hätten wir sogar einen weiteren Aufstand erlebt, der das System an den Rand eines neuen Krieges führt.

Walch: Da sieht man mal, wie vieles in *Firefly* noch möglich gewesen wäre. Wir machen hier gerade Plots für mehrere Staffeln auf, die alle hochspannend klingen. Ich glaube auch, dass ein neuer Konflikt zwischen der Allianz und den wiedererstarkten Browncoats eine tolle Sache gewesen wäre. Auch eine weitere Kolonie von Menschen, die schon früher von der sterbenden Erde geflohen wären und plötzlich ins System eindringt, wäre durchaus denkbar.

Prahl: Richtig. Eine spätere Staffel, die Deine Idee um den Erd-Plot aufgreift, hätte sich mit Einwanderern befassen können, die viele Jahre später von der Erde aufbrachen und nun als Flüchtlinge ins *Firefly*-Verse eindringen. Wie würde die Allianz mit vielleicht Millionen Schutzsuchenden umgehen, die das System fluten und im schlimmsten Fall das Machtgefüge durcheinanderwirbeln? So ein Arc würde toll in die heutige Zeit passen und einen guten Ansatzpunkt für spannende Geschichten bieten. Vielleicht würde sich auch herausstellen, dass die Erde sich wieder erholt hat und sich technologisch so weiterentwickelte, dass noch viele weitere Schiffe folgen werden, um das All zu kolonisieren.

Walch: Ein weiterer Gedanke, der mich umtreibt, ist Washs Tod. Es ist ja bekannt, dass man ihn, wenn die Serie länger gelaufen wäre, nicht so sinnlos geopfert hätte. Selbst wenn wir den Kinofilm als eine Art Season zwei im Zeitraffer betrachten, bin ich sicher, dass die Umstände im Fernsehen andere gewesen wären und Wash, wenn überhaupt, erst sehr viel später gestorben wäre. Die Figur war beliebt, und seine Ehe mit Zoë sorgte immer wieder für witzige Momente.

Prahl: Da stimme ich Dir absolut zu. Tatsächlich hat Joss Whedon mal in einem Interview erwähnt, dass Hoban im Grunde genommen ein Bauernopfer war. Universal wünschte sich einen dramatischen, schockierenden Höhepunkt, und was lag da näher, als eine der wichtigsten Hauptfiguren sterben zu lassen? Ich finde das bis heute schade, zumal ich mir immer gewünscht hatte, mehr über ihn zu erfahren.

Walch: Definitiv. Ich denke, einer der Hauptgründe war, dass der Tod nun einmal endgültig ist. Vielleicht war Washs Tod für Joss Whedon insofern auch eine Metapher für das Ende eines Weges. Ihm war klar, dass es nach *Serenity* keine dritte Chance geben würde und er seinen Traum, die *Firefly*-Crew zu neuen Abenteuern zu führen, begraben musste.

Prahl: Ich finde, das ist ein wundervolles Schlusswort.

Walch: Wo du recht hast, hast du recht.

Reboot oder Remake? Alles und nichts ist möglich

Die Autoren dieses Buchs deuteten ja bereits mehrfach an, dass ein Remake oder Reboot der Serie bzw. eine Fortsetzung durchaus nicht unmöglich erscheint, zumal *Firefly* auch nach nunmehr 20 Jahren noch immer über eine sehr treue Fangemeinde verfügt. Tatsächlich kursieren schon seit Jahren entsprechende Gerüchte in der Presse, die die Hoffnungen der Fans immer wieder anheizen. Im Januar 2017 verkündete der ehemalige Fox-Entertainment-President David Madden, der inzwischen für Greg Berlanti's Produktionsfirma tätig ist, gegenüber der Television Crictics Association, dass er großes Interesse an einer Fortsetzung der Geschichten der Serenity-Crew hätte. Als Grundvorsetzung nannte er dafür damals die Rückkehr Joss Whedons. Angedacht war, soweit man den Berichten entnehmen konnte, auch eine Rückkehr der restlichen Original-Crew, die, wie wir oben schrieben, durchaus Interesse bekundete.

Als Madden im August desselben Jahres Fox verließ und die Aufsicht über die Programme von AMC, Sundance TV und die AMC Studios übernahm, verwandelte sich das Hörensagen zunächst in Schall und Rauch. Doch dann geschah etwas für den Serienmarkt überaus Spannendes. 2019 übernahm Disney 20th Century Fox und sucht seitdem stetig Futter für den hauseigenen Streamingdienst. Schnell köchelten die Vermutungen, Annahmen und Theorien wieder hoch und verdichteten sich 2021 allmählich. Im Jubiläumsjahr 2022, dem Erscheinungsjahr von *Es lebe Firefly*, schien die Idee langsam, aber stetig Gestalt anzunehmen. Die Kollegen vom US-amerikanischen Web-Magazin Screenrant berichteten im Februar, dass Disney möglicherweise über ein längerfristig angelegtes Reboot nachdenkt, das sich auf Mal Reynolds Kriegserlebnisse und die Zeit danach, also die Jahre vor dem Erwerb der Serenity, konzentrieren könnte. Dies würde bedeuten, dass ein völlig neuer Cast zusammengestellt würde, was wiederum zur Folge hätte, dass es, anders als bei einem Spin-Off oder einer Fortsetzung, auch nicht zu Cameo-Auftritten käme. Ob die Altfans mit so einer Entscheidung leben könnten, sei einmal dahingestellt. Schließlich und endlich ist *Firefly* eine figurengetriebene Serie, die von starken Charakteren und ihren Geschichten lebt. So gut das Verse an sich auch ausgearbeitet ist, es ist für die Autoren als große Fans jedenfalls schwierig vorstellbar, jemand anderen als Nathan Fillion in der ikonischen Rolle des Captains zu erleben. Andererseits ist vor allem er, aber auch Morena Baccarin, Summer Glau, Jewel Staite und die anderen »überlebenden« Crewmitglieder vielbeschäftigt, und sie sind daher möglicherweise schwierig zu buchen und auch zu teuer. Es erscheint von diesem Standpunkt aus betrachtet also eher unwahrscheinlich, dass die neuen Serienmacher die Uhr »einfach nur« 20 Jahre vordrehen.

Eine tolle Option wäre hingegen ein Spin-Off in der Art, wie sie derzeit erfolgreich das *Star Wars*- und *Marvel*-Universum erweitern. Miniserien über die weiteren Erlebnisse der Crew, die möglicherweise im Lauf der Jahre ihre eigenen Wege gingen, würden ein langersehntes und glaubwürdiges Wiedersehen mit den geliebten Helden und Heldinnen der Show ermöglichen, ohne dem Franchise die Möglichkeit zu rauben, die Fühler in Richtung eines neuen Casts auszustrecken. Denkbare wäre hier beispielsweise, dass sich Mal zur Ruhe setzt und den Staffelstab an ein jüngeres Team (die Kinder von Kaylee und Simon, die inzwischen 20 Jahre alt sein könnten?) übergibt. Der Plot hätte in etwa den Charakter einer »FNG« (*Firefly: The Next Generation*) und könnte die Geschichte geschickt modernisieren und weiterführen. Außerdem wären auch in diesem Fall jederzeit kleinere und größere Cameos möglich, die eine wundervolle Kontinuität ermöglichen könnten.

Letztlich gilt wie bei so vielen Dingen im Leben allerdings: Nichts Genaues weiß man nicht. Die Faktenlage ist, wie wir hoffentlich darlegen konnten, schlicht zu dünn, um noch tiefergehende Spekulationen zu wagen. Bekannt ist bisher im Grunde genommen lediglich, dass Disney möglicherweise darüber nachdenken könnte, das *Firefly*-Universum auszubauen. Wenn hier (und das ist keineswegs in Stein gemeißelt) ein langfristig angelegter Plan geschmiedet wird, erscheint es allerdings gar nicht so abwegig, dass mehrere der oben genannten Optionen verwirklicht werden und wir einerseits eine Fortsetzung, andererseits aber vielleicht auch die Etablierung von Side-Storys oder eben ein vollständiges Reboot erleben. Zu hoffen bleibt so oder so, dass die kommende Reinkarnation – falls sie denn wirklich angedacht ist – auf dieselben Tugenden setzt, die *Firefly* zu dem Kultstatus verhalfen, der dem Verse heute innewohnt.

Fan-Futter aus benachbarten Universen

Thematisch ähnliche Serien vor *Firefly*

Es war gegen Ende der 90er-Jahre, als sich das vornehmlich US-amerikanisch geprägte Science-Fiction-Fernsehen zu verändern begann.

Bekanntlich hatte bereits in den 80ern ein ausgesprochener Boom in puncto neuer Genre-Serien eingesetzt, der durch Produktionen wie *V*, *War of the Worlds* und *War of the Worlds: The Second Invasion* (hierzulande beides unter dem Titel *Krieg der Welten)* und natürlich *Star Trek: The Next Generation* angeheizt worden war. In den 90er-Jahren setzte sich das Ganze durch *seaQuest DSV*, *Earth 2*, *Space: Above and Beyond* und natürlich *Stargate SG-1*, *Babylon 5* sowie die nachfolgenden *Star Trek*-Serien *Deep Space Nine* und *Voyager* fort.

Doch handelte es sich bei allen diesen Serien trotz ihrer unbestrittenen Qualitäten um eher konventionelle TV-Unterhaltung, die stilistisch nur vergleichsweise selten die eingetretenen Pfade verließ.

Whedons *Firefly* war eine der ersten Serien, wenn auch nicht die allererste, die neue Wege beschreiten und dem faszinierenden Genre innovative Facetten verleihen wollte. Nach den 80er-Jahre-Zeichentrickserien *Bravestarr* und *Saber Rider and the Starsheriffs* gibt es zumindest zwei weitere Serien, die sich kurze Zeit vor den Abenteuern von Captain Mal Reynolds und der Crew der Serenity an aufregenden neue Science-Fiction-Universen fernab jeglicher Klischees versuchten. Eine weitere (allerdings japanische Anime-) Serie von 1998, die mittlerweile ein Remake als Realverfilmung erhielt, könnte Joss Whedon ebenfalls durchaus als Inspiration gedient haben. Obwohl alle diesen Shows völlig andere Welten erschufen als der Macher von *Buffy*, ist an ihnen doch dieser damalige neue Trend erkennbar, der sich bis heute fortsetzt, und wir möchten sie im ersten Teil dieses Kapitels gern vorstellen. Falls die Browncoats dieser Welt sie nicht ohnehin bereits kennen und lieben, eignen sie sich bestens als Alternativprogramm für *Firefly*-Fans.

Cowboy Bebop – Space Western aus Japan vom Feinsten

Joss Whedon ist ein großer Comic- und Zeichentrick-Fan, und das ist kein Geheimnis. Dass dazu auch japanische Mangas und Animes gehören, ist evident, zumal in *Avengers: Age of Ultron*, in dem er bekanntermaßen Regie führte, so manche Referenz an den 80er-Jahre-Klassiker *Das Schloss im Himmel* auftaucht. Es erscheint also nicht unwahrscheinlich, dass eine der zumindest unbewussten Inspirationsquellen Whedons für *Firefly* in der 26-teiligen

Anime-Serie *Cowboy Bebop* von Hajime Yatate lag. Der Manga-Comic zum wilden Genre-Mix aus Sci-Fi, Western, Eastern und Gangsterdrama erschien von 1998 bis 2000 in drei Ausgaben. Noch im selben Jahr brachte das Produktionsunternehmen Sunrise das Werk unter der Regie von Shin'ichirō Watanabe als Zeichentrickserie heraus, die bei Fans und Kritikern einen regelrechten Hype auslöste.

Die Show spielt im Jahr 2071 in unserem heimatlichen Sonnensystem und dreht sich um den 27-jährigen Kopfgeldjäger Spike Spiegel und seine Crew, die sich mit dem Raumschiff Bebop in der Regel recht erfolglos auf die Jagd nach diversen Bösewichten begeben. Wenn man sich die Serie genauer anschaut, fallen einige bemerkenswerte Parallen ins Auge. So spielen sowohl (Neo-)Western-Elemente als auch solche aus chinesischen Kung-Fu-Filmen eine Rolle. Die Kleidung der Bewohner von Mars und Co. (die Erde ist weitestgehend unbewohnbar) tragen oft Kleidung, die sich mit einer Mischung aus Cowboy- und klassischem Eastern-Look sehr gut umschreiben lässt. Die Welt der Protagonisten ist ähnlich korrupt und dreckig wie die Randwelten in *Firefly,* und zudem verzichtet der Anime auf Laserwaffen und allzu futuristischen Schnickschnack.

Davon abgesehen führen beide Serien aber ein wundervoll stilistisches und inhaltliches Eigenleben. *Cowboy Bebop* lebt nicht nur von seinen Einzelepisoden, die über die gesamte Staffel inhaltlich nicht voraussehbar sind, sondern auch von seinen herrlich einzigartigen und skurrilen Figuren sowie einer abwechslungsreichen Musik, die sich stark an der fetzigen Jazz-Richtung Bebop anlehnt, deren Ursprünge auf die späten 30er- Jahre in den USA zurückgehen. Zwischendurch sind aber genauso immer wieder Western-, Rock- und andere Elemente zu vernehmen. Last but not least ist jede Episode nach einem bekannten Song benannt, dazu gehören *Honky Tonk Woman* und *Sympathy For The Devil* (Rolling Stones), *Bohemian Rhapsody* (Queen), *Toys In The Attic* (Aerosmith) und *Heavy Metal Queen* (Trance).

»Jetzt tanzen alle Puppen…« – *Farscape*

Nein, keine Sorge – bei der weiteren (Real-) Serie, die *Firefly a*ls Vorbild gedient haben könnte und die die Autoren dieses Buches den *Firefly*-Fans als Abwechslung vorschlagen möchten, handelt es sich keineswegs um *Pigs In Space* aus der ebenso berühmt-berüchtigten wie heißgeliebten *Muppet Show.* Aber mit den abgedrehten flauschigen Gestalten hat die nachfolgend vorgestellte Reihe dennoch zu tun.

Seit dem Frühjahr 1999 sorgte in Übersee eine überaus ungewöhnliche neue Science-Fiction-Show für Furore: Der SciFi-Channel (heute schlicht Syfy) zeigte *Farscape* und schickte darin eine Renegaten-Raumschiffbesatzung auf die Reise ins Ungewisse, die mit Fug und Recht als Vorgänger von Mal Reynolds und seiner Truppe gelten kann.

Der US-Astronaut John Crichton (Ben Browder, damals bekannt aus der Serie *Party of Five)* wird mit seinem experimentellen Raumfahrzeug Farscape One in ein Wurmloch gezogen und dadurch in ein weit entferntes Universum verschlagen. Hier gerät er an Bord des organischen Raumschiffes Moya, das von einer Gruppe Aufständischer gegen das finstere Imperium der Peacekeepers gekapert wurde: dem einem Klingonen nicht unähnlichen Luxaner Ka D'Argo (Anthony Simcoe, *My Home Is My Castle),* der kahlen blauhäutigen delvianischen Priesterin Pa'u Zotoh Zhaan (Virginia Hey, *Castaway)* sowie dem arroganten hynerianischen Adligen Rygel XVI. (Stimme Jonathan Hardy, *Mad Max).* Gesteuert wird das Schiff von seinem symbiontisch mit ihm verbundenen Piloten (Stimme Lani Tupu *[Send a Gorilla],* der auch als Schauspieler in der Serie mitwirkt). Da Crichton bei seinem Eintritt in die fremde Galaxis versehentlich das Raumschiff des Bruders des Peacekeeper-Kommandanten Captain Bialar Crais (ebenjener Lani Tupu) zerstört und diesen dadurch getötet hat, machen dessen Truppen erbittert Jagd auf den Neuankömmling aus einer anderen Welt. Dabei gerät die toughe Peacekeeper-Pilotin Aeryn Sun (Claudia Black, *Hercules: The Legendary Journeys)* versehentlich mit an Bord der Moya. Es beginnt eine wilde Flucht durch das fremde Universum mit seinen schier unglaublichen freundlich wie feindlich gesinnten Aliens (darunter die feuerspeienden Sheyang oder die drachenhaften Scarran), in deren Verlauf sich im Auftrag der Feinde der halbkybernetische Scorpius (Wayne Pygram, *The Day of the Roses)* an ihre Fersen heftet und die Crew um die gewitzte junge Nebari Chiana (Gigi Edgley, *Water Rats)* und den unglücklichen Stark (Paul Goddard, *The Everlasting Secret Family)* erweitert wird.

Das Besondere an dieser Serie, die übrigens als amerikanisch-australische Co-Produktion realisiert und großteils mit in Down Under bekannten Schauspielern besetzt wurde, war, dass die Muppet-Schmiede The Jim Henson Productions (gegründet vom 1990 verstorbenen Schöpfer der besagten Gesellen und danach geleitet von seinem älteren Sohn Brian) in Zusammenarbeit mit Hallmark Entertainment (bekannt für aufwändige TV-Eventmehrteiler wie *Arabian Nights* oder *The 10th Kingdom)* für die Realisierung verantwortlich zeichnete. Entsprechend wurde der überwiegende Großteil der unglaublich fantasievoll gestalteten Alien-Kreaturen in der Serie per Animatronic erstellt, dem Verfahren, das auch die nun schon mehrmals zitierten Muppets oder aber auch den weisen Jedi-Meister Yoda aus der *Star Wars*-Saga zu quirligem Leben erweckt hatte. Dies sah man der ansonsten eher brutalen und nur sehr begrenzt für Kinder geeigneten Serie auch durchaus an, weswegen sie von ihren (glücklicherweise nicht allzu zahlreichen) Gegnern häufig als »Weltraum-Muppets« bezeichnet wurde.

Zumindest anfangs war *Farscape* trotz oder wegen seiner ungewöhnlichen Geschichte und Machart ein großer Erfolg. In Deutschland war der Serie (die vom 19. September 2000 an von Sat.1 mit dem Zusatztitel *Verschollen im All* gesendet wurde) kein großer Erfolg beschieden, was möglicherweise mit daran lag, dass viele Zuschauer sie als eine Art *Star Trek*-Nachahmung einschätzten, was auch einer etwas ungünstigen Werbekampagne geschuldet war. Einer der beiden Autoren dieses Buches, Thorsten Walch, verfasste übrigens damals einen Sonderband der Zeitschrift TV Highlights über die Serie, der einer der ersten (und nur sehr wenigen) deutschen Merchandising-Artikel zur Serie war.

Trotz einer gleichbleibend guten Qualität sanken die Einschaltquoten auch international, sodass sie 2002 nach nur vier statt der geplanten fünf Staffeln mit insgesamt 88 Folgen eingestellt wurde (die abschließende vierte Serienstaffel wurde bis heute nicht deutsch synchronisiert). Da Season 4 mit einem ziemlich haarigen Cliffhanger endete (der an dieser Stelle für potenzielle neue Zuschauer nicht gespoilert werden soll), produzierte man nach zahlreichen Fan-Protesten 2003 die zweiteilige Mini-Serie *The Peacekeeper Wars* (die im Gegensatz zu Staffel 4 eine deutsche Fassung erhielt) – eine ziemlich bemerkenswerte Parallele zu *Firefly*, das man bekanntlich mit einem Kinofilm abschloss.

Seitdem kursieren – ebenso wie bei *Firefly* – immer wieder einmal Gerüchte über eine Fortsetzung oder Neuauflage von *Farscape,* doch ist auch hier bisher nichts in Sicht. Die herrlich abgedrehte, schrille und ausgezeichnet umgesetzte Serie kann im Angebot von Amazon Prime angesehen werden und ist ferner auf Blu-ray-Disc erschienen. Wie bereits erwähnt, ist sie eine Art Kontrastprogramm zu *Firefly,* das sicherlich nicht von ihr inspiriert wurde, jedoch aus Gründen der Entstehungszeit einige interessante Parallelen aufweist. Aus diesem Grund sei sie daher allen Browncoats empfohlen.

Der wilde, wilde Sternenjäger

Ähnlich ungewöhnlich und abgedreht, aber bei Weitem nicht so bekannt wie *Farscape,* ist die Serie *Starhunter,* die wie die zuvor vorgestellte Serie ebenfalls etwa in der gleichen Entstehungszeit herauskam, allerdings bei Weitem nicht deren Bekanntheitsgrad und auch die Episodenanzahl nicht erreichte. Dennoch ist die am 1. November 2000 beim Sender TMN gestartete kanadisch produzierte Serie bis heute Kult für ihre Fans.

An Bord eines ausrangierten ehemaligen Weltraum-Luxusliners mit dem Namen Tulip, der dem zwielichtigen Rudolpho Deluna (Stephen Marcus, *Lock, Stock and Two Smoking Barrels)* gehört, geht der Kopfgeldjäger Dante Montana (Michael Paré, *The Philadelphia Experiment)* im Jahr 2275 zusammen mit seiner Crew, bestehend aus seiner Nichte Percy (Tanya Allen, *Spenser: Combat Zone),* Waffenspezialistin Lucretia »Luc« Scott (Claudette Roche, *The Journey of Allen Strange)* sowie dem Hologramm Caravaggio (Murray Melvin, *A Taste of Honey)* auf die Jagd nach allerlei galaktischem Gesindel, wobei sowohl Dante als auch Luc eigene Ziele verfolgen. Dante will seine von den finsteren Raiders entführte Familie wiederfinden, während Luc im Auftrag einer aus Wissenschaftlern bestehenden Geheimorganisation namens Orchard nach Informationen über außerirdische DNS-Komponenten in menschlichen Genen namens Divinity Cluster sucht.

Hergestellt von den Produktionsgesellschaften Alliance Atlantis (die unter anderem die *CSI*-Serien produzierte), The Danforth Studios Ltd., Grosvenor Park Productions UK Ltd. sowie der französischen Produktionsschmiede Le Sabre erlebte die hierzulande ab 2005 auf Sci Fi (zuvor SciFi-Channel, heute Syfy) gezeigte Serie niemals ihren ganz großen Durchbruch, weshalb es nach dem Ende der 22-teiligen ersten Staffel Ende März 2001 auch mehr als zwei Jahre dauerte, bis sich ab August 2003 eine ebenfalls aus 22 Folgen bestehende zweite Staffel anschloss. Allerdings hatte man hierfür eine fast vollständige Umbesetzung vorgenommen, und lediglich Tanya Allen als Percy sowie Stephen Marcus als Rudolpho Deluna waren aus der ersten Staffel übriggeblieben. Die Hauptrolle spielte nunmehr Clive Robertson *(Sunset Beach)* als Dantes Sohn Travis, der zusammen mit seinem Partner Marcus Fagen (Paul Fox, *Coronation Street)* an Bord kommt, während Dawn Stern *(Viper)* als Callista Lacardia zusammen mit Rudolpho zum Team stößt, der die Besitzrechte an der Tulip mittlerweile verloren hat. Hologramm Caravaggio war zwar nach wie vor mit von der Partie, hatte nun jedoch mit Graham Harley *(Slings & Arrows)* einen neuen Darsteller.

Staffel 2, die den Titel *Starhunter 2300* erhielt, da sie 15 Jahre nach der ersten spielte und somit eine Art »Next Generation« war, konnte der ersten an keiner Stelle das Wasser reichen und wurde noch weniger erfolgreich als diese, weshalb keine weitere Staffel mehr herauskam.

Season 1 strotzt hingegen nur so von coolen Ideen in einer Geschichte, die in einem ähnlich wurmstichigen Universum wie dem von *Firefly* spielt und sicherlich auch dessen Fans Spaß machen dürfte. Leider gibt es *Starhunter* nirgends im Stream, doch die erste (und wie gesagt ohnehin bessere) Staffel ist auf DVD erhältlich.

Von *Firefly* inspiriert

Diesen beiden zuvor behandelten stylistisch ähnlichen Vorgängern bzw. teilweisen Weggefährten von *Firefly* stehen zumindest zwei Serien gegenüber, die erst nach Joss Whedons Weltraumwestern herauskamen und einen Teil ihrer Inspiration durch die Abenteuer der Serenity bezogen zu haben scheinen, ohne hierbei jedoch als ausgesprochene Nachahmungen bezeichnet werden zu können.

Beide Serien wurden für sich genommen zu (erneut sehr unterschiedlich erfolgreichen) ausgesprochenen TV-Kulten und haben ebenso ihre treuen Fangemeinden wie *Firefly*, was sich wie in so vielen anderen Fällen erfolgreicher Science-Fiction-Franchises auch recht häufig überschneidet und zeitgleiche Fans mehrerer Serienuniversen hervorbrachte.

Willkommen in einem anderen wilden Universum!

Serie Nummer 1, *Killjoys,* kann sicherlich nicht als ausgesprochene Nachahmung von *Firefly* gelten; schließlich liegen zwischen dieser Serie und den Abenteuern der Serenity satte zwölf Jahre (in denen letztere jedoch bekanntlich ihren Kultstatus aufrechterhielt). Dennoch zeigt sich an ihr recht deutlich, dass in einem ganz bestimmten Stil erzählte Science-Fiction-Geschichten niemals voll und ganz aus der Mode gekommen waren und präsent blieben.

Produziert von den Unternehmen Temple Street Productions, Bell Media sowie Universal Cable Productions kam *Killjoys* im Sommer 2015 beim kanadischen Fernsehsender Space sowie in den USA und auch im Rest der Welt auf Syfy erstmals auf die Bildschirme und sollte dort bis 2019 fünf Staffeln lang mit insgesamt 50 Folgen auch bleiben.

Showrunnerin Michelle Lovretta war Fantastik-affinen Fernsehfans bei alledem keine Unbekannte. Vor *Killjoys* hatte sie diesen Posten bereits bei der höchst erfolgreichen Mystery-Serie *Lost Girl* bekleidet, was sicherlich ganz erheblich zur ihrer Auswahl beitrug.

Killjoys erzählt die Geschichte der drei Kopfgeldjäger Yalena »Dutch« Yardeen (Hannah John-Kamen, *Star Wars: The Force Awakens*) sowie dem Brüderpaar John (Aaron Ashmore, *Warehouse 13)* und D'avin Jaqobis (Luke Macfarlane, *The Night Shift),* die in einer nicht näher bezeichneten fernen Zukunft als Kopfgeldjäger für die RAC (Reclamation Apprehension Coalition, übersetzt sinngemäß etwa Rückführungsvereinigung) gesuchte Verbrecher oder auch vermisste Objekte aufspüren. Dies tun sie im sogenannten Quad, einem Raumgebiet, das aus dem Planeten Qresh und seinen drei bewohnten Monden Arkyn, Westerley und Leith besteht, auf denen höchst unterschiedliche Verhältnisse herrschen und die allesamt der United Republic angehören, die nur ein Teil des aus vielen weiteren Sternensystemen bestehenden J Star Clusters ist. In der Welt von Dutch und ihren Leuten lauern vielerlei Gefahren, darunter auch das geheimnisvolle grüne Plasma, das Menschen zu überlegenen, aber willenlosen Hüllen macht.

Einer der Drahtzieher dahinter ist Dutchs Ziehvater Khylen Kin Rit (Rob Stewart, *Tropical Heat),* und durch diese Verbindung werden unsere (Anti-) Helden in eine Geschichte galaktischer Ausmaße hineingezogen …

Auch im Fall von *Killjoys* ist die Gesamtgeschichte entschieden zu umfangreich für einen ausführlicheren Abriss. Man kann jedoch anhand der kurzen Inhaltsangabe bereits erahnen, dass die nicht ganz so aufwändig wie *Firefly* produzierte Serie in vielem handlungsmäßige Ähnlichkeiten mit den Abenteuern der Serenity aufweist. Für *Firefly*-Fans dürfte *Killjoys* sicherlich einiges bieten, das sie in angenehmer Weise an ihre Lieblingsserie erinnert. *Killjoys* nimmt seine Zuschauer mit auf einen wilden Ritt durch ein wüstes und vielfach von Intrigen bestimmtes Zweiklassen-Universum, das ziemlich genau dem heutigen Serien-Erzählstil folgt und dabei ebenso actionreiche wie verwinkelt-verschachtelte Unterhaltung mit einer sympathischen kleinen Heldenriege bietet. Sicherlich keine echte Nachfolge, aber summa summarum durchaus ein passabler Ersatz.

Killjoys kann – allerdings gegen Aufpreis – ebenfalls bei Amazon Prime gestreamt werden.

Vagrant Queen – Ein kurzer Spaß

Ebenfalls sehr unterhaltsam, aber leider auch ziemlich kurzlebig war die Serie *Vagrant Queen,* die 2020 lediglich eine Staffel mit zehn Folgen lang bei Syfy zu sehen war.

Basierend auf der gleichnamigen Comic-Serie von Autorin Magdalene Visaggio und Zeichner Jason Smith erzählen die zehn Folgen die Geschichte der knallharten Weltraum-Outlaw-Abenteurerin Elida (Adriyan Rae, *Chicago Fire),* die in einem wilden und chaotischen Zukunftsuniversum durch widrige Umstände dazu gezwungen wird, sich zusammen mit ihrer Freundin Amae (Alex McGregor, *Blood Drive)* mit ihrem einstigen Feind Isaac (Tim Rozon, *Wynonna Earp)* zusammenzutun, um ihrer eigentlichen Bestimmung zu folgen. Elida ist die rechtmäßige Herrscherin eines Sternenkönigreiches, das unter anderem durch die Machenschaften des finsteren Commander Lazaro (Paul du Toit, *Maze Runner: Death Cure)* zerfallen ist. Elida erfährt, dass ihre totgeglaubte Mutter noch lebt, und begibt sich zusammen mit ihren alten und neuen Gefährten auf die ebenso gefahrvolle wie actionreiche Suche nach ihr.

»Als sei *Star Wars* von den Coen-Brüdern inszeniert worden«, urteilte ein Kritiker über die hochgradig schrille Serie, die im südafrikanischen Kapstadt gefilmt und vom Produktionsstudio Blue Ice Pictures für Syfy realisiert wurde.

Die *Star Wars*-Parallelen mögen bei alledem ein wenig weit hergeholt sein (zumal wohl keine einzige moderne Space-Opera-Geschichte mehr ohne diesen Vergleich auskommen wird), doch macht die kurzlebige Serie trotz ihrer mitunter eher preisgünstig wirkenden Machart Vergnügen. Neben *Firefly* fühlt man sich angesichts der alles andere als bierernsten Inszenierung auch immer wieder an die eingangs vorgestellte Serie *Farscape* erinnert, was unter anderem der Auswahl der spielfreudigen Hauptdarsteller zu verdanken ist; jedoch kommt *Vagrant Queen* in Sachen Produktionsaufwand nicht einmal in deren Nähe.

Da es wie gesagt lediglich zehn Folgen der Serie gibt (abrufbar unter anderem gegen Aufpreis bei Amazon Prime sowie auf Bluray und DVD erschienen), kann der geneigte *Firefly*-Fan diese als kleines TV-Event in der Pause eines Rewatchs seiner Lieblingsserie genießen – und sich dabei gut unterhalten lassen.

Wie man unschwer sehen kann, haben die Abenteuer von Captain Mal Reynolds und seiner Crew ihre Spuren in den Universen benachbarter Science-Fiction-Franchises hinterlassen – viel Vergnügen beim Anschauen der Vorgänger und Epigonen!

ZWISCHENSPIEL

Space-Western aus Deutschland: Die *Frontiersmen*-Reihe

Zu guter Letzt wollen wir einen Blick in Richtung Deutschland wagen, wo *Firefly* ebenfalls zahlreiche Fans fand und die Browncoats sehnsüchtig nach neuen Geschichten aus dem Verse gieren. In Sachen Kino und TV tun sich hiesige Produktionsgesellschaften und Geldgeber aller Couleur bekanntermaßen immer noch schwer mit Science-Fiction-Serien und -Filmen, und das, obwohl Streamingdienste wie Netflix mit *Dark* und ähnlichen Projekten längst bewiesen haben, was auch hierzulande möglich ist. Das bedeutet aber nicht gleichzeitig, dass unsere Heimat arm an Space-Western wäre. 2012 war es der deutsche Schriftsteller und nach eigener Aussage passionierte *Firefly*-Fan Bernd Perplies, der unter dem Pseudonym Wes Andrews mit seiner *Frontiersmen*-Reihe dem Genre in Form von Romanen neues Leben einhauchte.

Um das Universum zu gestalten, in dem sich seine Helden in ihrem alten Frachter Mary-Jane Wellington durch »die Schwärze des Alls« zu ihren Abenteuern aufmachen, bediente sich der Autor allerdings nicht nur an Malcolm Reynolds und Co., sondern ebenso an der Figur des Han Solo aus *Star Wars* und klassischen Western wie *High Noon.* Wie im großen Vorbild geben sich also auf der einen Seite Rinderbarone, Gangster, Farmer und Rancher und auf der anderen die hochgerüsteten Truppen der Kernwelten-Union die Klinke in die Hand. Doch es gibt auch große Unterschiede. So war Perplies beispielsweise der Meinung, dass er den Western-Aspekt seiner Buchreihe noch stärker herausarbeiten müsste und dass zu einem richtig guten Western eben auch Indigene gehörten. So ersann der Autor die blauhäutigen Peko, ein friedliches, raumfahrendes Volk, das den Menschen freigiebig seine fortschrittliche Antriebstechnologie überließ, von diesen jedoch später »durch Übervorteilung und Gewalt immer weiter zurückgedrängt« werden sollte, wie der Schriftsteller schreibt.

Die *Frontiersmen*-Reihe funktioniert in sich gesehen so gut, dass sie es immerhin auf zwei Print-Romane und eine sechsteilige E-Book-Serie brachte. Wenn es nach Bernd Perplies geht, ist die Geschichte auch noch lange nicht auserzählt, wie er uns im folgenden Interview verriet.

Im Galopp durchs Weltall
Wortduell mit Wes Andrews alias Bernd Perplies

Prahl/Walch: Bernd, du bist Schriftsteller, Autor und Journalist und selbst großer *Firefly*-Fan. Wie begann Deine Leidenschaft für das Franchise?

Perplies: Als *Firefly* im Herbst 2002 in den USA erschien, war ich unter anderem als Redakteur für das Magazin *Space View* tätig. Dadurch war ich besser über US-Genre-Serien informiert, als ich es normalerweise gewesen wäre, und diese Mischung aus Science-Fiction als auch Western hat mich sofort gereizt. Als dann Ende 2003 die DVD-Box in den USA herauskam, habe ich die mir sofort importiert. Schon nach dem Pilotfilm *Serenity* war ich, wie man so schön sagt, angefixt, einfach weil die Serie nicht so superglatt ist und alles ein wenig schmutzig aussieht. Realistisch und lebendig, gewissermaßen. Die restlichen Folgen habe ich dann in einem Rutsch durchgeschaut und war wirklich traurig darüber, dass die Show viel zu früh abgesetzt worden war. Der Film, der schließlich 2005 erschien, war nicht unbedingt das, was ich mir als Fortsetzung oder Abschluss gewünscht hätte, einfach weil dafür ein paar Entscheidungen getroffen wurden, die mir als Fan nicht zusagten.

Prahl/Walch: 2015 hast du unter dem Pseudonym Wes Andrews die *Frontiersmen*-Reihe um Captain John Donovan und die Crew des in die Jahre gekommenen Frachters Mary-Jane Wellington herausgebracht, die in einigen Belangen an *Firefly* angelehnt ist. Erzähl uns ein wenig darüber, wie *Höllenflug nach Heaven's Gate* und die anderen Bände entstanden sind.

Perplies: Die Idee zu den *Frontiersmen*-Romanen geht auf das Jahr 2012 zurück. Richtige Space-Western gab es seit *Firefly* praktisch kaum noch, erst recht nicht im Printbereich, und ich gelangte zu dem Entschluss, dass es an der Zeit sei, dieses wundervolle Genre neu zu beleben. Ich weiß gar nicht mehr, was der genaue Auslöser war, vielleicht war es ein Artikel, den ich irgendwo gelesen hatte, der von traurigen *Firefly*-Fans handelte. Im Oktober 2012 jedenfalls habe ich dann mein Exposé, in dem ich schon eine ganze Reihe angedacht hatte, ohne Vorwarnung an meine Agentin geschickt und ihr gesagt, dass ich diese Space-Western-Serie, die durchaus an *Firefly* erinnern, aber doch ihren eigenen Stil haben sollte, gerne machen würde. Unser erster Ansprechpartner war Bastei Lübbe, weil die zu der Zeit ein recht lebendiges SF-Programm mit einigen Reihen hatten. Dort waren aber zeitnah keine Programmslots mehr frei, allerdings durften wir die Reihe 2013 noch einmal anbieten. Das haben wir gemacht, und diesmal kam als Reaktion: ›lasst es uns versuchen.‹ Zuerst wurde ein Einzelroman bestellt (der kam 2015 heraus), später noch eine Fortsetzung *(Blutfehde auf Alvarado,* 2016) und danach übernahm das Digitallabel beBeyond, das Lust auf eine sechsteilige E-Book-Serie hatte *(Civil War,* 2018).

Prahl/Walch: Fast alle Deine Figuren entwickeln ein wunderbares Eigenleben. Da ist zum Beispiel Hobie, der alternde Maschinist mit seiner Schrotflinte, der immer einen Stumpen zwischen den Zähnen hat und sein weiches Herz hinter einer rauen Schale verbirgt. Im Gegensatz dazu weist John Donovan starke Parallelen zu seinem Vorbild Malcolm Reynolds aus *Firefly* auf. War das von Anfang so gedacht, oder hat sich das während des Schreibprozesses ergeben?

Perplies: Ich sage immer: ›Wenn sich Han Solo, Malcolm Reynolds und John Donovan in einer Bar träfen, würden sie sich auf Anhieb gut verstehen, weil sie sich so ähnlich sind.‹ Aber mal im Ernst: Es ist immer einfacher, schräge Nebenfiguren zu entwickeln, die ihre Ecken und Kanten und Marotten haben. Schwieriger ist es hingegen, die Identifikationsfigur so zu schreiben, dass möglichst viele Leser mit ihr mitgehen wollen. Klar, auch Donovan hat seine Eigenheiten, aber tatsächlich eher solche, die schon bei anderen Helden wie den oben genannten zum Tragen gekommen sind. Wobei seine konkreten Vorbilder noch weiter zurückliegen, nämlich bei den klassischen Hollywood-Westernhelden der 50er und 60er Jahre. Wie sie ist John ein Einzelgänger mit einem Hauch Sarkasmus, der sich schwer mit Bindungen tut und nicht so einfach enge Freundschaften eingeht. Sicherlich ist er insofern ein wenig stereotyp. Bei seinen Mitstreitern habe ich mich eher getraut, etwas auszuprobieren und meiner Fantasie freien Lauf zu lassen. In dem Zusammenhang habe ich dann auch bei *Firefly* genauer recherchiert und mir angeschaut, welche Figuren sich dort tummeln und welche Charakterzüge ich nicht haben wollte. So jemanden wie Harold Piccoli, einen schwarzen Ex-Bergarbeiter, der aus der Lohnsklaverei eines Konzerns geflohen ist, gibt es zum Beispiel in *Firefly* nicht, genauso wenig einen Aleandro, den jungen, schrägen, mexikanisch angehauchten Hacker und Computerspezialisten der Reihe.

Prahl/Walch: Und einen Raumfrachter hast du ausgewählt, weil so eine Crew zwangsläufig im All weit herumkommt?

Perplies: Richtig. Das war für mich das Naheliegendste. Ich hätte vielleicht auch ein Prospektorenschiff nehmen können oder ein Militärschiff, das eine Special-Forces-Einheit in ihre Einsatzgebiete fliegt. Doch das Erste war mir zu eingeschränkt in der Motivation, umher zu reisen, das Zweite zu militaristisch. Eine Gruppe Reporter wiederum hätte irgendwie nicht zum Setting gepasst. Also entschied ich mich für die *Frontiersmen,* die als freie Frachterpiloten immer knapp bei Kasse sind und manchmal auch Aufträge annehmen, die vielleicht nicht ganz koscher sind.

Prahl/Walch: Anders als in *Firefly* gibt es in deiner Reihe eine Alien-Spezies, die Peko. Wie kam es dazu?

Perplies: Ich habe die *Frontiersmen* von Anfang nicht als eine reine *Firefly*-Kopie geplant. Meine Idee war vielmehr, den Western-Aspekt im Space-Western-Setting deutlich zu stärken. Deshalb habe ich mir zur Vorbereitung zwar noch einmal zwei, drei Folgen *Firefly* angeschaut, eigentlich aber vor allem alte Western mit John Wayne, Gary Cooper oder Clint Eastwood studiert sowie mich in die US-amerikanische Geschichte des 19. Jahrhunderts eingelesen. Und ich finde, zu einem richtigen Western gehören auch Indigene dazu, die es in Joss Whedons Universum mit den Reavern ja höchstens ansatzweise gab. Ich wollte aber eine deutliche Anlehnung und habe daher die Kultur der Peko erfunden, um auch die problematische Geschichte der weißen Siedler Nordamerikas mit den indigenen Völkern zumindest ansatzweise mit einfließen zu lassen. *In Höllenflug nach Heaven's Gate* könnte man den Peko-Häuptling Geonoj noch als reinen Bösewicht verstehen, weil ich ihn recht aggressiv darstelle und die Geschichte aus Sicht von John Donovan, der Hauptfigur, erzählt wird. Im zweiten Band kommt aber die Peko-Prinzessin Sekoya an Bord der Mary-Jane Wellington und in der *Civil War*-Reihe spielt eine ganze Episode, nämlich *Die Rache der Peko,* auf ihrer Reservats-Welt. Spätestens dann erfährt man viele Hintergründe, zum Beispiel, dass die Peko im Grunde eine friedliebende und relativ fortschrittliche Spezies waren und teilweise noch sind. Sie haben der Menschheit geholfen, den Sprung ins All zu schaffen, indem sie ihnen ihre Technologie überließen. Zum Dank dafür wurden sie mit deren aggressiver Ausbreitung in ihren Heimatraum »belohnt«. Nach etlichen Konflikten eroberten die Menschen das Hoheitsgebiet der Peko und verbannten sie auf unwirtliche Reservatswelten. Insofern ist diese Mischung aus Zorn, die Krieger-Häuptlinge wie Geonoj verspüren, und einem gewissen Fatalismus verständlich.

Prahl/Walch: Interessant ist, dass Du die Peko sehr spezifisch entwickelt hast. Du hast ihnen eine unglaublich fortschrittliche Antriebstechnologie an die Hand gegeben, aber nur rudimentäre Waffen. Kann man daraus schließen, dass die Peko selbst kaum oder sogar keine Konflikte untereinander ausgetragen haben und sie deshalb keine Waffen benötigten?

Perplies: Genau. Bis die Menschheit begann, sich im All auszubreiten, waren die Peko sehr friedfertig. Sie erforschten mit ihren biotechnologischen Raumschiffen das All und lebten so naturverbunden, wie man eben sein kann, wenn man mit so einer High-Tech durch den Weltraum reist. Genau diese Lebensart sollte ihnen dann große Probleme bereiten, als die Menschen in ihr Territorium eindrangen. Denn die technologische Entwicklung der Menschheit war oft in Zeiten des Konflikts besonders groß – und der Drang, möglichst starke Waffen zu entwickeln, gehörte irgendwie immer dazu. Die Peko sind da ganz anders.

Prahl/Walch: Die ersten beiden Bände erzählen eigenständige Geschichten, man kann daher den zweiten Band, *Blutfehde auf Alvarado,* auch verstehen, wenn man den ersten nicht gelesen hat. Erzählst du uns, warum du in deiner sechsteiligen Staffel den übergreifenden Handlungsbogen um den Bürgerkrieg zwischen der Kernwelten-Union und der Konföderation der Randplaneten eingeführt hast?

Perplies: Ich wollte nicht direkt mit einem Riesenknall in die Reihe einsteigen. Das hatte auch etwas damit zu tun, dass ich von Bastei-Lübbe, wie oben schon mal gesagt, zunächst nur einen Vertrag über einen Roman mit bis zu 400 Seiten bekam. Das wäre mir zu wenig Raum gewesen, um die Geschichte des Bürgerkriegs zu erzählen; so ein epischer Plot sollte eigentlich mehrere Bände in Anspruch nehmen. In *Firefly* war der Bürgerkrieg schon vorbei und wir erlebten nur noch seine Nachwehen. Ich wollte lieber kleiner anfangen und zuerst die Figuren einführen, die mit ihrem Raumschiff Mary-Jane Wellington unterwegs sind und Abenteuer im All erleben. Der Konflikt zwischen den Randwelten und der sehr mächtigen Union, die im gewissen Maß die europäischen Kolonialmächte zu Zeiten des amerikanischen Unabhängigkeitskrieges darstellen, sollte sich langsam aufbauen und dann in einer großen Geschichte, vielleicht einer Buchtrilogie münden. Im Endeffekt wurde daraus dann die sechsteilige E-Book-Staffel.

Prahl/Walch: In unseren Vorgesprächen hast du uns erzählt, dass du alle Romane hast, die Comics und auch eine ganze Menge Brettspiele aus dem *Firefly*-Verse. Du bist also auch nach 20 Jahren noch immer eng mit der Serie verbunden. Nun bist du Schriftsteller. Wenn ein Projekt zu Ende geht, widmet man sich neuen Ideen, weil ja auch irgendwie Geld reinkommen muss, von dem man letztlich lebt. Vermisst Du die Crew der Mary-Jane nicht trotzdem ein wenig, oder hast du endgültig mit ihnen abgeschlossen?

Perplies: Es gibt sicherlich ganz viel anderes, was mir im Kopf herumschwebt, aber nein: Ich habe mit den *Frontiersmen* noch nicht abgeschlossen. Zum einen würde ich gerne einen Reprint von allen Bänden sehen, weil die Bücher einerseits schon längst nicht mehr erhältlich sind und andererseits die *Civil War*-Reihe nie in gedruckter Form erschienen ist. Ich würde mir also einen dicken Sammelband mit allen sechs Geschichten wünschen. Andererseits hatte ich noch Geschichten im Kopf, die ich nicht realisieren konnte. Nach Erscheinen des ersten Romans erhielt ich einen Vertrag für zwei weitere, wobei nur der zweite ganz sicher eine *Frontiersmen*-Geschichte werden sollte. Der dritte war Verhandlungssache. Sollten die Verkäufe von Band zwei nicht den Vorstellungen des Verlages entsprechen, sollte der dritte Roman nicht mehr in diesem Universum spielen. Letzten Endes kam es so und nach *Blutfehde auf Alvarado* erschien dann *Am Abgrund der Unendlichkeit,* ein ganz eigenständiges SF-Projekt. Aber die dritte Geschichte spukte natürlich bereits in meinem Kopf herum und ich würde sie gern irgendwann schreiben. Eine weitere Überlegung wäre ein Kurzgeschichtenband, für den ich einige befreundete Autoren einladen würde, um mit ihnen zusammenzuarbeiten. Es gibt also noch Ideen, das Frontiersverse auszubauen.

Prahl/Walch: Hast du jemals daran gedacht, aus den *Frontiersmen* eine Hörspielreihe zu machen?

Perplies: Ich finde es immer großartig, wenn kreative Menschen auf mich zukommen und mir vorschlagen, etwas Anderes, Neues aus meinen Geschichten zu machen, sei es ein Comic, ein Hörspiel oder ein Theaterstück. Was die *Frontiersmen* betrifft, muss man bedenken, dass es sich um eine relativ kurzlebige Reihe handelte. Ob da Interesse seitens eines Labels bestehen könnte, kann ich daher nicht beurteilen. Allerdings wäre ich sofort dabei, wenn jemand auf mich zukäme.

Prahl/Walch: Eine solche Serie hätte allerdings auf dem Markt ein Alleinstellungsmerkmal. Wäre so gesehen eine Eigenfinanzierung, wie sie etwa Andreas Suchanek in den ersten Hörspielen seiner *Heliosphere 2265*-Serie durchgezogen hat, nicht denkbar?

Perplies: Im Moment wäre mir das zu risikoreich. Verlags-Science-Fiction läuft, soweit ich das sehe, in Sachen Verkaufszahlen recht überschaubar. Ein paar Romane mögen funktionieren und sich gut verkaufen, aber im großen Ganzen ist die Lage eher schwierig. Ich bin mir nicht sicher, ob das im Hörspielbereich anders ist, und da ein Hörspiel sicher nicht ganz billig zu produzieren ist, käme mir das doch wie ein ziemliches Wagnis vor. Abgesehen davon war ich immer ein Fan der »Gewaltenteilung« in der Kreativenszene. Ich bin Autor und schreibe Texte. Sie schön aufbereiten, als Buch, Hörspiel oder was auch immer, das können andere besser.

Aber erneut: Ich bin für (fast) jedes Projekt zu haben, wenn jemand anderes die Realisierung übernimmt.

Prahl/Walch: Trotz dieser Sorge ist aus deinen Worten eine tiefe Liebe zu dieser Reihe herauszuhören, findest Du nicht?
Perplies: Doch, auf jeden Fall. Ich habe einige Romane geschrieben, die ich gut so finde, wie sie sind, deren Geschichte in meinen Augen keine Fortsetzung braucht. Mit denen ich gut abschließen konnte. Bei den *Frontiersmen* ist das anders. Ich hatte immer so viel Spaß dabei, mit John, Hobie, Kelly, Aleandro und den anderen unterwegs zu sein, dass ich jederzeit wieder an Bord der Mary-Jane Wellington gehen würde. Zumal ich das Setting so offen aufgebaut habe, dass es noch Raum für viele weitere Abenteuer bietet.

Prahl/Walch: Du hast Filmwissenschaft, Germanistik, Literaturwissenschaften und Psychologie studiert. Dass ein Mensch mit so einer fundierten Ausbildung im positiven Sinne gesprochen ein solcher Nerd ist, dass er in einer Romanreihe Space Opera und Western miteinander verknüpft – und das nur, weil er eine kurzlebige Serie auf DVD gesehen hat – ist schon bemerkenswert, findest Du nicht?
Perplies: Ein Nerd war ich eigentlich schon immer. Science-Fiction und Fantasy waren von Kindheitstagen an mein Ding – Pen-&-Paper-Rollenspiele, kreativ sein, Geschichten erfinden. Ich war eher der Stubenhocker als der Fußballspieler. Die Wahl meiner Studienfächer hat dazu schon gepasst. Ich wollte verstehen, was hinter den Filmen, die ich sah, und Büchern, die ich las, steckte. Und indem ich die Werke anderer Kreativer zu analysieren lernte, wurden auch meine eigenen kreativen Werke besser. Man lernt eine Menge über gutes Geschichtenerzählen, über Spannungsaufbau und Figuren in einem Studiengang wie Filmwissenschaft.

Prahl/Walch: In den letzten Jahren ist immer mal wieder ein Remake, ein Reboot oder eine Fortsetzung von *Firefly* im Gespräch. Was hältst Du von dieser Idee? Und alternativ dazu: Könntest du dir ein Online-Rollenspiel für den PC oder eine Konsole vorstellen, dass im *Firefly*verse angesiedelt ist?
Perplies: Die Idee zu einem MMORPG gab es ja schon. Aber da herrscht leider seit 2016 Funkstille. Generell würde mich ein solches Spiel sehr ansprechen, nur würde mir die Zeit fehlen, mich in ein komplexes Gameplay einzuarbeiten. Ein *Firefly*-Reboot halte ich für ein zweischneidiges Schwert. Es kann ganz toll werden, aber genauso auch mächtig schiefgehen. Fortsetzungen und Spin-offs sind, wie man bei *Star Wars* und *Star Trek* derzeit sehr gut sieht, ebenfalls eine schwierige Sache. Die eine Serie funktioniert

wunderbar, die andere wiederum überhaupt nicht. *Firefly* hat über die Jahre einen Mythos entwickelt. Es gibt insgesamt 14 Episoden, die einfach nur super sind. Die Serie war perfekt. Da war nichts Schlechtes dran. Zumindest fühlt es sich in der Rückschau so an. Wenn nun ein Reboot herauskäme, das vielleicht nicht den Vorstellungen der Fans entspräche, würde das den Mythos zerstören. Im schlimmsten Fall würde dies Reaktionen hervorrufen, wie wir sie in den letzten Jahren nicht selten bei *Star Trek* und *Star Wars* erleben, und das fände ich sehr schade.

EPILOG

Die Romane zur Serie

Zweifelsohne gehören Romane für den Großteil der Fans eines Franchise-Universums zu den beliebtesten Merchandising-Artikeln – hiervon zeugen Legionen von *Star Trek*- und *Star Wars*-Büchern, die für sich betrachtet schon kleine Bibliotheken füllen würden.

Auch der *Firefly*-Fanfraktion geht es in dieser Hinsicht nicht anders, aber obwohl es schon seit Längerem gleich mehrere Comic-Reihen rund um die Serie gab und gibt, ist es noch gar nicht so lange her, dass nach einem einmaligen Versuch die ersten Romane rund um Captain Mal Reynolds und seine Crew auf den amerikanischen und teilweise auch deutschen Buchmarkt kamen: tatsächlich nämlich erst seit 2018.

Buch zum Film

Der einmalige Versuch, von dem eingangs die Rede war, war der Roman zum Film *Serenity,* 2005 beim US-Verlag Pocket Books erschienen und geschrieben vom vorwiegend als Autor verschiedener Franchise-Romane (unter anderem aus dem *Star Trek*-Universum und zur Horrorserie *Supernatural)* bekannten Keith R.A. (für Robert Andreassi) DeCandido. Eigentlich hätten danach weitere Romane rund um die Serenity und ihre Crew erscheinen sollen, und man war bereits auf der Suche nach Autoren, die Plots entwerfen sollten. Joss Whedon persönlich sollen die dann eingereichten Vorschläge jedoch nicht zugesagt haben, weswegen es bei dem einzelnen Buch blieb. Es dauerte satte 13 Jahre, bis das Thema *Firefly*-Romane wieder auf den Tisch kommen sollte.

Das Abenteuer geht weiter … auf gedruckten Seiten

Im Herbst 2018 war es endlich soweit. Mit *Big Damn Hero* des britischen Science-Fiction-, Fantasy- und Jugendbuch-Autoren James Lovegrove (der neben anderem unter seinem Pseudonym Jay Amory die teils in deutscher Übersetzung erschienene Romanreihe *Clouded World* schrieb) nach einem Storykonzept von Nancy Holder (neben Romanen rund um Joss Whedons *Buffy* gleichfalls unter vielem anderem auch Autorin der *Witch*-Buchreihe) kam der erste eigenständige *Firefly*-Roman im britischen Verlag Titan Books heraus. Schon im drauffolgenden Frühjahr erschien mit *Firefly: Großer verdammter Held* die deutsche Übersetzung von Claudia Kern (*Divided States of America)* im Panini-Verlag.

Captain Malcolm Reynolds wird von einer Gruppe verbitterter Browncoat-Veteranen entführt, die ihn verdächtigen, die Unabhängigen während des Krieges sabotiert und dadurch zu ihrer verlustreichen Niederlage beigetragen zu haben. Während der Rest der Serenity-Crew verzweifelt nach ihm sucht, wird Mal vor ein Gericht gestellt, wo er den unwiderlegbaren Beweis dafür erbringen muss, dass irgendjemand sie vor all den Jahren tatsächlich an die Allianz verraten hat, um seine eigene Unschuld zu beweisen. Doch seine ebenso verzweifelten wie notleidenden Entführer wollen nicht mehr und nicht weniger als das Blut des Schuldigen …

Man kann sich natürlich unschwer denken, wie die Sache ausgeht, aber wie sie das tut, entwickelt sich zu einer spannenden und interessanten Angelegenheit, die auf rund 350 Buchseiten behandelt wird. Insgesamt ähnelt *Big Damn Hero* anderen Romanen zu berühmten Franchises: Die Geschichte wird wesentlich weitschweifiger erzählt als im oftmals gerafft wirkenden Format einer TV-Episode, hat jedoch auch durchaus ihre Längen. Dennoch erhielt *Big Damn Hero* insgesamt eher wohlwollende Kritiken, und überdies war der zweite Band der Reihe zur Erscheinungszeit des ersten bereits geschrieben.

Fortsetzung folgt

The Magnificent Nine, diesmal von James Lovegrove allein geschrieben, erschien im Februar 2019, im darauffolgenden Herbst, erneut übersetzt von Claudia Kern, unter dem deutschen Titel *Die glorreichen Neun.* Der an den des Westernklassikers *The Magnificent Seven (Die glorreichen Sieben)* von 1960 angelehnte Romantitel war diesmal Programm: Als die Serenity-Crew auf dem unwirtlichen Wüstenplaneten Thetis landet, findet sie dort zum einen eine wilde Bande von Gesetzlosen vor, die vor nichts zurückschreckt, um zu bekommen, was sie will (nämlich die Wasserrechte für die dortige Siedlung), zum anderen Schiffsmacho Jaynes frühere Freundin Temperance, die dort im Alleingang eine Tochter im Teenageralter großzieht, die weniger als ein Jahr, nachdem sie und Jayne getrennte Wege gingen, zur Welt kam: die junge Jane McCloud.

Der vorliegende Roman folgt dem sprichwörtlichen Space-Western-Stil der Serie in recht bezeichnender Weise, und nicht wenige Fans beurteilten ihn noch positiver als den bereits recht gut angenommenen ersten.

Hier und da war sogar die Rede davon, dass man sich *The Magnificent Nine* mit seinen vielen Seitenhieben auf die Serienepisoden recht mühelos als verfilmte Serienfolge hätte vorstellen können, zum anderen findet eine interessante (wenn auch nur literarische) Weiterentwicklung einer der beliebtesten Figuren der Serie statt.

Große Science-Fiction-Literatur macht das aus dem Ganzen natürlich auch diesmal nicht, aber die nach neuen Geschichten rund um ihre Helden ausgehungerte Fangemeinde nahm Band zwei insgesamt gleichfalls recht dankbar an.

Nummer 3

Die restlichen vier bisher erschienenen *Firefly*-Romane sind bisher noch nicht in deutscher Übersetzung erschienen, können jedoch in ihren Originalausgaben mühelos im stationären und im Internet-Buchhandel bestellt werden.

Beim dritten Band der *Firefly*-Romanreihe, *Generations,* der im Oktober 2019 herauskam, gab es einen kurzzeitigen Autorenwechsel: Statt erneut James Lovegrove (und/oder Nancy Holder) war das neue Buch von Tim Lebbon geschrieben worden, von dem neben verschiedenen Romanen rund um das *Alien* und den *Predator* auch der Roman *Eden* stammt.

Erneut wurde eine interessante Geschichte präsentiert, die sich diesmal sowohl an die Abenteuern von Indiana Jones als auch jene des Raumschiffes Enterprise statt an alte Western anzulehnen schien.

Captain Malcolm Reynolds geht aus einem Kartenspiel auf einem Mond im äußeren Rand als glücklicher Gewinner einer alten Karte hervor. Sie scheint aus undenklicher Zeit zu stammen und ist in einer unbekannten Symbolschrift geschrieben; der ehemalige Besitzer besteht auf ihrer Wertlosigkeit. Doch zurück auf der Serenity stellt sich heraus, dass River Tam sie lesen kann. Sie behauptet, sie zeige den Weg zu einer der Archen, den legendären Generationsschiffen, die die Menschen von der damaligen Erde in ihre jetzige Heimat brachten. Allein die Aussicht darauf, dieses bergen zu können, ist geradezu atemberaubend. Aber als sich die Crew dem uralten treibenden Schiff nähert, stellt sie fest, dass dieses bei Weitem nicht so tot ist, wie es zunächst schien, und je näher sie kommen, desto unruhiger wird River. Sie behauptet, dass etwas auf dem Schiff lauert, das sehr mächtig und sehr wütend ist …

Man merkt dem Roman unschwer die sonstigen Lieblingsgenres seines Verfassers an, was Mal Reynolds und seiner Crew in der Geschichte jedoch recht gut zu Gesicht steht.

Der Vierte im Bunde

Roman Nummer vier mit dem Titel *The Ghost Machine* stammte nach dem (überaus angenehmen!) stilistischen Ausreißer in Band 3 erneut von James Lovegrove und erschien im Frühjahr 2020.

Diesmal bekommen es Captain Mal Reynolds und seine Mannschaft mit Spukerscheinungen an Bord der Serenity zu tun.

Mal nimmt eine versiegelte Kiste in Empfang, für deren Transport sie bezahlt werden, ohne dass Fragen gestellt werden. Doch nachdem die Ladung an Bord gebracht wurde, besteht River darauf, dass Mal sie aus der Luftschleuse wirft, da sie, wie sie betont, Geister enthält. Da die Vorräte zur Neige gehen und die Besatzung den bezahlten Job dringend braucht, lehnt der Captain dies ab. Wenig später wird die Serenity-Crew von Halluzinationen ihrer tiefsten Wünsche und Hoffnungen gelähmt, die so lebensecht sind, dass sie sie nicht von der Realität unterscheiden können. River, als einzige nicht davon betroffen, versucht verzweifelt, ihre Mannschaftskameraden wieder zu sich zu bringen, während das Schiff außer Kontrolle zu geraten droht.

Sind es wirklich böse Geister aus längst vergangenen geheimnisvollen Welten, die unseren Helden in dem Roman zusetzen, oder hat das Ganze letztendlich doch noch eine relativ greifbare Erklärung? Auch dieser kleine Ausflug in den Gruselbereich ist durchaus vergnüglich zu lesen.

Eine tragische Geschichte

Der fünfte *Firefly*-Roman kam – nochmals von James Lovegrove – im Frühjahr 2021 unter dem Titel *Life Signs* heraus. Diesmal steht Companion Inara Serra im Vordergrund der Handlung. Einige Monate, nachdem diese die Serenity verlassen hat, erfahren Mal und die Crew schließlich den Grund für ihren plötzlichen Rückzug: Inara leidet an einer tödlichen Krankheit – multiples Myelom, eine Art von Knochenkrebs, die als unheilbar gilt. Inara bleibt nur noch sehr wenig Zeit. Trotz ihres Schocks und der Verzweiflung erreichen Gerüchte über ein Heilmittel die Besatzung. Ein medizinischer Experte soll ein Mittel zur Behandlung von Inaras Zustand entwickelt haben, aber er ist in Ungnade gefallen und wurde zu lebenslanger Haft auf einem berüchtigten Gefängnisplaneten der Allianz verurteilt. Auf der eisigen Welt Atata werden die Insassen ohne Wachen zurückgelassen und müssen selbst für ihr Überleben sorgen, so gut sie es können. Reynolds und die Crew der Serenity machen sich auf den Weg, um den möglichen Retter ihrer Crewkameradin zu befreien.

Nach den eher Mystery-orientierten beiden vorherigen Romanen präsentiert *Life Signs* eine Geschichte, die den Zusammenhalt der Raumschiffcrew demonstriert.

Die Serenity-Crew in der galaktischen Spielhölle

Firefly-Roman Nummer 6, *Carnival,* erschien Ende 2021 und stammt von Uma McCormack, die für ihre zahlreichen Franchise-Romane rund um *Star Trek* (unter anderem *Picard)* und *Doctor Who* bekannt ist. In ihrem *Firefly*-Roman geht es um eine neue Mission der Serenity-Crew in der Wüstenstadt Neapolis auf dem Planeten Bethel, in der alle Arten von Unterhaltung zu finden sind: Glücksspiele mit hohen Einsätzen, luxuriöse Hotels, exklusive

Clubs und alle möglichen anderen Vergnügungen, die im bevorstehenden jährlichen Karneval drei Tage lang ihren Höhepunkt erreichen sollen. Mal und seine Leute übernehmen dort einen Sicherheitsjob und sollen eine teure Lieferung bewachen. Natürlich wird die Lieferung gestohlen, und der steinreiche Besitzer entführt Zoë und Book als Geiseln für seine verlorene Lieferung. Mal muss bis zum nächsten Abend eine unvorstellbare Geldsumme auftreiben, andernfalls werden die beiden getötet …

Last not least

Nach dieser wendungsreichen Space-Krimi-Geschichte erschien im Juli 2022 mit *What Makes Us Mighty* aus der Feder von M.K. England (Autorin unter anderem des MCU-Romans *Marvel's Guardians of the Galaxy: No Guts, No Glory)* der bislang neueste *Firefly*-Roman. In der Geschichte stellen sich Captain Reynolds und die Crew der Serenity in den Dienst eines ihnen vermeintlich wohlgesonnenen hohen Adligen und geraten mitten in eine planetare Revolution.

Weitere Fortsetzungen der gedruckten Abenteuer unserer Helden sind auch über den kommenden Roman hinaus überaus wahrscheinlich.

Comic-Sahnestücke

Der erste Comic zu *Firefly* erschien im Gegensatz zu den Romanen recht früh, nämlich 2005, und wurde von Joss Whedon und Brett Matthews verfasst. *Serenity: Those Left Behind* umfasst drei Ausgaben und erzählt die Geschichte der Ereignisse zwischen dem Ende der Serie und dem Beginn des Films. Die Story fügt sich hervorragend in das serielle Gesamtgefüge ein und transportiert die Atmosphäre der Show aufs Beste. Dazu tragen auch die tollen und bisweilen fast lebensechten Zeichnungen von Will Conrad und der Koloristin Laura Martin bei, die dem Comic eine nahezu perfekte Lebendigkeit verleihen.

Dark Horse Comics

Alle bis heute erschienenen Bände zu erwähnen, würde den Rahmen des Buchs sprengen, zumal die Lizenz im Jahr 2018 von Dark Horse Comics zu Boom! Comics überging. Abgesehen von der genannten Trilogie ist allerdings sicherlich auch der sich anschließende Dreiteiler Serenity: *Better Days* (2008) erwähnenswert, der einige Ideen umfasst, die Joss Whedon gerne in der TV-Serie umgesetzt hätte. Der One-Shot *Serenity: The Shepherd's Tale* von 2010 erzählt die Vorgeschichte von Derrial Book, die hier allerdings etwas anders verläuft, als es sich mancher Fan vielleicht vorgestellt hätte. Book wird im Comic als ehemals skrupelloser Krimineller, Mörder und Agent der Allianz dargestellt, der später sein Seelenheil suchte und zum Shepherd wurde. Die Geschichte ist actionreich erzählt und hält manche Wendung bereit. Den Plot schrieb wiederum Joss Whedon, dieses Mal aber in Zusammenarbeit mit seinem Bruder Zack, die Zeichnungen trug Chris Samnee bei und die Kolorationen Dave Stewart. Bis 2017 publizierte Dark Horse nach dem Wissen der Autoren insgesamt zehn Geschichten, aufgeteilt in 24 Hefte, wobei zwei der letzten drei, nämlich *Serenity: Leaves on the Wind* (2014) sowie *Serenity: No Power in the Verse* (2917) jeweils sechs Teile umfassen.

Boom! Comics
Der erste Comic-Band im Auftrag von Boom! Comics erblickte am 14. November 2018 das LED-Licht der einschlägigen Läden und Verkaufsportale. Neben der laufenden Serie, die inzwischen 36 Heften umfasst, gibt es noch ein Spin-Off mit dem Titel *Brand New Verse* und einige Specials. Das möglicherweise Interessanteste trägt einen Namen, der in diesem Buch schon erwähnt wurde: *Firefly: Blue Sun Rising.* Am 30. September 2020 erschien Ausgabe *#0*, *Blue Sun Rising Alpha* und am 23. Dezember desselben Jahres folgte die *#1.* Am 30 März und 18. Mai 2021 brachte der Verlag schließlich zwei Collections heraus, die die genannten Ausgaben plus die Hefte 21, 22, 23 und 24 enthalten, die den Arc komplettieren.

Damit wollen wir es an dieser Stelle bewenden lassen, zumal die Comics nicht in deutscher Sprache erschienen und hierzulande teilweise nur zu horrenden Preisen zu erwerben sind. Wer sich einen genaueren Überblick verschaffen möchte, dem sei an dieser Stelle die entsprechende Wiki-Seite empfohlen, die alle Bände inklusive Neuauflagen, Originals, Specials und Collections akribisch auflistet.

Spiele
Zum Abschluss dieses kurzen Überblicks über das »Afterlife« der TV-Show darf die reichhaltige Welt der Karten- und Brettspiele nicht unerwähnt bleiben, deren Storylines ebenfalls offiziellen Charakter genießen. Seit 2013 dürfen Fans das Verse mit dem preisgekrönten Board Game *Firefly: The Game* erkunden, in dem man Jobs anzunehmen, eine Crew zusammenzustellen und der Allianz sowie den Reavers auszuweichen hat. Die renommierte Website boardgamegeek.com listet nicht weniger als elf Add-ons auf, das letzte von 2016. Dazu gehören unter anderem auch die Erweiterungen *Blue Sun* und *Kalidasa.* Hinzu gesellen sich eine Variante des beliebten Kartenspiels *Fluxx* inklusive zweier Zusatzpacks, das Deck Building Game *Legendary Encounters* sowie das kooperative

Spiel *Firefly Adventures: Brigands & Browncoats,* zu dem die Addons *Respectable Folk* und *Wanted Fugitives* gehören.

Die erwähnten Spiele bilden freilich nur einen Teil des angebotenen Spektrums ab, zeigen jedoch, wie lebendig das Franchise nach wie vor ist, das 2013 sogar in die unendlichen Welten des Internets in Form eines MMORPG (Massive Multiplayer Online Roleplay Game) vorzustoßen gedachte. Das Projekt trug den vielsagenden Titel *Firefly Online* und wurde vom Collectible-Händler Quantum Mechanix und dem Mobile-Spiel-Entwickler Spark Plug Games in der auch im Browser und auf Smartphones gut spielbaren Unity-Engine entwickelt. Im Kern hätte man die Rolle eines Captains übernommen, der aus zahlreichen Charakteren eine je nach Aufgabe austauschbare Crew zusammengestellt und Missionen (Jobs) erfüllt. Als weitere Elemente nannten die Developer Handel der Spieler untereinander, Customizing des eigenen Raumschiffs und über 200 bespielbare Planeten. Auf der San Diego Comic Con 2013 zeigte das Team nicht nur eine Demo des Gameplays, sondern kündigte auch an, den Original-Cast gewonnen zu haben, die im Spiel das Voice-Acting für ihre ikonischen Figuren übernehmen würden. Das alles lässt darauf schließen, dass die Entwicklung relativ weit vorangeschritten war. Laut Aussage des CEOs von Spark Plug Games, John O'Neill, mussten die Programmierer aber seit 2015 große Teile des fertiggestellten Contents neu erstellen, nachdem die Original-Besetzung der Serie hinzugezogen worden war. Man würde von nun an keine Entwicklerupdates mehr publizieren, bis man Genaueres sagen könnte. Seit März 2016 ruht der offizielle Facebook-Account leider, und es ist fraglich, ob das Spiel jemals erscheinen wird.

NACHWORT

Wie schon 2019 *Es lebe Captain Future,* so ist auch *Es lebe Firefly* ein Werk, dem eine intensive Recherchearbeit vorausging, allein schon deshalb, weil das Ihnen vorliegende Buch das erste überhaupt in deutscher Sprache über dieses ikonische Franchise darstellt. Anstelle eines ausführlichen Quellennachweises möchten wir Ihnen diesmal ein paar Lesetipps an die Hand geben, die Ihnen, sofern Sie der englischen Sprache mächtig sind, weitere Einblicke in die Welt der Serenity-Crew gewähren. Zuvorderst ist das zweibändige Sachbuch *Firefly: The Official Companion* (Volume One und Two), Titan Books, 2006 und 2007 zu nennen. Die beiden Bücher enthalten nicht nur zahlreiche Interviews mit den Machern der Serie, sondern auch sämtliche Drehbücher sowie reichhaltiges Fotomaterial im Din-A-4-Format.

Große Freude bereitet auch die ebenfalls 2006 auf DVD erschienene DVD *Done The Impossible: The Fan's Tale of Firefly & Serenity,* die vom Jayne-Cobb-Darsteller Adam Baldwin gehostet wird und eine wundervolle und informative Hommage an das Fandom darstellt. Der *Original Television Soundtrack* erschien bereits ein Jahr vorher, 2005, beim Label Colosseum und ist in Deutschland zumindest noch als Mp3-Download erhältlich. Er enthält 25 Stücke, darunter natürlich das legendäre Main-Theme und den Song *In My Bunk,* der in *Jaynestown* zu hören ist. Die Serie und der Film sind in Deutschland seit 2008 als Blu-ray zu haben. Beide Boxen sind mit zahlreichen Extras, Features und Interviews gespickt, die einen näheren Einblick in die Schwierigkeiten, aber auch den Spaß gewähren, den Cast und Crew erlebten.

Mit *Firefly: Still Flying* brachte Titan Books 2010 einen tollen Ergänzungsband zum offiziellen Companion heraus, der sich unter anderem näher mit dem Produktionsdesign befasst und einige Kurzgeschichten enthält, über die Sie im Kapitel *Die geheimen Abenteuer der Firefly – unveröffentlichte Ideen* mehr erfahren.

Nach 2010 wurde es zunächst etwas ruhiger, was die Veröffentlichung von Sachbüchern anging, obwohl das Franchise nach wie vor in Form von Comics und später Romanen wuchs und gedieh. 2018 wurde zu einem außerordentlich guten Jahr für Fans. Es war wiederum der Titan Books-Verlag, der die reich bebilderte *Firefly Encyclopedia* und in Anlehnung an ähnliche Bücher aus dem *Star Trek*- und *Star Wars*-Franchise das *The Serenity Handbook. The Official Crew Member's Guide to the Firefly-Class Series 3 Ship* auf den Weg brachte.

Alle hier genannten Werke möchten wir Ihnen als Fans wärmstens ans Herz legen, sofern Sie, wie wir, nicht genug von den Abenteuern des alten Raumfrachters und seiner ikonischen Crew bekommen können. Last but not least sei noch die Website *www.fireflyfans.net* erwähnt, die seit dem 1. April 2002 online ist und auf der sich die Browncoats aus aller Welt noch heute regelmäßig austauschen. Die Seite ist die älteste noch existierende ihrer Art und trug seinerzeit maßgeblich dazu bei, das in unserem Buch erwähnte Guerilla-Marketing in Mode zu bringen, welches wiederum maßgeblich zur Entstehung des Films beitrug.

DANKSAGUNG

von Reinhard Prahl

Nach monatelanger harter Arbeit mit zahllosen Stunden vor dem Computer und einer tief in Büchern vergrabenen Nase ist es immer wieder die schönste, aber auch schwierigste Aufgabe, den Menschen zu danken, die an der Fertigstellung eines Werkes wie *Es lebe Firefly* mitgewirkt haben.

An vorderster Stelle sind wie immer meine Frau Kerstin und mein Sohn Felix zu nennen. Kerstin, Du hast es mir überhaupt erst möglich gemacht, dieses Buch zu schreiben, in dem Du Dich zurücknahmst und mir den Raum gabst, den ich brauchte. Ich mag es vielleicht nicht immer richtig zeigen können, doch ich liebe Dich von ganzem Herzen. Felix, mein Herz und mein Leben. Dein Lächeln und Strahlen erhellen die Dunkelheit, und ich möchte keinen Tag ohne dich sein. Es wäre mir eine Ehre, wenn du eines Tages *Firefly* sehen würdest und dabei dieses Buch in den Händen hieltest, um zu sagen: »Das haben Onkel Toto und Papa geschrieben.«

Qapla', mein Sohn!

Thorsten Walch, eines meiner autorischen Idole der 90er- und frühen 2000er Jahre, dessen Artikel ich in *Das offizielle Star Trek Magazin* verschlang, darf ich heute nicht nur Kollege, sondern auch meinen besten Freund nennen. Thorsten, Deine Kompetenz, Dein Wissen und Deine tollen Ideen haben entscheidend zu dem Werk beigetragen, das wir heute in den Händen halten, und wahrlich: Möge es ein langes und glückliches Leben in den Regalen der passionierten und wundervollen Fans von *Firefly* finden, der deutschen Browncoat-Community.

Ohne einen mutigen Verleger läuft als Autor nichts, und so ist es mir eine Ehre, dass *Es lebe Firefly* wieder in Björn Sülters *Verlag in Farbe und Bunt* erscheinen darf. Björn, Du hast mit deiner Idee überhaupt erst den Stein ins Rollen gebracht und dieses Werk möglich gemacht. Danke für Dein Vertrauen, Deine Freundschaft, Deinen Mut und Deine tolle Art, immer ein Fels in der tosenden Brandung zu sein. Auf viele weitere Jahre.

Dirk Bartholomä hat dem Wahnsinn Methode verliehen und mir mit der FedCon eine Fan-Heimat geschaffen, die ihresgleichen sucht und nicht kopierbar ist. Durch Dich bin ich überhaupt erst auf die Idee gekommen, dass man nicht nur über Wissenschaft, sondern auch über Geek-Themen schreiben kann. Danke dafür. Es ist mir eine Freude, Dich zu kennen.

Last but not least gebührt der Dank Ihnen, die Sie dieses Buch in den Händen halten. Ohne Ihr Interesse und Ihre Liebe zu einer der ikonischsten SF-Serien der Fernsehgeschichte wäre die ganze Arbeit verlorene Liebesmüh gewesen. Egal, ob Sie stiller Leser, Cosplayer, Podcaster oder Vlogger sind, Sie sind es, für die wir dieses Sachbuch auf den Weg gebracht und geschrieben haben.

DANKSAGUNG

von Thorsten Walch

Aller guten Dinge sind … fünf. *Es lebe Firefly* ist bereits das fünfte Buch, das ich gemeinsam mit Freund und Kollege Reinhard Prahl zusammen geschrieben habe (wenn man den demnächst erscheinenden dritten Band der *Star Trek Chronik* mit dazuzählt, den wir so wie die beiden Vorgänger gemeinsam mit Björn Sülter, einem weiteren Freund und gleichwohl unser Verleger, verfassen durften).

Und wenn man ganz ehrlich ist, sind die Leute, denen es zu danken gilt, in den allermeisten Fällen dieselben wie bei den vorherigen (beziehungsweise in einem Fall noch kommenden) Büchern: Unsere Familie, unsere Freunde und ein paar andere Leute, die durch ihre bewusste oder auch unbewusste Mithilfe dazu beigetragen haben, dass wir nach *Es lebe Captain Future* ein weiteres »deutschlandweit erstes« Sachbuch über eine populäre Fernsehserie schreiben konnten.

In meinem Fall ist das meine Herzdame Sabine, bei der ich mich fast schon obligatorisch für meine zeitweilige mentale Abwesenheit während der Phasen des Schreibens entschuldigen muss, aus der heraus »Ja, ja« zeitweise ein kompletter Satz mit Objekt, Prädikat und Subjekt bei mir war und so interpretiert werden wollte – und die ein »Mache ich später!« auch dann akzeptiert hat, wenn dieses Später möglicherweise eine ganze Woche dauerte. Danke Dir für die Ruhe und die nötige Zeit zum Schreiben, die Du mir gewährst und sicherstellst. LUV!

Dann ist da natürlich Reinhard Prahl. Noch vor wenigen Jahren hätte ich felsenfest abgestritten, jemals mit einem Co-Autor arbeiten zu können, doch meine mittlerweile fünfjährige Freundschaft mit Reinhard hat mich eines Besseren belehrt. Natürlich zanken wir beim Schreiben – man mag unser gegenseitiges Gekeife per Telefon mitunter förmlich aus den Seiten dieses Buches heraushören können. Aber die Kunst beim Zanken ist, das Ganze stets zu einem konstruktiven Schluss zu führen, und das ist uns noch immer gelungen. Trotzdem, und darüber kann kein Zweifel bestehen, ist *American Horror Story* die mit Abstand bessere Serie als *Midsummer Murders.*

Björn Sülter gehört zu den Leuten, von denen es viel zu wenige in der Verlagsbranche gibt – Neuem gegenüber aufgeschlossen, wenn auch im richtigen Maße kritisch und mit dem nötigen Weitblick versehen, Vielversprechendes abschätzen zu können. Vielleicht ist es ganz gut so, dass er so einmalig ist, da der großartige *Verlag in Farbe und Bunt* ansonsten übermächtige und vielgestaltige Konkurrenz hätte. Außerdem ist er ein überaus fairer Freund, dessen Wort gilt – und das ist eine fast noch seltenere Eigenschaft in der heutigen Zeit als seine anderweitigen Vorzüge.

Dank auch an unsere vier Stubentiger Nyota, B'Elanna, Lissy und Bones - einfach deshalb, weil sie die mit Abstand beste Gesellschaft bei heimischen Film- und Fernsehabenden sind.

Und Danke natürlich Ihnen allen, den Lesern. Ohne Sie wären wir sprichwörtlich nichts.

DER VERLAG

Lesen ist wie Fernsehen im Kopf!

So lautet ein Slogan, den wir für uns aufgegriffen haben.

Seit fünf Jahren ist es unser Anliegen, Ihnen ein spannendes Programm in diesem "Kopf-Fernsehen" zu bieten, das im Gegensatz zu den schwarzen Zeichen auf weißem Grund in Ihrem Kopf gerne in Farbe und so bunt wie möglich ablaufen darf.

Richtig bunt sollen die Welten also sein, in die wir Sie mit unseren Büchern entführen wollen. Nicht beliebig, nicht von der Stange. Unsere Geschichten sind nicht durch die Marktforschung gegangen, aber kommen von Herzen.

Entdecken Sie unsere Visionen.
Folgen Sie uns in fantastische Welten. In Farbe und Bunt.

Der **Verlag in Farbe und Bunt** bietet Romane, Biografien, Sachbücher, Comics, E-Books, Kinder-, Jugend- und Hörbücher aus allen Bereichen und für jedes Alter.

PRÄSENTIERT VOM CORONA MAGAZINE
THORSTEN WALCH
ES LEBE
STAR WARS
DIE ERFOLGSGESCHICHTE AUS EINER WEIT, WEIT ENTFERNTEN GALAXIE
in Farbe und Bunt